Haushaltskonsolidierung in Kommunen

Helge Holm

# Haushaltskonsolidierung in Kommunen

1. Auflage

Haufe Group
Freiburg · München · Stuttgart

**Bibliografische Information der Deutschen Nationalbibliothek**

Die Deutsche Nationalbibliothek verzeichnet diese Publikation in der Deutschen Nationalbibliografie; detaillierte bibliografische Daten sind im Internet über http://dnb.dnb.de abrufbar.

**Print:** ISBN 978-3-648-13038-4 Bestell-Nr. 11208-0001
**ePDF:** ISBN 978-3-648-13039-1 Bestell-Nr. 11208-0150

Helge Holm
**Haushaltskonsolidierung in Kommunen**
1. Auflage, Juni 2019


www.haufe.de
info@haufe.de

Produktmanagement: Dipl.-Kfm. Kathrin Menzel-Salpietro
Lektorat: Helmut Haunreiter, Marktl am Inn

# Inhaltsverzeichnis

# Vorwort

Wie kommt man auf die Idee, ein Buch über Haushaltskonsolidierung zu schreiben? Eigentlich ist es ganz einfach. Ungefähr im Spätherbst des aktiven Berufslebens angekommen und mit einem differenzierenden Rückblick auf die früheren Tätigkeiten ausgestattet, gepaart mit der Lust am Schreiben und dem Blick auf ein spannendes, wissenschaftlich und literarisch (noch) nicht tief erforschtes Gebiet, erklärt es sich – jedenfalls dem Autor – eigentlich von selbst. Ich hatte in meinem beruflichen Leben einerseits als Beamter einer Kommunalverwaltung, andererseits als Prüfer eines Landesrechnungshofs, immer mal wieder Berührungspunkte mit Haushaltskonsolidierung. Dazu kam das Glück, Haushaltskonsolidierung aus mehreren Richtungen beobachten und wahrnehmen zu können. Einmal war ich in der Praxis und stand selbst vor der Notwendigkeit, einen in Schieflage geratenen Haushalt einer Kommune zu konsolidieren. Einige Zeit später hatte ich Haushaltskonsolidierungskonzepte anderer Kommunen auf formelle und inhaltliche Gesichtspunkte zu prüfen und zu bewerten. Schließlich suchte ich zwischendurch im Rahmen von eigenen Seminaren zu diesem Thema immer wieder den Austausch mit der kommunalen Praxis.

Zusammengenommen ergibt sich ein vielschichtiges Bild über ein Thema, das von den meisten Mitarbeitern einer Kommunalverwaltung so gut es geht gemieden wird und mit dem man sich manchmal auch Ärger einhandeln kann. Aber muss das so sein? Was also macht Haushaltskonsolidierung so schwierig? Liegt es am Thema, an den handelnden Personen oder an äußeren Umständen?

Haushaltskonsolidierung verletzt zwangsläufig Interessen – so viel ist schon einmal klar. Wie stellt man es an, trotzdem dabei zu gewinnen? Aus welcher Position heraus argumentieren die am Konsolidierungsprozess Beteiligten? Wo liegen die Probleme? Wie kann Haushaltskonsolidierung gelingen? Diese und andere Fragen habe ich im vorliegenden Werk versucht, etwas näher zu beleuchten. Dabei möchte ich vorausschicken:

- Dieses Buch ist kein klassisches Lehrbuch. Obwohl Haushaltskonsolidierung in den Lehr- und Stoffverteilungsplänen bestenfalls einen Randbereich des Haushaltsrechts ausmacht, war es nicht mein Ziel, das vorliegende Werk als typisches Lehrbuch aufzubauen. Trotzdem können Teilbereiche als Lehrstoff dienen und gerade angesichts einer weitverbreiteten kommunalen Finanznotlage für alle kommunalen Beschäftigten eine wichtige Arbeitsgrundlage sein.
- Dieses Buch zeigt Ideen, Wege und Weichenstellungen zur Haushaltskonsolidierung auf. Insofern ist es ein umfassendes Werk erlebter Erfahrungen, Nachschlagewerk und/oder Ratgeber. Es erhebt keinen Anspruch auf Vollständigkeit, sondern konzentriert sich auf grundsätzliche Aspekte, ausgewählte Strategien und

auf Maßnahmen, die ein Stück weit von der Norm abweichen (vgl. hierzu auch das Kapitel 5.9 »Markt der kuriosen Ideen oder alternative Strategien«).

- Kernstück der Betrachtungen soll eine kommentierte Sammlung unterschiedlichster Ideen zur Haushaltskonsolidierung sein. Ich habe sie am Ende des Buches zusammengefasst und nach Aufgabenbereichen gegliedert, sodass der Leser nach kurzer Orientierung die zu einem Aufgabenbereich passenden Maßnahmenvorschläge findet. Die Zusammenstellung bildet weite Bereiche des kommunalen Gemeinwesens ab.
- Grundlage aller Betrachtungen sind kommunale Haushalte. Da sie am dichtesten den Bürger betreffen, sind Haushaltskonsolidierungsmaßnahmen auf kommunaler Ebene am häufigsten spürbar und legen den Finger in die Schnittstelle zwischen Bürger, öffentlicher Verwaltung und Politik auf Ortsebene. Auch das erklärt den Reiz des Themas. Meine Erfahrungen entstammen in erster Linie dem kommunalen Bereich.
- Die Betrachtungen gehen auf rechtliche Aspekte ein, ihnen liegt aber kein spezifisches Landesrecht zugrunde. Bei aller Unterschiedlichkeit des kommunalen Haushaltsrechts als Landesrecht in Deutschland lassen sich die Ausführungen prinzipiell in allen Bundesländern verstehen und anwenden.

Haushaltskonsolidierung ist kein Selbstzweck. Das Ziel von Haushaltskonsolidierungsmaßnahmen besteht darin, verloren gegangene Handlungsspielräume wiederzugewinnen, Entschuldung und Kostensenkung zu erreichen, um letztlich die künftige Haushalts- und Finanzplanung zu entlasten und um weiter reichende Gestaltungsmöglichkeiten in der Zukunft zu erzielen. Das genau wollen alle Politiker. Oftmals aber sehen sie nicht weitreichend genug, dass genau deshalb Haushaltskonsolidierung notwendig ist.

Aus dieser Sichtweise heraus soll dieses Buch auch ein Ratgeber für Praktiker in der Kommunalverwaltung sein. Es hat dank seines an manchen Stellen augenzwinkernden Textes auch anregenden und unterhaltenden Charakter für alle, die das Thema interessiert oder die vielleicht in einer Kommune beheimatet sind, deren Finanzlage es erfordert, sich mit Haushaltskonsolidierung zu befassen.

Der Verfasser

# 1 Rahmenbedingungen

Die Notwendigkeit zur Haushaltskonsolidierung kommt nicht über Nacht und sie hat Gründe. Die Ausgangsbedingungen der Kommunen zur Wahrnehmung der öffentlichen Aufgaben in ihrem Gebiet sind von verschiedenen Faktoren geprägt und niemals an zwei Orten genau gleich. Bevölkerungszahl, Standortfaktoren, Rohstoffe, Schuldenlast, Mitarbeiterqualifikation, Infrastruktur, Verkehrsanschlüsse, Steuerkraft und viele andere geografische und politische Umstände prägen das Ortsbild und sorgen für eine gute oder weniger gute Ausgangssituation zur Aufgabenwahrnehmung. Zweifellos spielen die genannten Faktoren eine Rolle bei den finanzwirtschaftlichen Rahmenbedingungen. Gelingt es einer Kommune nicht, ihren Haushalt in Einnahmen und Ausgaben auszugleichen, tritt der Konsolidierungsfall ein und es beginnt oftmals die Suche nach den Schuldigen. Dabei wird manches ausgeblendet, anderes besonders hervorgehoben und nicht selten ist es politisch-taktisch motiviert. Versuchen wir eine Annäherung an die Gründe der Haushaltsmisere.

## 1.1 Die wirklichen Gründe für defizitäre Haushalte

Im Kapitel 2.5 »Fehlerquellen bei der Haushaltskonsolidierung« gehe ich auf die sogenannten exogenen Faktoren kommunaler Haushaltsdefizite ein. Ohne Frage spielen sie eine Rolle bei der kommunalen Haushaltsplanung. Kommunalstatistiken verweisen mit Regelmäßigkeit darauf, dass sie einen immer weitergehenden Eingriff zulasten der Gemeindehaushalte verursachen. Wie bei den Fehlerquellen näher ausgeführt, ist dies maximal die halbe Wahrheit und vor allem eine zu einfache Ausrede für vorhandene Haushaltsdefizite.

Tatsächlich sind die wirklichen Gründe defizitärer Haushalte häufig in der eigenen Verwaltung zu suchen.

Marc Hansmann führt in seinem Aufsatz über »Ursachen kommunaler Haushaltsdefizite« (Zeitschrift Deutsche Verwaltungspraxis – DVP 5/16) folgende endogene, also von innen kommende Gründe auf:

- Schuldenillusion
- Nichtausschöpfen der eigenen Ertragsmöglichkeiten
- Gering ausgeprägtes Wirtschaftlichkeitsdenken
- Haushaltskonsolidierung hat keine Priorität
- Budgetmaximierung der Fachverwaltung und Prestigeprojekte der Politik
- Infrastrukturausbau ohne Berücksichtigung der Folgekosten
- Unnütze interkommunale Konkurrenz

Es gibt wohl kaum einen Kämmerer bundesweit, dem diese Probleme in seiner Verwaltung nicht begegnet sind. Daher möchte ich diese Aufzählung auch aus meiner Sicht bestätigen und mit eigenen Erfahrungen belegen.

Als **Schuldenillusion** wird der angeblich alternativlose Weg zur Aufnahme neuer Schulden beschrieben. Er sei deshalb alternativlos, weil den Bürgern weder eine Steuer- oder Gebührenerhöhung zuzumuten sei, noch gäbe es im Ausgabenbereich Kürzungsmöglichkeiten. Bei Lichte betrachtet stimmt weder die Begründung noch ist der Weg in Übereinstimmung mit den Grundsätzen der Finanzmittelbeschaffung in den Kommunalverfassungen, da die Kreditaufnahme in der Regel das letzte Mittel zu sein hat. Eine intensive Prüfung vorrangiger Einnahmequellen unterbleibt schon deshalb, weil die damit einhergehende Interessenverletzung einzelner Bevölkerungsgruppen – wie beispielsweise der Grundstückseigentümer oder der Gewerbetreibenden – politisch unbeliebt ist. Und bei den Ausgabekürzungen werden von der Politik zu aller erst oder sogar ausschließlich und vor allem pauschal die Personalkosten vorgeschlagen. Selbstverständlich ohne dabei die Aufgaben oder Standards zu reduzieren. Mit solchen widersprüchlichen Anträgen hat sich dann der Bürgermeister auseinanderzusetzen.

Kredite stellen Lasten für nachfolgende Generationen dar. Sie schränken die künftige Handlungsfreiheit ein, indem Zins- und Tilgungsleistungen zu erbringen sind. Sie verursachen erst die Lage, die zu einer erzwungenen Haushaltskonsolidierung führt. Wie im Folgenden noch darzustellen ist, gibt es zur Aufnahme neuer Schulden zahlreiche Alternativen. Abgesehen davon sollen Kredite die letzte Wahl unter den Finanzierungsmöglichkeiten sein.

Ein anderes Problem ist das teilweise immer noch gering ausgeprägte **Wirtschaftlichkeitsdenken** in öffentlichen Verwaltungen. Die Haushaltswirtschaft ist sparsam und wirtschaftlich zu führen. So geben es die Kommunalverfassungen und Gemeindeordnungen als oberstes Prinzip vor. Dieser Leitgedanke wird in zahlreichen weiteren Vorschriften auch der kommunalen Haushaltsverordnungen näher präzisiert, etwa in den Forderungen nach sorgfältiger Investitionsplanung, in den Vergabeverfahren oder bei der konkreten Bewirtschaftung zur Verfügung gestellter Haushaltsmittel. Alle mittelbewirtschaftenden Stellen haben diese Verpflichtung einzuhalten. Und doch enthalten die Prüfberichte der kommunalen oder überörtlichen Prüfungsinstanzen immer wieder Hinweise auf Verstöße gegen Wirtschaftlichkeitsprinzipien. Hier sollte durch interne Schulung in den Verwaltungen konkret nachgebessert werden, was offensichtlich in der theoretischen Ausbildung nicht wirksam genug vermittelt wurde.

Andererseits stößt die Forderung nach Wirtschaftlichkeit in den Kommunalverwaltungen mitunter auch an »natürliche« Grenzen. In den Aufgabenbereichen des Ordnungswesens, des Gesundheitsschutzes, der Bildung und der sozialen Sicherung sowie im Katastrophenschutz gehört eine streng wirtschaftliche Aufgabenerfüllung nicht zum

Primärziel. Hier gilt es aber unbedingt bei der Aufgabenerfüllung – und ohne diese dabei zu vernachlässigen – wirtschaftlich zu handeln. Nach meinen eigenen Erfahrungen ist auf den Bau- und Planungsbereich ein besonderes Augenmerk zu richten. Der Umfang der hier eingesetzten Haushaltsmittel ist erheblich, wodurch Verstöße gegen Wirtschaftlichkeitsprinzipien in diesen Fällen größeren Schaden anrichten könnten. Aber auch ausgelagerte Aufgabenbereiche, die etwa in Form einer GmbH oder in Zweckverbänden wahrgenommen werden, müssen gegenüber ihrem »Mutterkonzern« die Einhaltung wirtschaftlicher Prinzipien nachweisen. Auch hier ist zu beobachten, dass die organisatorische Eigenständigkeit bei gleichzeitiger Entfernung von der Kernverwaltung ein Eigenleben begünstigt, indem zum Beispiel Sparvorgaben der Kernverwaltung bei den ausgegliederten Bereichen schlicht nicht gelten.

Bei der Forderung nach Wirtschaftlichkeit steht sich mitunter allerdings auch das System quasi selbst im Weg. Das gegenüber dem früheren kameralistischen Rechnungswesen eingeführte doppische Haushaltsaufstellungsverfahren (im Detail dazu s. Kapitel 1.6 »Doppik – Kameralistik – Erweiterte Kameralistik und Konsolidierung«), verbunden mit den üblichen Transparenz- und Demokratieprinzipien, setzt regelmäßig einen Aufwand in Gang, über den Außenstehende nur den Kopf schütteln. Hier trifft Wirtschaftlichkeit auf rechtliche Vorgaben und schwerfällige sowie langwierige Informations- und Verfahrenswege – und stößt dabei an Grenzen.

Natürlich sind Transparenz und Demokratie besonders in der öffentlichen Verwaltung elementare Prinzipien. Problematisch wird es immer dann, wenn selbst der Insider bei mehrmaligen Befassungen mit der gleichen Vorlage in allen vorhandenen Fachgremien nicht mehr durchblickt, obwohl der Grund der nochmaligen Erörterung lediglich der Tatsache geschuldet ist, dass aus Buchstabe »a« Buchstabe »b« geworden ist.

Als weiterer Gedanke erscheint mir der häufigere Einsatz von Wirtschaftlichkeitsrechnungen – als spezielle Instrumente für die öffentliche Verwaltung – sinnvoll: die einfache Kostenvergleichsrechnung bei zwei oder mehreren Handlungsalternativen, die Amortisationsrechnung, die Kapitalwertmethode und besonders die Nutzwertanalyse und die darauf aufbauende Kosten-Nutzen-Analyse.

Zu den beklagenswerten Umständen gehört zweifellos auch die **Budgetmaximierung der Fachbereiche.** Hier kämpft der Kämmerer vielerorts allein gegen alle. Von der Unterstützung des Bürgermeisters ist abhängig, inwieweit er sich durchsetzen kann oder ob oftmals entgegen der Wirtschaftlichkeitsprinzipien die Fachverwaltungen ihre Projekte durchdrücken können. Überhaupt nichts spricht dagegen, dass jeder in seinem Aufgabenbereich für ein Maximum an Verwirklichung steht. Nur verstellt der einseitige Blick auf die Aufgabe ohne Finanzverantwortung nicht selten den Weg für die notwendige Berücksichtigung der Ressourcenknappheit. Erwähnt dann der Kämmerer, dass man das alles ja noch einmal durchrechnen müsse, steht er als

Spielverderber da. Und das System stellt sich dabei völlig auf den Kopf, indem erst etwas geplant und auf die Agenda gesetzt und später die finanzielle Seite abgeklopft wird. Es handelt sich m. E. um ein verbreitetes Phänomen in den öffentlichen Verwaltungen. Die Politik und die Planungsbereiche entwickeln und entwerfen – teilweise auch bereits konkret in den Veranschlagungen – und um die Finanzierung kümmert man sich später. Auf den kleinen Haushalt einer 4-köpfigen Familie umgemünzt bedeutete dies, jemand aus der Familie geht in den Supermarkt, füllt den Einkaufswagen und prüft erst an der Kasse, ob er/sie genug Geld für die Einkäufe besitzt.

Kommt dann ein anderes Mitglied der Familie hinzu, appelliert an die Finanzierungsverantwortung und gibt zu bedenken, dass nur die Hälfte der Einkäufe bezahlt werden könne, ist er an der Situation allein schuld.

Berücksichtigt man dabei noch den Umstand, dass ein nicht unwesentlicher Teil der öffentlichen Einrichtungen aus politischen Opportunitätserwägungen heraus nicht ausreichend über Nutzungsentgelte finanziert werden, wird deutlich, dass absurderweise Missstände der finanziellen Ausstattung von Kommunalverwaltungen exakt von denen beklagt werden, die einen Teil davon selbst verursachen.

Schließlich beobachten wir **unnütze interkommunale Konkurrenz**, und zwar immer dann, wenn generell Infrastrukturausbau ohne Blick auf die geografischen Gegebenheiten stattfindet. Mit Ausnahme der nord- und ostfriesischen Inseln haben alle Gemeinden direkte Nachbarn. Sie als Konkurrenten zu betrachten, ist der falsche Ansatz. Durch partnerschaftliches, die kommunalen Grenzen überschreitendes Denken lassen sich gemeinsam größere Probleme lösen, die vielleicht auch eine der beiden Gemeinden allein nicht bewältigt hätte. So betrachtet ist das einfache Beispiel eines Freibads, das nicht beide gleichzeitig haben müssen, wenn sie geografisch nur 2 km voneinander getrennt sind, ein Synonym für viele andere Felder möglicher Zusammenarbeit. Voraussetzung dafür ist lediglich die Bereitschaft, das »Kirchturmdenken« abzuschalten und stattdessen Wege der sinnvollen Zusammenarbeit zu suchen. So lassen sich im Regelfall Aufgaben kostengünstiger wahrnehmen.

Nun wäre das ja alles weniger tragisch, wenn genug finanzielle Mittel zur Verfügung stünden. Dem ist aber nicht so, wie das übernächste Kapitel 1.3 über die Haupteinnahmequelle der Kommunen zeigt. Doch zunächst zum dringendsten aller Probleme, der kommunalen Verschuldung.

## 1.2 Kommunale Verschuldung

Verschuldet zu sein, gehört heute typischerweise zu den finanziellen Rahmenbedingungen von Kommunen. Zwar bedeutet Verschuldung nicht gleich zwangsläufig auch

Haushaltskonsolidierung. Jedoch stellen die langfristigen Schulden Altlasten dar, die aus laufenden Einkünften abgebaut werden müssen. Zusammen mit der kurzfristigen Verschuldung aus Liquiditäts- bzw. Kassenkrediten bedeutet sie Gefahren für künftige Haushalte, da fortlaufend Zins- und Tilgungsauszahlungen anfallen. Besonders das Risiko steigender Zinsen ist eine reale Bedrohung, wenn die Verschuldung nicht abgebaut werden kann.

Während des Zeitraums seit 2012 stiegen besonders die kommunalen Einzahlungen aus laufender Verwaltungstätigkeit stetig. Dies ermöglichte den Kommunen insgesamt, aus den Überschüssen der laufenden Verwaltungstätigkeit die notwendige Tilgung der Langfristkredite zu finanzieren, Liquiditätskredite zurückzuführen und einen Teil ihrer Neuinvestitionen aus Eigenmitteln zu finanzieren. Zumindest theoretisch. Und theoretisch blieb es weitgehend auch, wenn wir auf die nachfolgenden Statistiken blicken.

Obgleich aktuelle Steuerschätzungen bis zum Jahr 2021 weiter steigende Steuereinzahlungen prognostizieren, zeichnen sich Risiken für die kommunalen Haushalte ab.

Zunächst liegt der Steuerschätzung die Annahme einer weiterhin positiven konjunkturellen Entwicklung zugrunde, die einerseits nicht auf Dauer anhalten wird und bei der andererseits nicht abgesehen werden kann, wie sehr und wie negativ sich außenwirtschaftliche Risiken auswirken. Und diese Risiken gibt es aktuell zuhauf: Brexit, Handelskrise mit den USA, anhaltender Handelsboykott gegenüber Russland und neuerdings auch China, Verschuldung südosteuropäischer Staaten, um nur einige zu nennen.

Negative Einflüsse würden sich unmittelbar auf die angenommene positive Entwicklung der kommunalen Anteile an den Gemeinschaftssteuern und mittelbar auf die Zahlungen aus dem kommunalen Finanzausgleich auswirken. Das alles kann bereits sehr kurzfristig eintreten, während wir bei der Verschuldung von einem seit Längerem bestehenden Dauerproblem ausgehen müssen. Eine kurzfristige Rückführung der noch immer steigenden kommunalen Gesamtverschuldung ist real nicht zu erwarten. So werden die daraus resultierenden Zins- und Tilgungsverpflichtungen auch weiterhin die zukünftigen kommunalen Handlungsspielräume erheblich einengen.

Ein Großteil des Zuwachses der Gesamtverschuldung resultiert daraus, dass die Kassen- bzw. Liquiditätskredite angestiegen sind.

Diese eigentlich nur kurzfristigen Überbrückungsmittel bei Liquiditätsengpässen der Kassen haben sich seit Jahrzehnten zu einer zweck- und auch rechtswidrigen Dauerfinanzierungseinrichtung kommunaler Defizite entwickelt. Es ist augenscheinlich, dass einige Kommunen zunehmend ihre Kassenkredite nicht mehr zurückführen können, sondern dauerhaft auf sie angewiesen sind.

Landauf, landab fordern nicht nur deshalb kommunale Interessenvertretungen dazu auf, dem Trend einer ansteigenden Verschuldung entgegenzusteuern. Realisierbar ist das auch über eine wirksame Haushaltskonsolidierung, verbunden mit einer aufgabenkritischen Betrachtung aller Tätigkeitsbereiche. Man muss es aber auch wollen.

Die nachfolgende Tabelle verdeutlicht zunächst Situation und Verlauf der **Gesamtschulden** seit 2010:

Entwicklung der Gesamtverschuldung, der Bürgschaften und der kreditähnlichen Rechtsgeschäfte in der Gesamtheit der Kommunen der Flächenländer (jeweils zum 31.12. des betreffenden Jahres)
Aus: haushaltssteuerung.de/staatsverschuldung-deutschland

16. August 2017

| Jahr | Gesamte Schulden (beim öffentlichen und nicht-öffentlichen Bereich) | | Bürgschaften | | Kreditähnliche Rechtsgeschäfte (ohne ÖPP-Projekte) | |
|---|---|---|---|---|---|---|
| | in Mrd. Euro | in Euro je Einwohner | in Mrd. Euro | in Euro je Einwohner | in Mrd. Euro | in Euro je Einwohner |
| **2010** | 298,27 | 3.931 | 27,30 | 360 | 1,17 | 15 |
| **2011** | 306,71 | 4.044 | 27,68 | 365 | 1,08 | 14 |
| **2012** | 315,73 | 4.228 | 28,25 | 378 | 0,96 | 13 |
| **2013** | 320,55 | 4.286 | 29,55 | 395 | 0,89 | 12 |
| **2014** | 328,88 | 4.381 | 29,26 | 390 | 0,90 | 12 |
| **2015** | 332,30 | 4.399 | 29,62 | 392 | 1,01 | 13 |
| **2016** | 336,67 | 4.418 | 28,77 | 378 | 1,02 | 13 |

Daten entnommen aus: Statistisches Bundesamt, Statistiken über die Schulden der öffentlichen Haushalte ab 2010 (Fachserie 14 Reihe 5), Wiesbaden; zugrunde gelegte Einwohnerzahlen bis 2011 auf Basis früherer Zählungen, ab 2012 auf Grundlage des Zensus 2011 (jeweils zum 30.6. des betreffenden Jahres; 2016 abweichend zum 31.12.2015)

Zu beachten ist, dass die hier angebotenen Daten nicht die vollständige Verschuldung der Kommunen der Flächenländer zeigen. Nicht erfasst sind unter anderem die Rückstellungen (z. B. für die Pensionen von kommunalen Beamten), da diese statistisch nicht berichtet werden. Die hier analysierten Schuldendaten decken mit den gesamten Geldschulden insofern nur einen Teil der eigentlichen Gesamtverschuldung ab. Die genaue Höhe der eigentlichen Gesamtverschuldung (inkl. Rückstellungen etc.) ist mangels flächendeckender Einführung der sogenannten Doppik und in einigen Fällen aufgrund von Rückständen von Rechnungslegungsfristen nur in einem Teil der Kommunen Deutschlands bekannt.

Die Notwendigkeit einer tieferen Betrachtung ergibt sich auch aus dem örtlich sehr unterschiedlichen, aber durchweg hohen Anteil ausgegliederter Bereiche. Kommunen neigen nun einmal dazu, alle Möglichkeiten rechtlicher, finanzieller und organisatorischer Art bei ihrer Aufgabenwahrnehmung auszuprobieren und ihrer Struktur einen eigenen Charakter zu geben, der interkommunale Vergleichbarkeit unbeabsichtigt erschwert. Gleichwohl wird deutlich:

Beim Ländervergleich aller Flächenländer Deutschlands weisen die Kommunen im Saarland und in Hessen die größte Gesamtverschuldung einschließlich kreditähnlicher Rechtsgeschäfte sowie Bürgschaften auf, während die bayerischen Kommunen die geringste Gesamtverschuldung haben.

Die ergänzend zu betrachtende **kurzfristige Verschuldung** zeigt dagegen folgende Tabelle:

Entwicklung der Kassenkreditschulden der Kern- und Extrahaushalte in der Gesamtheit der Kommunen der Flächenländer beim öffentlichen und beim nicht-öffentlichen Bereich (jeweils zum 31.12. des betreffenden Jahres)
Aus: haushaltssteuerung.de/staatsverschuldung-deutschland

| Jahr | Gesamte Schulden (beim öffentlichen und nicht-öffentlichen Bereich) | | darunter: Kassenkredite beim nicht-öffentlichen Bereich | | darunter: Kassenkredite beim öffentlichen Bereich | |
|---|---|---|---|---|---|---|
| | in Mrd. Euro | in Euro je Einwohner | in Mrd. Euro | in Euro je Einwohner | in Mrd. Euro | in Euro je Einwohner |
| **2010** | 298,27 | 3.931 | 39,21 | 517 | 1,52 | 20 |
| **2011** | 306,71 | 4.044 | 44,02 | 580 | 2,48 | 33 |
| **2012** | 315,73 | 4.228 | 47,42 | 635 | 1,06 | 14 |
| **2013** | 320,55 | 4.286 | 47,38 | 634 | 1,83 | 25 |
| **2014** | 328,88 | 4.381 | 48,03 | 640 | 2,31 | 31 |
| **2015** | 332,30 | 4.399 | 47,66 | 631 | 3,08 | 41 |
| **2016** | 336,67 | 4.418 | 46,66 | 612 | 3,94 | 52 |

Daten entnommen aus: Statistisches Bundesamt, Statistiken über die Schulden der öffentlichen Haushalte ab 2010 (Fachserie 14 Reihe 5), Wiesbaden; zugrunde gelegte Einwohnerzahlen bis 2011 auf Basis früherer Zählungen, ab 2012 auf Grundlage des Zensus 2011 (jeweils zum 30.6. des betreffenden Jahres; 2016 abweichend zum 31.12.2015)

Die Entwicklung der aufgelaufenen Defizite spiegelt sich systembedingt darin wider, dass die Kassenkredite ansteigen. Diese haben sich allein in den Jahren von 2008 bis 2012 verdoppelt. Die Entwicklung ist alarmierend. Bei der Betrachtung dieser Statistik muss ergänzend berücksichtigt werden, dass in einigen Bundesländern Kassenkredite in langfristige Verschuldung umgeschuldet worden sind und sich daher im Vergleich untereinander ein Zerrbild ergibt.

In manchen Kommunen werden Kassenkredite nicht mehr zu ihrem eigentlichen Zweck als temporäre Überbrückung kurzfristiger Liquiditätsengpässe verwendet, sondern sind zur »Dauerfinanzierungseinrichtung« geworden. Besonders die hohe »Pro-Kopf-Verschuldung«, tendenziell über 1.000 Euro pro Einwohner, lässt die nicht ganz unbegründete Vermutung aufkommen, dass in der Vergangenheit über die eigenen Verhältnisse gewirtschaftet wurde. Ein Trendwechsel ist aktuell nicht erkennbar. Die Lasten zur Finanzierung des heutigen Leistungsangebots werden somit auf künftige Generationen übertragen.

Im Gegensatz zu Wertpapierschulden und (Investitions-)Krediten sind die Kassenkreditschulden auch nicht durch investive Vermögenswerte (z. B. Straßen, Gebäude) gedeckt, sondern werden in voller Höhe für konsumtive Zwecke (z. B. Personalausgaben) verausgabt. Die in Form von Kassenkrediten angesammelten Lasten werden folglich nachrückenden Generationen aufgebürdet, ohne dass diesen Generationen aus der Verschuldung (z. B. in Form investiv geschaffener Vermögenswerte) ein Vorteil erwächst.

Die Kassenkreditbestände verdeutlichen daher besonders die bestehenden kommunalen Finanzprobleme.

Wie oben bereits erwähnt, haben einige Kommunen inzwischen damit begonnen, längerfristige Kassenkredite aufzunehmen. Diese enthalten Laufzeiten von bis zu 20 Jahren.

Es tritt der psychologisch gefährliche Gewöhnungseffekt ein: Die Kommunen gewöhnen sich an das Dauerdefizit und sehen es von der Höhe her als unbezwingbar an. Das hat fatale Auswirkungen auf die notwendigen Anstrengungen zum Ausgleich des Haushalts und auf Konsolidierungsmaßnahmen, die alternativlos sind.

Die Einsparbemühungen erschlaffen und lassen die Kassenkredite und damit auch die Finanzierungslast für künftige Generationen weiterwachsen. Einige Kommunen verweisen als Begründung für hohe Kassenkreditbestände auf die schlechten Rahmenbedingungen, beispielsweise etwa geringe Steuereinnahmen, großer Bevölkerungsrückgang, hohe soziale Lasten oder allgemeine Strukturschwäche. Tatsächlich ist es selbst unter schwierigen Rahmenbedingungen möglich, einen Kommunalhaushalt ohne dauerhafte Kassenkredite zu führen. Dies belegen immerhin auch einige Positivbeispiele in Deutschland: Es gibt Kommunen, die auch unter problematischen Rahmenbedingungen ihre Kassenkreditbestände im Griff haben und immer wieder zurückführen können.

Insgesamt ist die Verschuldungsentwicklung besorgniserregend und könnte zahlreiche Kommunen bei ungünstigeren wirtschaftlichen Rahmenbedingungen in die Haushaltskonsolidierung treiben.

## 1.3 Das Dilemma mit den kommunalen Steuern

Die Beseitigung einer Haushaltsschieflage verbunden mit Haushaltskonsolidierung ist ein arbeitsintensiver und konfliktbeladener Prozess, bestehend aus Ideenentwicklung, Ausarbeitung, Änderungen, Ergänzungen, diversen Abstimmungsgesprächen, vorbereitenden und entscheidenden Sitzungen, Ausführungsoperationen ...

Genau genommen könnte man auf den Gedanken kommen, dass das alles viel zu viel Arbeit für viel zu wenig Ertrag ist. Stattdessen ginge doch alles viel einfacher, würde man lediglich die Steuern auf ein notwendiges Maß erhöhen.

Eine einzige und in der Summe ausreichende Maßnahme, und das ganze Problem mit der leidigen Konsolidierung hätte sich erledigt.

Das ist ein hübscher Gedanke, der auf den ersten Blick auch als gerecht erscheint. Immerhin zahlen doch alle Einwohner einer Gemeinde Steuern.

So weit, so gut.

Tatsächlich könnte damit vom Ergebnis aus betrachtet das Problem des Haushaltsdefizits auf einen Schlag gelöst werden. Die Realität ist indessen eine andere. Gleich mehrere Gründe lassen dieses Vorhaben scheitern. Zunächst einmal ist die Einnahmenbeschaffung der Kommunen der Höhe und der Rangfolge nach nicht in das Belieben einer jeden Gemeinde gestellt. Bundesweit herrschen gesetzliche Regelungen in den kommunalrechtlichen Bestimmungen, wonach Steuern als Einnahme lediglich nachrangig erhoben werden dürfen. Zuvor müssen die Kommunen ihre sonstigen Einnahmen und speziellen Entgelte für die von ihnen erbrachten Leistungen in ausreichender Höhe erheben. Unter dem Stichwort der Belastungsgerechtigkeit ist dies auch sinnvoll. Näheres dazu habe ich im Kapitel 4.2 »Steuern oder Gebühren – wer soll zahlen?« geschrieben.

Die Hierarchiestufe, auf der die Steuern im Finanzierungsgefüge der Gemeinde stehen, ist somit zunächst einmal eine schlechte. Eine gegenleistungsfreie Abgabeform wie die Steuererhebung steht immer im Kontext mit der Notwendigkeit, Gemeindeaufgaben so klein wie möglich zu halten. Will eine Gemeinde also Steuern erhöhen, ist sie systemimmanent verpflichtet zu prüfen, ob sie sich stattdessen nicht lieber von kostenintensiven aber nicht zwingend nötigen Aufgaben befreien kann.

Eine Steuererhöhung kann natürlich durchaus ein Baustein der Konsolidierungsstrategie sein. Immerhin rangiert die Steuererhebung noch vor einer möglichen Neuverschuldung, denn Kreditaufnahmen sind in der Finanzierung nach kommunal- und haushaltsrechtlichen Vorschriften das letzte Mittel überhaupt.

Inzwischen müsste auch der letzte Dorfpolitiker begriffen haben, dass mit einer Verschuldung nur Lasten in die Zukunft verschoben werden und diese Strategie dem Prinzip der Generationengerechtigkeit widerspricht. Immerhin sind der generationengerechte Haushalt und das Ressourcenverbrauchsprinzip ein wichtiger Baustein der letzten Haushaltsrechtsreform gewesen.

Eine Steuererhöhung ist jedoch kein einfaches Unterfangen. An dem ertragskräftigen Gemeindeanteil an der Einkommensteuer lässt sich aus Sicht der Gemeinde nichts drehen. Deren Höhe wird durch bundes- bzw. landesrechtliche Regelungen festgelegt.

Die Gewerbesteuer ist aufgrund ihrer Konjunkturabhängigkeit keine verlässliche Einnahmequelle. Ihre Ertragshöhe ist ständigen Schwankungen unterworfen. Darüber hinaus belastet sie die in der Kommune ansässigen Unternehmen und ist als Standortfaktor für gewerbeansiedlungswillige Gemeinden kontraproduktiv. Ähnliches gilt für den Gemeindeanteil an der Umsatzsteuer. Auch diese Steuerquelle ist konjunkturabhängig und überdies eher von geringerem Aufkommen.

Sämtliche kleinere örtliche Aufwand- und Verbrauchssteuern wie etwa die Hundesteuer oder Vergnügungssteuer sind in der Regel nicht so aufkommenserheblich, dass sie einen maßgeblichen Konsolidierungseffekt erzeugen.

Übrig bleibt die Grundsteuer, deren Erhebung alle trifft, denn auch der Mieter zahlt über die umgelegten Betriebskosten seinen Anteil. Sie ist daher aus Gerechtigkeitsgesichtspunkten durchaus praktikabel. Auch das Aufkommen, ermittelt über die Wohngrundstücke einer Gemeinde, rangiert häufig nicht weit hinter den größeren Steuerquellen des gemeindlichen Einkommensteueranteils und der Gewerbesteuer. Unter dem Strich bleibt die Grundsteuer hinsichtlich aller hier angeführten Bewertungskriterien die einzig brauchbare und realistische Einnahmeerhöhungsquelle unter den Steuern der Gemeinde.

Selbstverständlich sollte sie jedoch nur zum Zuge kommen, wenn auf der Ausgabenseite kein ausreichendes Konsolidierungspotenzial mehr zu erwarten ist. Rein argumentativ lässt sich Konsolidierung besser mit Ausgabensenkung als mit Einnahmeerhöhung verkaufen.

Insgesamt ist eine Steuererhöhung als Konsolidierungsbeitrag daher wenig geeignet.

Bereits seit Jahrzehnten wird eine kommunale Steuerreform gefordert, um u. a. die finanzverfassungsrechtliche Abhängigkeit der Gemeinden von Bund und Ländern zu ändern und den Kommunen eine verlässlichere Grundlage der Einnahmeerzielung zu geben. Schließlich haben die Gemeinden keine originäre Gesetzgebungsbefugnis über Steuern. Ihr in den landesgesetzlichen Regelungen zugestandenes Steuerfindungsrecht – das Recht, neue Steuern zu erfinden und einzuführen – ist überwiegend nur theoretischer Natur. Vorhaben zur Einführung neuer Steuern sind in der Vergangenheit gescheitert, weil sich entweder erfolgreich eine Lobby dagegen gebildet hatte, die Steuer nicht aufkommenserheblich genug war, um überhaupt etwas für den Haushalt abzuwerfen oder die Einführung aus verfassungsrechtlichen Gründen verworfen wurde.

Es bleibt also schwierig, Steuern als Konsolidierungspotenzial einzusetzen.

## 1.4 Fehlentwicklungen im Gemeindefinanzierungssystem

Haushaltskonsolidierung ist kein Normalfall in der Haushaltswirtschaft der Kommunen. Vielmehr gilt der in den Gemeindeordnungen und Kommunalverfassungen vorgegebene Haushaltsausgleich als Normalfall und Intention des Gesetzgebers. Danach decken alle Einnahmen prinzipiell alle Ausgaben – oder in der Doppik »die Erträge des Ergebnishaushalts die Aufwendungen des Ergebnishaushalts«. Der Konsolidierungsfall tritt ein, wenn genau das nicht funktioniert, indem die Aufwendungen bzw. Ausgaben die Erträge bzw. Einnahmen überschreiten.

Angesichts der Häufigkeit, in der bundesweit der Konsolidierungsfall für Kommunen eintritt, könnte man ins Grübeln kommen. Sind es wirklich nur die »hausgemachten«, internen Gründe, die ich im Kapitel 1.1 »Die wirklichen Gründe für defizitäre Haushalte« beschrieben habe, die letztlich den Konsolidierungsfall verursachen? Oder liegt das Problem eher auf der äußeren Ebene, die von den Kommunen nicht beeinflusst werden kann? Werden also die Kommunen von Bund und Land nicht ausreichend mit Finanzierungsmitteln oder zumindest positiven Rahmenbedingungen ausgestattet?

Die äußere Ebene wird durch den Bundes- oder Landesgesetzgeber als Rahmen vorgegeben. Diese Ebene verdeutlicht sich einerseits durch den verfassungsmäßigen Status, der den Gemeinden durch das Grundgesetz zugedacht ist, und andererseits durch die Regelungen über die Finanzausstattung der Gemeinden.

Der **Status der Gemeinden** ist im Art. 28 Abs. 2 Grundgesetz mit dem Begriff »Selbstverwaltungsgarantie« umschrieben. Jedoch garantiert der Staat keine staatsorganisationsrechtliche Existenz einer bestimmten Einzelkommune, sondern gibt den vorhandenen Gemeinden das einschränkbare Recht auf Selbstverwaltung. Und obwohl sie »existieren«, haben die Gemeinden keine originäre Gesetzgebungsbefugnis über Steuern – die ergiebigste der ihnen zugedachten wenigen Einnahmequellen. Und da sind wir wieder zwangsläufig bei dem Dilemma der kommunalen Steuern, über das ich in Kapitel 1.3 geschrieben habe.

Vielmehr befinden sich die Gemeinden in einer finanzverfassungsrechtlichen Abhängigkeit von Bund und Ländern. Jegliche Gesetzgebungsbefugnis über die Steuern liegt nämlich nur bei Bund und Ländern (vgl. Artikel 105 Grundgesetz).

Wenn man jetzt denkt, Bund und Länder werden es schon richten oder gerichtet haben, so ist das dem Standpunkt des jeweiligen Betrachters vorbehalten. In jedem Fall steht fest:

Die **Gemeindefinanzierung** beruht auf zwar mehreren, jedoch nicht nachhaltig tragfähigen Säulen.

Bevor ich auf die wesentlichen Finanzierungskomponenten im Einzelnen etwas näher eingehe, werfen wir zunächst einen Blick auf die landesgesetzliche Festlegung zur Gemeindefinanzierung.

Das kommunale Haushaltsrecht als Teil der Finanzverfassung der Gemeinden ist durch den Landesgesetzgeber normiert. Dadurch verfügt jedes Bundesland über eigenständige Regeln, die jedoch im Vergleich untereinander ähnlich oder weitgehend wortgleich sind. Hierzu haben die Landesgesetzgeber eine Rangfolge der Einnahmebeschaffung für die Kommunen festgelegt. Als Beispiel schauen wir auf die Gemeindeordnung für den Freistaat Bayern. Sie sieht hierzu folgende Regelung vor:

**Art. 62 GO Grundsätze der Einnahmebeschaffung**

> (1) Die Gemeinde erhebt Abgaben nach den gesetzlichen Vorschriften.
>
> (2) Sie hat die zur Erfüllung ihrer Aufgaben erforderlichen Einnahmen
>
> 1. soweit vertretbar und geboten aus besonderen Entgelten für die von ihr erbrachten Leistungen,
>
> 2. im übrigen aus Steuern
>
> zu beschaffen, soweit die sonstigen Einnahmen nicht ausreichen.
>
> (3) Die Gemeinde darf Kredite nur aufnehmen, wenn eine andere Finanzierung nicht möglich ist oder wirtschaftlich unzweckmäßig wäre.

Die anderen Bundesländer haben ähnliche Regelungen getroffen.

Der wesentliche Regelungsinhalt besteht aus der vorgegebenen Rangfolge der Einnahmebeschaffung, bei der die unbedeutenden Einnahmen Vorrang vor den aufkommensstärkeren genießen. Bereits das erschwert den Kommunen die Finanzierung. Allein mit den »sonstigen Einnahmen«, die im Wesentlichen aus der Teilnahme am wirtschaftlichen Verkehr, Mieten, Pachten und allgemeinen Zuweisungen bestehen, ist keine Gemeinde finanzierbar. Die danach vorgesehenen besonderen Entgelte für die von Ihnen erbrachten Leistungen zielen auf Verwaltungs- und Benutzungsgebühren ab. Einschränkend gilt dabei, dass diese nur »soweit vertretbar und geboten« erhoben werden dürfen.

Auch bis hierhin genügen die Finanzgarantien nicht, um der gemeindlichen Aufgabenvielfalt bei Allzuständigkeit für örtliche Angelegenheiten Herr zu werden. Es läuft damit zwangsläufig auf die subsidiäre Steuererhebung hinaus.

Den Gemeinden sind also Status und Finanzierungsrahmen gesetzlich vorgegeben. Ein Ausbruch aus diesem System ist nicht möglich. Der finanzielle Befreiungsschlag undenkbar. Das den Kommunen gesetzlich eingeräumte **Steuerfindungsrecht** für bisher noch nicht erhobene Steuern mit örtlicher Begrenzung auf das Gemeindegebiet stellt zwar theoretisch einen erweiterbaren Finanzierungsrahmen dar, scheiterte aber bisher in den meisten Fällen – aus unterschiedlichen Gründen. Entweder waren diese Steuern nicht aufkommenserheblich genug, um den durch ihre Erhebung entstehenden Verwaltungsaufwand zu rechtfertigen. Oder die Gemeinden hatten eine mächtige Lobby gegen sich – etwa bei der Getränkesteuer oder der Pferdesteuer. Oder die »erfundene« Steuer war bisher vorhandenen Landes- oder Bundessteuern zu ähnlich und durfte daher aus diesem Grund nicht »zusätzlich« eingeführt werden.

Wie ist es nun bestellt um die Steueranteile der Kommunen?

Artikel 106 Abs. 6 des Grundgesetzes lautet:

**Artikel 106 Abs. 6 GG**

> Das Aufkommen der Grundsteuer und Gewerbesteuer steht den Gemeinden, das Aufkommen der örtlichen Verbrauch- und Aufwandsteuern steht den Gemeinden oder nach Maßgabe der Landesgesetzgebung den Gemeindeverbänden zu. Den Gemeinden ist das Recht einzuräumen, die Hebesätze der Grundsteuer und Gewerbesteuer im Rahmen der Gesetze festzusetzen.

Mit der **Gewerbesteuer** ist den Gemeinden die Besteuerung der Gewerbebetriebe im Gemeindegebiet ermöglicht. Die Steuer hat damit zwar einen klaren kommunalen

Bezug, jedoch auch einige Nachteile. Der größte Nachteil ist die Konjunkturabhängigkeit der Gewerbesteuer. Sie unterliegt Schwankungen und ist als verlässliches Planungsinstrument insbesondere für die über das Haushaltsjahr hinausgehende fünfjährige Finanzplanung schwer kalkulierbar und verursacht daher bei den Kämmerern immer wieder rauchende Köpfe. Überdies werden Unternehmen bis zu einer bestimmten Größenordnung von ihr nicht erfasst. Schließlich können Gewerbebetriebe ihre Gewerbesteuerzahlungen auf die Einkommensteuer anrechnen lassen, wodurch es dort zu einem Minderaufkommen beiträgt, welches die Kommunen mindestens mittelbar auch betrifft. Alles in allem ist die Gewerbesteuer keine verlässliche Einnahmequelle der Kommunen.

Kreisangehörigen Gemeinden etwa verbleibt vom Gewerbesteueraufkommen in der Regel ein Drittel, während ein weiteres Drittel über die Kreisumlage an den Landkreis abzuführen ist und das letzte Drittel über die Gewerbesteuerumlage wieder an das Land abfließt.

Auf der Grundlage von Artikel 106 Abs. 5 Grundgesetz erhalten die Gemeinden einen **Anteil an der Einkommensteuer**. Der Artikel lautet wie folgt:

**Artikel 106 Abs. 5 GG**

> Die Gemeinden erhalten einen Anteil an dem Aufkommen der Einkommensteuer, der von den Ländern an ihre Gemeinden auf der Grundlage der Einkommensteuerleistungen ihrer Einwohner weiterzuleiten ist. Das Nähere bestimmt ein Bundesgesetz, das der Zustimmung des Bundesrates bedarf. Es kann bestimmen, daß die Gemeinden Hebesätze für den Gemeindeanteil festsetzen.

Die Einkommensteuer ist eine Gemeinschaftssteuer, die originär Bund und Ländern gemeinsam zusteht. Einen Teil davon wird den Gemeinden aufgrund der oben zitierten Regelung zugewiesen.

Dieser Steueranteil verbessert zwar die Gemeindefinanzierung, ist aber erneut eine konjunkturabhängige Einnahmeart. Das nach dieser Regelung mögliche Hebesatzrecht ist den Gemeinden nicht eingeräumt worden. Das erschwert die Planungsmöglichkeiten noch obendrein, da die Höhe des Zuweisungsanteils nicht vorher bekannt oder beeinflusst werden kann. Zudem haben die Gemeinden als Pendant zum Gemeindeanteil an der Einkommensteuer die bereits erwähnte Gewerbesteuerumlage abzuführen.

Die in § 6 des Gesetzes zur Neuordnung der Gemeindefinanzen (Gemeindefinanzreformgesetz) im Einzelnen geregelte Gewerbesteuerumlage ist als finanzpolitischer

Preis für die Beteiligung der Gemeinden am Aufkommen der Einkommensteuer anzusehen. Die bei Bund und Ländern durch die Überlassung eines Teils der Einkommensteuer an die Gemeinden entstehende Deckungslücke wäre anderweitig nicht zu schließen gewesen, wie es in einer Dokumentation des Bundesfinanzministeriums zur Entwicklung der Gewerbesteuerumlage seit der Gemeindefinanzreform 1969 lautet. Die Dokumentation kommt im Übrigen zu der Aussage, dass sich die gesamten Steuereinnahmen der Gemeinden von 1972 bis 2010 von 11,87 auf 57,22 Mrd. erhöht haben. Diese Aussage erlaubt meines Erachtens isoliert betrachtet keine klare Wertung, da sie den Aufgabenzuwachs der Gemeinden in dieser Zeit, insbesondere auch den durch die deutsche Wiedervereinigung verursachten Anteil, nicht gegenüberstellt.

Durch das Gesetz zur Fortsetzung der Unternehmenssteuerreform vom 29. Oktober 1997 wurde den Gemeinden mit Wirkung ab dem Jahr 1998 eine **Beteiligung am Aufkommen der Umsatzsteuer** in Höhe von 2,2 % des Gesamtvolumens als Ausgleich für den Wegfall der Gewerbekapitalsteuer eingeräumt. Die Abschaffung der Gewerbekapitalsteuer erfolgte seinerzeit mit der Absicht, die Unternehmen von einer ertragsunabhängigen und damit substanzbelastenden Steuer zu befreien. Da die Gewerbekapitalsteuer von der Ertragshoheit betrachtet den Kommunen zustand, musste ein Ersatz gefunden werden.

Der Gemeindeanteil an der Umsatzsteuer ist aber weder besonders aufkommenserheblich noch eine verlässliche Einnahmequelle.

Vom Umfang her betrug das Aufkommen des Umsatzsteueranteils durchgehend nur ca. 5 % des gesamten Gemeindesteueraufkommens. Und es ist einmal mehr eine konjunkturabhängige und damit schlecht planbare Steuerquelle.

Schließlich steht den Gemeinden wie oben dargestellt auch das Aufkommen aus der **Grundsteuer** zu. Sie sind berechtigt, dafür entsprechende Hebesätze festzusetzen. Mit der Grundsteuer verfügen die Gemeinden über die einzige stetige Einnahmequelle. Sie ist weder konjunkturanfällig noch sonstigen Schwankungen unterworfen. Durch ihr relativ geringes Aufkommen (ca. 15 % der Gesamtsteuereinnahmen der Gemeinden) kommt ihr jedoch nur eine ergänzende Finanzierungsfunktion zu. Dabei ist die Grundsteuer im Kern eine gerechte Steuer, soweit man Steuern überhaupt als gerecht ansieht. Sie wird von Eigentümern und auch von Mietern gezahlt. Eigentümer entrichten die Steuer direkt an die Gemeinde, bei den Mietern erfolgt die Zahlung über die Betriebskostenabrechnung im Mietverhältnis. Nicht zuletzt deshalb wird eine Erhöhung der Grundsteuer bei Finanzproblemen aus der Perspektive des Steueraufkommens betrachtet als vorrangig angesehen. Neben einer im Einzelfall sinnvollen Erhöhung der Kostendeckungsgrade für die öffentlichen Einrichtungen besteht hier grundsätzlich noch Potenzial, um die Einnahmesituation zu verbessern. Das allerdings reicht nicht aus, um die gesamte Fehlentwicklung im Gemeindefinanzierungssystem zu kompensieren.

Überhaupt ist die Grundsteuer künftig eine nicht ganz sichere Einnahmequelle. Das Bundesverfassungsgericht hat unlängst eine Reform verlangt. Zwar heißt es nach ersten Verlautbarungen des Bundesfinanzministeriums, dass drei wesentliche Kriterien erfüllt sein werden: Eine rechtssichere Bemessungsgrundlage, eine sozial gerechtfertigte Reform und wie bisher ein Aufkommen von rund 14 Milliarden Euro für die Kommunen. Die Reform soll bis Ende 2019 von Bundestag und Bundesrat beschlossen sein. 2020 sollen die Bürger erstmals die Steuererklärung mit den Angaben zur neuen Grundsteuer ausfüllen. Kassiert werden soll sie aber erst ab 2025 – alles nach dem Stand Ende 2018/Anfang 2019. Überraschungen sind immer möglich.

Schon jetzt gibt es die übliche »Gewinner-Verlierer-Debatte«. Gestützt auf interne Unterlagen des Bundesfinanzministeriums sollen die Großstädte rund 22 % mehr Grundsteuer erhalten, während kleine und mittlere Städte mit einem Minus von 29 % die Zeche zahlen sollen. Wohlgemerkt: Das alles ist noch Spekulation.

Unter dem Strich verbleiben drei Punkte, unter denen die Gemeindefinanzierung generell leidet:

- Fehlende Mitwirkungsmöglichkeiten am Gesetzgebungsprozess
- Konjunkturabhängige Einnahmequellen
- Aufgabenüberfrachtung durch Land und Bund ohne hinreichenden finanziellen Ausgleich

Würden bei einer verbesserten Gemeindefinanzierung weniger Konsolidierungsfälle auftreten? Einiges spricht dafür, dass sich bei sonst gleichbleibenden Verhältnissen die Lage bessern würde.

Es gibt daneben auch noch einen weiteren Faktor, der den Haushaltskonsolidierungsfall eintreten lässt oder zumindest früher stärker begünstigte – die sogenannten Fehlanreize durch das Bedarfszuweisungssystem. Bedarfszuweisungen erhielten besonders bedürftige Kommunen. Bedürftigkeit lässt sich aber auch durch extensives Ausgabeverhalten herstellen. Wenn nach den kennzahlenbasierten Berechnungen die Werte schlecht genug waren, gehörte man zum Kreis der Bedarfszuweisungsempfänger. Inzwischen sind allerdings Vereinbarungen über Finanzziele üblich, ohne die es keine Landeshilfe gibt. Damit setzen künftige Auszahlungen immerhin finanziell vernünftiges Verhalten seitens der Gemeinde voraus. Eine Garantie, keinen Fehlanreizen zu erliegen, ist das aber nicht.

Welche **Reformansätze** sind denkbar?

Insgesamt sind die Eingriffsmöglichkeiten der Kommunalaufsicht begrenzt. Lediglich die Genehmigung des Haushaltsplans zu versagen, ist zu wenig. Selbst mit einem nicht genehmigten Haushalt kann eine Gemeinde mitunter gut leben und weiter wirtschaften.

Von der Bestellung eines Beauftragten, dem sogenannten Sparkommissar, wird relativ selten Gebrauch gemacht.

Hier könnte eine Gesetzesverschärfung möglicherweise helfen.

Hinweise der Kommunalaufsichtsbehörden an die Gemeinden über die Verletzung von Finanzierungsgrundsätzen sind bereits üblich.

Ausgehend von den oben genannten drei Problemen sind Reformen in den Bereichen
- Konjunkturabhängige Einnahmequellen
- Aufgabenüberfrachtung durch Land und Bund ohne hinreichenden finanziellen Ausgleich

am ehesten möglich und wären in jedem Fall begrüßenswert.

## 1.5 Demografische Entwicklung und Generationengerechtigkeit

Das eben beschriebene Problem der Kommunen, verlässliche und ausreichende Einnahmen zu erzielen, wird durch einen weiteren Faktor verschärft, der in zunehmendem Maße Einfluss auf die finanzielle Situation nimmt: die Bevölkerungsentwicklung.

»Geburtenrate, Sterberate, Migration: Drei Faktoren beeinflussen die Bevölkerungsstruktur. Auch wenn die Geburtenrate zuletzt wieder leicht angestiegen ist, kommen in Deutschland heute weniger Kinder zur Welt als früher – bei steigender Lebenserwartung. Dadurch erhöht sich das Durchschnittsalter der Bevölkerung. Zudem wird die Gesellschaft infolge von Wanderungsbewegungen vielfältiger«. Auf diesen kurzen Nenner gebracht verdeutlicht die Bundeszentrale für politische Bildung in einem Leitartikel von Franka Kühn das bestehende Problem.

Mit der demografischen Entwicklung beschäftigen sich kommunale Gebietskörperschaften gefühlt schon sehr lange. Tatsächlich waren es aber zunächst nur immer wiederkehrende Warnhinweise auf eine sich verändernde Bevölkerungszahl und -entwicklung. Überwiegend sind diese Hinweise daher zunächst nur »zur Kenntnis« genommen worden.

Die Frage ist bekanntlich auch, inwieweit lediglich kurzfristige Schwankungen bei den Zahlen vorliegen oder ob eine generelle Trendwende auszumachen ist. Bei der kommunalen Daseinsvorsorge stehen die Menschen im Mittelpunkt. Aber welche Menschen und wie viele? Besonders deutlich wird der demografische Einfluss bei Schulen und Kindertagesstätten. Künftig könnten die vorhandenen Einrichtungen, die seinerzeit für andere Kinderzahlen errichtet worden sind, nicht mehr ausgelastet sein. Alternative Nutzungen oder Rückbauvorhaben werden längst diskutiert.

Aber auch ein anderes Stichwort wird in diesem Zusammenhang immer wieder genannt: Generationengerechtigkeit.

Dieser Begriff geht einher mit dem Vorwurf, die Kommunen leben oder zumindest lebten lange Zeit über ihre Verhältnisse, indem sie für die laufende Aufgabenerfüllung Schulden auf nachfolgende Generationen vererbten. Der daraus resultierende Belastungsfaktor an Zins- und Tilgungsleistungen raubt den Gemeinden dringend benötigte Mittel für Zukunftsinvestitionen.

Das Statistische Bundesamt hat ausgerechnet, dass jeder Einwohner allein über seine Stadt, Gemeinde oder seinen Landkreis im Schnitt mit 3.509 Euro in der Kreide steht (Quelle: Die Welt vom 08.03.2018). Die nachfolgende Grafik zeigt die Pro-Kopf-Verschuldung in der gesamten Bundesrepublik.

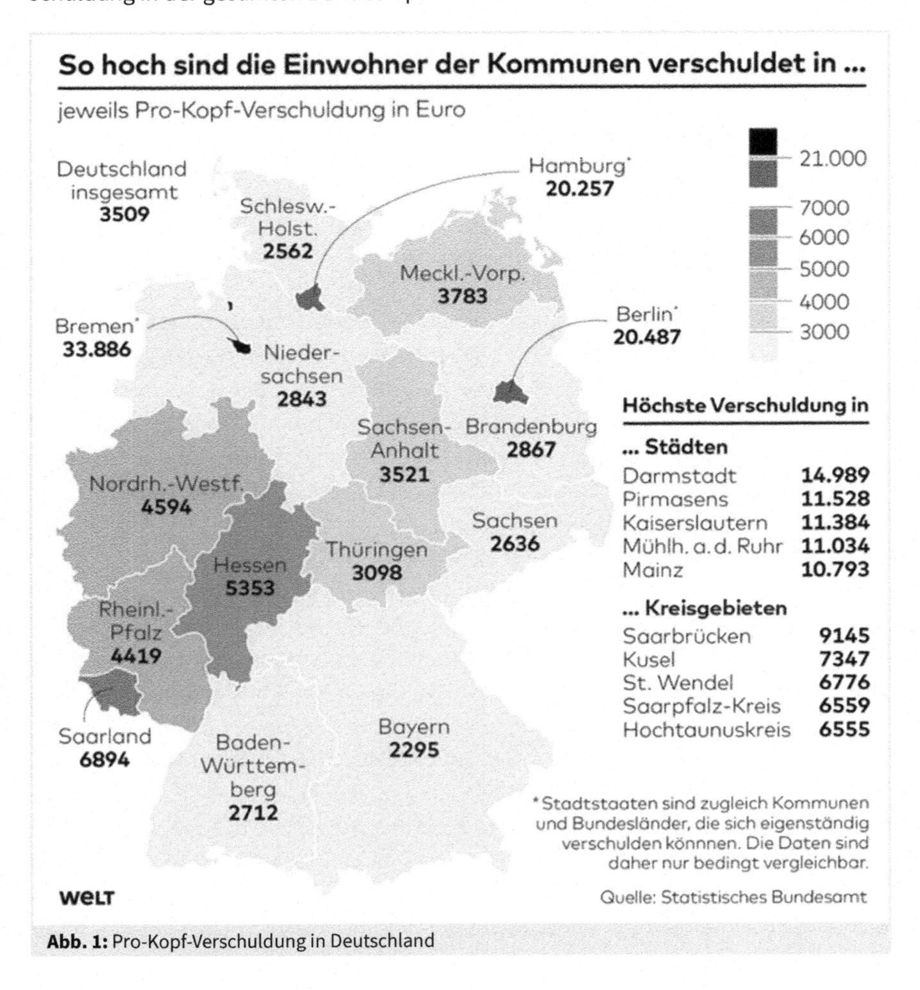


**Abb. 1:** Pro-Kopf-Verschuldung in Deutschland

Es kommt noch schlimmer. Vielerorts lässt sich eine Vernachlässigung der Infrastruktur feststellen. Über Jahre (Jahrzehnte) wurde der Erhalt von Straßen, Wasserleitungen, Schulen, Kitas und Bädern aufgeschoben. Den kommunalen Investitionsrückstand bezifferte die Kreditanstalt für Wiederaufbau auf 132 Milliarden Euro (KfW-Kommunalpanel 2015).

Generationengerechtigkeit heißt nach dem Demokratieforscher und Publizisten Wolfgang Gründinger nicht nur, dass der Staat nicht mehr Schulden macht, als die nachfolgende Generation an Zinsen tragen kann. Generationengerechtigkeit bedeutet auch: Die Konsolidierung des Staatshaushalts darf keinesfalls auf Kosten der Zukunftsinvestitionen stattfinden (Wolfgang Gründinger: »Alte Säcke Politik – Wie wir unsere Zukunft verspielen«, S. 120).

Folgt man diesem Gedanken, führt dies zur Abwägung zwischen einem ausgeglichenen Haushalt und dem Verzicht auf Verschuldung einerseits und kreditfinanzierten Investitionen in die Infrastruktur auf der anderen Seite. Im Ergebnis darf nicht die Infrastruktur zulasten künftiger Generationen Schaden nehmen, was anschließend zu überproportional höheren Neuinvestitionen führt. Um die Infrastruktur intakt zu halten, sind folglich kreditfinanzierte Investitionen dann vorzuziehen, wenn der Schaden bei Nichtdurchführung der Investitionen für kommende Generationen höher wäre.

Ich habe hierzu im Kapitel 2.5 »Fehlerquellen bei der Haushaltskonsolidierung« dargestellt, dass Konsolidierung nicht nur sparen bedeuten muss, sondern auch, Mittel an geeigneten Stellen zusätzlich einzusetzen, wenn dadurch der Nutzen nachweislich höher ist als der Spareffekt. Durch einseitige Betrachtung und zu starkes und mitunter falsches Fixiertsein auf Sparmaßnahmen geht dieser Gedanke hier und da verloren.

Über den Zustand der Bevölkerungsentwicklung berichtet die Bundeszentrale für politische Bildung in dem von Franka Kühn geschriebenen Leitartikel wie folgt:

»In Deutschland zeichnet sich die demografische Entwicklung vor allem durch eine deutliche Alterung der Gesellschaft aus. Der Altenquotient könnte im Jahr 2060 etwa das Anderthalbfache bis Doppelte des heutigen Wertes betragen. Daran wird auch eine steigende Geburtenrate nur wenig verändern, denn der Alterungsprozess wird vor allem von den geburtenstarken Jahrgängen 1955 bis 1969 – die sogenannten Babyboomer – vorangetrieben. Zusammen mit einer weiter steigenden Lebenserwartung führt dies zu einer Erhöhung des Anteils älterer Menschen an der Gesamtbevölkerung und absehbar zu einem Bevölkerungsrückgang.«

Das nachfolgende Schaubild verdeutlicht die Entwicklung in Deutschland:

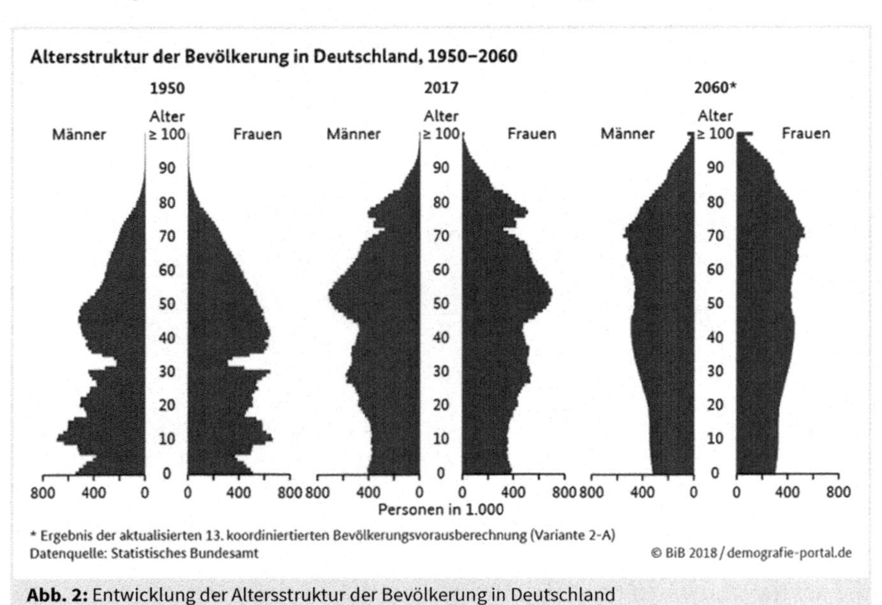


**Abb. 2:** Entwicklung der Altersstruktur der Bevölkerung in Deutschland

Einfach ausgedrückt sollte die Altersstruktur vornehmlich die Form eines Tannenbaumes annehmen. Am ehesten war diese Voraussetzung 1950 gegeben. Im Trend erkennt man sehr gut die Verschiebung nach oben durch die immer älter werdende Bevölkerung. Während heute die stärkste Generation aus den Menschen im besten Alter, also im mittleren Alter, besteht, schiebt sich dieser Bauch künftig noch weiter nach oben. Gleichzeitig schrumpft die Basis der jüngeren Generation immer weiter zusammen. Da diese Generation die spätere Rentenzahlung der älteren Mitmenschen tragen muss, verstärkt sich das Dilemma.

Das Statistische Bundesamt hat berechnet, dass bis zum Jahr 2060 die Bevölkerungszahl in Deutschland auf 65 bis 70 Millionen schrumpfen wird, da weniger Kinder geboren werden, als Sterbefälle zu verzeichnen sind. Wir alle schätzen eine gute medizinische Versorgung, die uns eine immer größere Lebenserwartung beschert. Auch dadurch verschiebt sich der Altersaufbau der Gesellschaft. Der Anteil der älteren Menschen wird deutlich steigen, während der Anteil von Menschen im erwerbsfähigen Alter weiter schrumpft.

Die Kommunen sind mithin aufgerufen, sich auch bei der Haushaltskonsolidierung um demografische Einflüsse in ihrem Hoheitsgebiet Gedanken zu machen.

Aktuell bin ich skeptisch, ob die demografischen Herausforderungen in der Finanz- und Haushaltsplanung hinreichend berücksichtigt werden. Das liegt einerseits an dem akuten Handlungsdruck des kommunalen Tagesgeschäfts. Der Grad der Fremdsteuerung ist besonders in kleineren Gemeinden mit unmittelbarem Bürgerkontakt sehr groß. Wenn es um örtlich verunreinigte Parkflächen oder Fehler beim Sortieren von diversen Wertstoffen geht, rücken globale Probleme schon mal in den Hintergrund. Aber auch Vereine und Verbände sowie weitere gesellschaftlich relevante Gruppen bestimmen das Leben in der Kommune viel deutlicher, als es weltweite Herausforderungen tun. Schließlich haben wir es hier und da auch mit mangelhafter Weitsicht der Kommunalpolitik zu tun. Wenn schon Folgekosten von kommunalen Investitionen ausgeblendet werden, wie sollen dann erst weitreichende bevölkerungspolitische Entwicklungen Berücksichtigung finden?

Andererseits fehlen den Gemeinden auch geeignete Planungsinstrumente. Weder die 1-jährige Haushaltsplanung noch die 5-jährige mittelfristige Finanzplanung greifen weit genug. Es kommt damit auf die Weitsicht des jeweiligen Bürgermeisters an. Denkt er in Kategorien, die über die 5-Jahres-Planung hinaus reichen, wird er sich diesen Fragen stellen können.

Was ist zu tun?

Die Kommunen können den demografischen Prozess weder umkehren noch aufhalten. Einzig seine Auswirkungen können sie durch geeignete Maßnahmen abfedern. Hierzu ein paar Beispiele:

- Fortschreibung der Schulentwicklungsplanung
  Schülerströme werden gesteuert, nicht mehr benötigte Schulgebäude veräußert und mit den Erlösen zukunftsweisende Investitionen im Bildungsbereich vorgenommen.
- Spielplatzbedarfsplanung anpassen
  Unter genauer Beobachtung des Geburtenrückgangs ist die Anzahl der Spielplätze zu überprüfen.
- Veränderungen in der Arbeitswelt durch geeignete Projekte unterstützen
  In diesem Zusammenhang spielen der Fachkräftebedarf und die Probleme Deutschlands, diesen Bedarf zu decken, eine besondere Rolle. Daneben gewinnt die immer stärkere Integration älterer Arbeitsloser zunehmend an Bedeutung.
  Mit einer weiteren Erhöhung der Lebensarbeitszeit ist zu rechnen, wenn es nicht gelingt, eine Trendumkehr der Bevölkerungsentwicklung und/oder alternative Finanzierungsformen der Rente zu erreichen.
- Die Gestaltung einer kinder- und familienfreundlichen Kommune als Leitbild
  Die kommunale Förderung von Kindern und Jugendlichen sollte als Daueraufgabe verstanden und umgesetzt werden. Freie Träger der Jugendhilfe und auch kirchliche Institutionen können als Kooperationspartner gewonnen werden.

Diese beispielhafte Aufzählung der Handlungsfelder zeigt, wie vielfältig die Aufgaben in einer Kommune sind, wenn es darum geht, dem demografischen Wandel zu begegnen. Da dieser Prozess vermutlich erst an seinem Anfang steht, werden die Herausforderungen zunehmend wachsen und sich auch auf die finanzielle Situation der Kommunen auswirken. Der Gesetzgeber muss darauf ein Auge haben und Härtefälle ausgleichen. Aber natürlich sind auch gesetzgeberische Maßnahmen, die sich dem Problem stellen und für eine sozialverträgliche Gestaltung der veränderten Altersstruktur sorgen, notwendig.

## 1.6 Doppik – Kameralistik – Erweiterte Kameralistik und Konsolidierung

In die Kommunalverwaltungen ist seit Anfang des neuen Jahrhunderts der Reformgeist eingekehrt. Aus der bis dahin nahezu bundesweit praktizierten Kameralistik – einem Rechnungsstil auf der Grundlage von Zahlungsströmen bei den Einnahmen und Ausgaben – entwickelten sich Reformmodelle mit einzelnen überwiegend betriebswirtschaftlichen Modulen und schließlich ein neuer Rechnungsstil – die Doppik. Über die inhaltlichen Unterschiede und Vor- und Nachteile gegenüber der Kameralistik ist seitdem in vielen Beiträgen geschrieben worden.

Daher geht es mir einzig um den Aspekt, ob und gegebenenfalls welche Auswirkungen der praktizierte Rechnungsstil auf die Haushaltskonsolidierung hat.

Zunächst hat der Rechnungsstil keine Auswirkungen auf die **Pflicht** zur Haushaltskonsolidierung, da diese in jedem Fall bei einem nicht ausgeglichenen Haushalt greift. Haushalt ist aber nicht gleich Haushalt, wenn man Doppik und Kameralistik miteinander vergleicht. Durch die Pflicht zur Ausweisung von Abschreibungen bei der Doppik ergibt sich ein wesentlicher Unterschied zur bisherigen Systematik. Während der Verwaltungshaushalt in der reinen Kameralistik mit Ausnahme etwaiger kostenrechnender (gebührenfinanzierter) Einrichtungen völlig ohne Abschreibungen aufgestellt wurde, belasten die Abschreibungen in der Doppik als zahlungswirksamer Aufwand den Ergebnishaushalt und haben unmittelbar Auswirkungen auf den Haushaltsausgleich – und damit auf die Haushaltskonsolidierungspflicht.

Das führte bereits in einigen Kommunen zu der fast absurden Situation, dass eine vermögende Gemeinde zur Haushaltskonsolidierung verpflichtet wird, wenn sie aufgrund ihres reichhaltig vorhandenen Anlagevermögens hohe Abschreibungen auszuweisen hat. Um dem zu entgehen, wurde in einem mir bekannten Fall die Straßenbewertung verändert. Abschreibungstechnisch wirkt es sich mitunter erheblich aus, ob eine Straße 25 oder 40 Jahre Nutzungszeit aufweist.

Es mag aber auch sein, dass die Doppik an diesem Punkt zu einem stärkeren Bewusstsein über den pfleglichen Umgang mit Vermögensgegenständen anhält, die Unterhaltung des Anlagevermögens und auch ihre Verwertung zielorientierter und gewissenhafter vorgenommen werden. Wer sich regelmäßig mit Abschreibungen zu beschäftigen hat, optimiert möglicherweise allein dadurch den Umgang mit dem Anlagevermögen – ressourcenschonend und generationengerecht.

Als »Zwischenmodell« galt die erweiterte Kameralistik. Ein Rechnungsstil, der auf der Basis der Kameralistik lediglich einige ausgewählte betriebswirtschaftliche Module neu hinzunimmt.

Bundesweit hat sich diese Methodik jedoch nicht durchgesetzt, wie die überwiegend praktizierte Doppik zeigt.

Im Übrigen lässt sich schon deshalb über die erweiterte Kameralistik keine allgemeingültige Aussage treffen, weil die Erweiterungen zu unterschiedlich vorgenommen worden sind. Es handelt sich darüber hinaus nicht um einen geschützten oder eindeutig definierten Begriff. Die Auswirkungen auf die Haushaltskonsolidierung sind gleichwohl ähnlich der Doppik einzuschätzen. Die erweiterte Kameralistik fordert prinzipiell u. a. auch die vollständige Vermögenserfassung und -bewertung nach den Grundsätzen der Doppik und die flächendeckende und vollständige Ermittlung von Abschreibungen sowie die Bildung von Rückstellungen.

Der Verzicht auf die Ausweisung und Berücksichtigung der Wertverluste von Vermögensgegenständen in Form der Abschreibungen und fehlende Rückstellungen erwiesen sich in der »normalen« Kameralistik als schwerwiegender Nachteil. Man sprach von einem unehrlichen Haushalt, da die tatsächliche Vermögenslage keine ausreichende Berücksichtigung fand. Ob eine Haushaltskonsolidierung erforderlich war, beurteilte sich lediglich anhand der Gegenüberstellung geplanter Einnahmen und Ausgaben des laufenden (Verwaltungs-)Haushalts.

Ein direkter Vergleich zwischen den Systemen ist mithin schlecht möglich.

Nach meinem Kenntnisstand ist bisher nicht untersucht, inwieweit der jeweils angewandte Rechnungsstil dafür ursächlich ist, ob Kommunen in die Haushaltskonsolidierung geraten oder nicht.

Ich neige zu der unbewiesenen Vermutung, dass die Kommunen bereits allein durch die vorher nicht zwingend notwendigen Abschreibungen eine zusätzliche Hürde zu überspringen haben, die sich auf den Haushaltsausgleich auswirkt.

Stärkere Auswirkungen auf die Haushaltskonsolidierung hätte eine Veränderung der zwischen den staatlichen Ebenen Bund, Länder und Gemeinden geregelten grundsätzlichen Aufgabenverteilung. Nehmen wir an, es käme zu einer Neuordnung der Soziallasten zum Vorteil der Kommunen. Auch die von vielen immer wieder geforderte

Gemeindefinanzreform würde grundlegende Änderungen mit sich bringen. Tatsache ist, dass bei der herrschenden Verteilung des Steueraufkommens momentan wesentliche Finanzierungsquellen der Kommunen unstet und konjunkturabhängig sind, was die Planungen erschwert. Daneben berühren Gebiets- und Verwaltungsreformen die Finanzkraft einzelner Kommunen und haben Verbesserungen oder Verschlechterungen zur Folge. Die bisher alle paar Jahrzehnte erdachten und umgesetzten Haushaltsrechtsreformen mit der Änderung des Rechnungsstils dagegen wirken sich eher nur marginal aus.

# 2 Vorüberlegungen

## 2.1 Eckpunkte der Haushaltsgenehmigung

Von der Genehmigung der Haushaltssatzung ist das Inkrafttreten des Haushaltsplans und damit die Umsetzung der geplanten kommunalen Maßnahmen abhängig. Als Teil des Haushaltsplans wird mit seinem Inkrafttreten auch das Haushaltskonsolidierungskonzept aktiviert. Es besteht mithin ein Wirkungszusammenhang zwischen dem Haushaltsplan mit seinen neuen Vorhaben und der mit ihm gleichzeitig eingeschalteten »Bremse« durch das Haushaltskonsolidierungskonzept.

Für eine in Finanznot geratene und zur Haushaltskonsolidierung verpflichtete Kommune wird die schwieriger zu erlangende Haushaltsgenehmigung zum Damoklesschwert. Erlangt sie die Genehmigung nicht, kann auch die Haushaltskonsolidierung rein formal nicht plangemäß umgesetzt werden.

Hilfestellung verspricht ein Blick hinter die Kulissen der Aufsichtsbehörde. Zwei Fragen sind dabei von Bedeutung:

- Was steckt hinter den gesetzlich geregelten Genehmigungskriterien?
- Welche Gesichtspunkte sind für die Kommunalaufsichtsbehörden bei der Beurteilung des Haushalts wichtig?

Die Hürde besteht zunächst in den bekannten Genehmigungsvorbehalten, wie sie in den Kommunalverfassungen und Gemeindeordnungen verankert sind. Danach sind in der Regel die Investitionskredite, die Liquiditätskredite unter bestimmten Voraussetzungen und die Verpflichtungsermächtigungen unter bestimmten Voraussetzungen von dem Genehmigungsvorbehalt erfasst. Rein formal bedürfen die Haushaltskonsolidierungskonzepte keiner Genehmigung. Und doch sind die Kommunalaufsichtsbehörden nach einer zu Beginn etwas zögerlichen Haltung inzwischen sehr weitgehend dazu übergegangen, auch diese Konzepte unter formellen und inhaltlichen Gesichtspunkten genau unter die Lupe zu nehmen. Angesichts der Verzahnung zum Haushaltsplan ein mehr als logischer Schritt. Die unterbliebene Haushaltsgenehmigung kann insofern auch mit Unzulänglichkeiten beim Haushaltskonsolidierungskonzept begründet werden.

Letztlich ziehen sich die Kommunalaufsichtsbehörden auf die zentrale Regelung über die »Sicherung der stetigen Aufgabenerfüllung« und die erforderliche »dauernde Leistungsfähigkeit« zurück. Ob diese beiden Aspekte sichergestellt werden, zeigt sich in besonderem Maße am Haushaltskonsolidierungskonzept. Es ist daher sachlogisch und auch nachvollziehbar, welche besondere Bedeutung ein formell korrektes und inhaltlich substanzreiches und wirkungsvolles Haushaltskonsolidierungskonzept für die Haushaltsgenehmigung hat.

Neben den genannten drei zentralen gesetzlichen Genehmigungsvorbehalten der Kredite, Liquiditätskredite und Verpflichtungsermächtigungen sind es eine Reihe allgemeiner Grundsätze, die Auswirkungen auf die Genehmigungsentscheidung der Kommunalaufsichtsbehörden besitzen. Dazu gehören unter anderem die Einhaltung der Grundsätze über Sparsamkeit und Wirtschaftlichkeit, die Nachrangigkeit der Kreditfinanzierung, die Einhaltung der Finanzierungsgrundsätze, das Verbot der Überschuldung und das Verbot der zweckwidrigen Verwendung der Liquiditätskredite. Eine etwa längerfristige Vorfinanzierung von Investitionsmaßnahmen durch Liquiditätskredite ist danach rechtswidrig.

Die grundsätzlichen konjunkturellen Aussichten sind seit etlichen Jahren positiv. Das langjährige Wirtschaftswachstum ließ die Steuerquellen sprudeln und verbesserte die Haushaltssituation der Kommunen deutlich. Die gute Ertragslage im Sinne der Generationengerechtigkeit zu nutzen und die kommunale Verschuldung insgesamt zu reduzieren, ist eine der vielfach erhobenen Forderungen nicht nur der Kommunalaufsichtsbehörden, sondern auch allgemein gesellschaftspolitischer Konsens.

Zu diesem Zweck ist eine deutliche Rückführung der Kreditverbindlichkeiten sowohl im Kernhaushalt als auch bei den kommunalen Unternehmen und Einrichtungen anzustreben. Daneben sind zur Verminderung des Zinsrisikos die Liquiditätskredite weiter zurückzuführen.

Von den Kreditaufnahmen gehen die größten Haushaltsrisiken aus. Demzufolge steht die Kreditwirtschaft der kommunalen Gebietskörperschaften regelmäßig besonders im Fokus.

Eine Kommune muss grundsätzlich in der Lage sein, das zur Erfüllung ihrer Aufgaben notwendige Vermögen zu erhalten und die dazu notwendigen Investitionen entsprechend den veranschlagten Abschreibungen zu tätigen. Die hierfür erforderlichen Eigenmittel sind aus laufender Verwaltungstätigkeit zu erwirtschaften.

Bei fehlender dauernder Leistungsfähigkeit sind die Kommunen in besonderem Maße dazu angehalten, eine erkennbare und spürbare Entschuldung über ihre Haushalts- und Finanzplanung zu ermöglichen. Die Investitionstätigkeit wird zurückgefahren und auf unabweisbare Vorhaben reduziert.

Selbstverständlich sind neben den Krediten auch die kreditähnlichen Rechtsgeschäfte (z. B. Leasing, Bürgschaften oder Leibrentenverträge) zu betrachten. Auch sie sind in der Regel genehmigungspflichtig.

Im Einzelfall kann es dabei zu einem Konflikt zwischen der Notwendigkeit einer Entschuldung und dem grundsätzlichen Gebot des Vermögenserhalts kommen. Um diese Spannungslage aufzulösen, sind die individuellen Standards der betroffenen Kommune und ihre konkrete Verschuldungssituation gegeneinander abzuwägen.

Nichts wird derzeit heißer diskutiert als die demografische Entwicklung in Deutschland – sehen wir einmal von der Digitalisierung ab. Ich bin in diesem Buch in einem eigenen Kapitel darauf eingegangen. Zwischen der kommunalen Infrastruktur und der demografischen Entwicklung besteht eine Wechselwirkung.

Das erfordert von den Kommunen, sich intensiv mit der Frage auseinander zu setzen, inwieweit sich die demografische Entwicklung dergestalt auf ihre Finanzsituation auswirkt, dass mittelfristig der aktuelle Vermögensbestand weiterhin vorgehalten werden muss. Die Veräußerung von nicht benötigten Vermögenswerten verschafft nicht nur zusätzliche Einnahmen, sondern senkt auch laufende Unterhaltungs- und Bewirtschaftungskosten.

Bei der Betrachtung der Haushaltskonsolidierungskonzepte schauen die Kommunalaufsichtsbehörden sehr genau auf die Nachhaltigkeit der aufgeführten Maßnahmen. Noch immer sind »Prüfaufträge« ein bewährtes Mittel der Kommunen, um ungewisse Konsolidierungsmaßnahmen im Konzept unterzubringen und um es dadurch fülliger zu machen. Klar ist dabei natürlich, dass jede in diesem Zusammenhang genannte Zahl reine Kaffeesatzleserei darstellt. Sollte der Prüfauftrag versanden, wird aus der Maßnahme letztlich gar nichts. Prüfaufträge über mehrere Haushaltsjahre wirken aus sich heraus weder nachhaltig noch verbindlich. Sie sind ein Grund für die Kommunalaufsichtsbehörde, die Haushaltssatzung insgesamt als mängelbehaftet anzusehen und zurückzuweisen.

Um die Ernsthaftigkeit ihrer Haushaltskonsolidierung zu unterstreichen, sollte die Kommune gänzlich auf Prüfaufträge im Konzept verzichten. Stattdessen sollte neben dem oben bereits erwähnten demografischen Wandel und seinen Herausforderungen das gesamte kommunale Leistungsangebot kritisch hinterfragt werden.

Eine Überprüfung freiwilliger Leistungen, deren Abbau und das Verbot, sie auszuweiten, sind ein weiterer wichtiger Bestandteil, um konsequente und ernstgemeinte Haushaltskonsolidierung zu dokumentieren.

Noch strenger werden überschuldete Kommunen betrachtet.

Von ihnen wird in jedem Jahr ein Schritt in Richtung Entschuldung erwartet. Diese Schritte sollten in einem Konzept dargestellt sein.

Sofern sie überhaupt eine neue Kreditermächtigung in ihrem Haushalt vorsehen, muss der Kredit unabweisbar für die kommunale Aufgabenerfüllung sein. Das ist dann der Fall, wenn ohne die Kreditaufnahme dringend notwendige Investitionen in wichtige Pflichtaufgabenbereiche nicht möglich wären.

Außerdem sollte die Kreditaufnahme möglichst rentierlich sein, d. h., sie sollte sich zumindest teilweise amortisieren. Das darzulegen, wäre Aufgabe der Kommune. Die Kommunalaufsichtsbehörden sind berechtigt, sich darüber von den Kommunen unterrichten zu lassen.

## 2.2 Die dauernde Leistungsfähigkeit als Messlatte

Zwischen der Vorgabe, ein Haushaltskonsolidierungskonzept aufzustellen, und dem in den Gemeindeordnungen und Kommunalverfassungen verwendeten Begriff der »Dauernden Leistungsfähigkeit« besteht ein Zusammenhang in Form einer gedanklichen Schlussfolgerung. So heißt es etwa in § 100 Abs. 3 des Kommunalverfassungsgesetzes des Landes Sachsen-Anhalt (ähnliche Regelungen sehen auch die anderen Bundesländer vor):

**§ 100 Abs. 3 KVG LSA**

> Kann der Haushaltsausgleich entgegen den Grundsätzen des § 98 Abs. 3 nicht erreicht werden, ist ein Haushaltskonsolidierungskonzept aufzustellen. Das Haushaltskonsolidierungskonzept dient dem Ziel, die künftige, dauernde Leistungsfähigkeit der Kommune zu erreichen.

Befindet sich eine Kommune in der Haushaltskonsolidierung, ist ihre künftige dauernde Leistungsfähigkeit zumindest infrage gestellt.

Für die Kommunalaufsichtsbehörden stellt der unbestimmte Rechtsbegriff der »Dauernden Leistungsfähigkeit« regelmäßig die oberste Richtschnur bei der Prüfung und Genehmigung der Haushaltssatzungen dar. Für eine Gefährdung der dauernden Leistungsfähigkeit können eine ganze Reihe von Gesichtspunkten sprechen. Sehr wesentlich sind dabei die Verschuldungswerte der Kommunen und besonders die Entwicklung der Kassen- bzw. Liquiditätskredite. Sie steigen kontinuierlich an. So haben sie 2015 die Marke von 50 Mrd. Euro überschritten (Quelle: Statistisches Bundesamt – Schulden des Öffentlichen Gesamthaushalts, Fachserie 14, Reihe 5, 2005 bis 2015). Das führt mitunter dazu, dass wegen der negativen Beurteilung der dauernden Leistungsfähigkeit neue Kreditaufnahmen seitens der Kommunalaufsichtsbehörden nicht genehmigt werden, weil die Gefahr einer Überschuldung droht.

Aber auch andere Indikatoren sprechen für oder gegen die dauernde Leistungsfähigkeit. In Ostdeutschland oder in Nordrhein-Westfalen haben die Kommunen einen Strukturwandel zu bewältigen. Neben den Kassenkrediten steigen die Sozialhaushalte stark an. Aufgrund der fehlenden Haushaltsmittel leidet die Infrastruktur und es bildet sich ein Unterhaltungs- und Investitionsstau.

Dagegen wird die dauernde Leistungsfähigkeit in der Regel angenommen, wenn der Haushaltsausgleich erreicht ist und die mittelfristige Ergebnis- und Finanzplanung unter Berücksichtigung eventueller Fehlbeträge ausgeglichen ist. Neben einigen zusätzlichen Kriterien, wie etwa einer positiven Nettoposition oder der Frage, ob die ordentliche Kredittilgung aus Überschüssen der laufenden Verwaltungstätigkeit aufgebracht werden kann, sind diese Situationsbeschreibungen auch der Gradmesser für die Haushaltskonsolidierung. Durch das Haushaltskonsolidierungskonzept ist die dauernde Leistungsfähigkeit wieder herzustellen oder auf Dauer zu gewährleisten.

## 2.3 Organisation der Haushaltskonsolidierung

Eine erfolgreiche Haushaltskonsolidierung hängt maßgeblich davon ab, welche organisatorischen Weichenstellungen zu ihrem Gelingen beitragen sollen. In jedem Fall gilt: Haushaltskonsolidierung muss Top-Priorität haben. Sie ist Chefsache und sollte vom Bürgermeister der Kommune auch so verstanden werden. Lässt der Bürgermeister die Haushaltskonsolidierung »nur nebenbei« von einem nachgeordneten Mitarbeiter ohne Weisungsbefugnisse, womöglich noch als Teilzeitjob, miterledigen, ist sie definitiv zum Scheitern verurteilt. Eine erfolgversprechende Haushaltskonsolidierung setzt Durchschlagskraft in alle Fachbereiche voraus.

Fachlich gehört die Haushaltskonsolidierung zum Finanzwesen, mithin ist sie originär bei der Kämmerei angesiedelt. Wie wir bei den Akteurskonstellationen noch sehen werden, ist als weitere Voraussetzung einer nachhaltigen Haushaltskonsolidierung ein handlungsstarker Kämmerer notwendig. Es muss für den Kämmerer möglich sein, finanzielle Vorgaben in die Fachbereiche zu senden, ohne dass es als Kompetenzüberschreitung angesehen wird. Gleichwohl ist Haushaltskonsolidierung keine alleinige Aufgabe des Kämmerers. Wenn sie gelingen soll, sind alle Mitarbeiter einer Kommune einzubinden.

Eine wirksame Organisation setzt voraus, dass jeder Mitarbeiter auf seinen Arbeitsplatz nach Konsolidierungsbeiträgen suchen und sie über eine Schnittstelle im Fachbereich an die federführende Kämmerei weiterleiten kann. Soll die Summe aller Konsolidierungspotenziale maximal sein, funktioniert die Einbindung der Mitarbeiter aller Fachbereiche nur von unten nach oben – statt umgekehrt. Zugegeben, dies ist natürlich ein optimaler Zustand, der sich nicht automatisch ergibt. Stattdessen ist oftmals mit Widerständen zu rechnen, weil liebgewordene Aufgaben oder Verfahrenswege nicht einfach preisgegeben werden. An dieser Stelle besteht die Kunst darin, Überzeugungsarbeit zu leisten, um die Mitarbeiter für die Idee der Haushaltskonsolidierung zu gewinnen. Anreiz- oder Belohnungssysteme sind vielfältig. Von einem betrieblichen Vorschlagswesen mit Belohnungscharakter über die Prämierung von Vorschlägen bis hin zu personalwirtschaftlichen Anreizen ist einiges möglich.

Selbstverständlich sind auch alle Mitarbeiter der Kommune einzubinden. Es gibt grundsätzlich keine konsolidierungsfreien Räume innerhalb des geschlossenen Systems einer Behörde. Das gilt besonders auch für diejenigen Aufgabenfelder, bei denen auf den ersten Blick keine oder nur wenige Konsolidierungsbeiträge zu erwarten sind, wie etwa der Bereich des Brandschutzes und der Gefahrenabwehr. Bei näherer Betrachtung sind auch hier Konsolidierungspotenziale zu finden.

Daneben sind auch alle ausgegliederten Bereiche einer Kommunalverwaltung einzubeziehen, da Konsolidierung nicht nur als Aufgabe einer Kernverwaltung zu verstehen ist. Aus Sicht der Mitarbeitermotivation ist dieser Aspekt besonders wichtig. Wie kommen sich etwa Mitarbeiter vor, die sich um Konsolidierung in ihrem Arbeitsbereich ernsthaft bemühen und »Opfer« bringen, während andere noch nicht einmal Anstrengungen unternehmen?

Zu den ergänzenden und unterstützenden Möglichkeiten einer sinnvollen Organisation der Haushaltskonsolidierung gehören Zielvereinbarungen mit der Verwaltungsführung oder auch mit einzelnen Mitarbeitern. Die konkreten Überlegungen dazu sind von der Größe der Verwaltung abhängig. Daher lassen sich keine generellen Empfehlungen geben. Jedoch haben Zielvereinbarungen einen arbeitserleichternden Effekt für die Steuerung der Haushaltskonsolidierung – und die Überzeugungsarbeit in der Sache kann als erfolgreich angesehen werden, wenn es zu einer Zielvereinbarung kommt. Die Ziele können z. B. in Form von Einsparsummen pro Jahr oder einer strukturellen Aufgabenverlagerung vereinbart sein.

Schließlich ist noch über die Einbindung der Kommunalpolitiker zu reden. Kann und soll die Politik in ein Organisationskonzept zur Haushaltskonsolidierung eingebunden werden oder besteht ihre Aufgabe lediglich in der Beschlussfassung über die von der Verwaltung erbrachten Vorschläge?

Auch hier stellt sich zunächst die grundsätzliche Frage des »Ob«. Bezieht sich Haushaltskonsolidierung nur auf Verwaltungsbereiche, während die Politik außen vor bleibt und lediglich Konzepte durchwinken soll? Mitnichten! Eine Reihe liebgewonnener Serviceleistungen der Verwaltung für die Politik gehört genauso auf den Prüfstand wie die Verwaltungsbeiträge. Die fortschreitende Digitalisierung macht es möglich, mehr denn je auf Papier zu verzichten. Damit entfallen Schreibleistungen für die Sitzungsvor- und -nachbereitung. Und die Politiker werden für ihre Sitzungstätigkeit vergütet. Auch hier lassen sich Ansätze finden.

Politiker können aber unter Umständen auch aktiv an der Haushaltskonsolidierung mitarbeiten. Dies wäre möglich, wenn die Entscheidung zur Bildung eines wie auch immer gearteten Gremiums bzw. Ausschusses für Haushaltskonsolidierung gefallen ist. Ich hatte oben die Federführung der Kämmerei zugeschrieben. Dabei bleibt es auch. Ein Gremium könnte zusätzlich unterstützend tätig werden, z. B. bei der Ideenfindung oder Umsetzung konkreter Vorschläge. Die Zusammensetzung eines solchen Gremiums könnte zum Teil aus Verwaltungsmitarbeitern und zum anderen Teil aus Politikern bestehen. Ich spüre hier förmlich die Bedenken eines jeden, der dies liest und damit konkret befasst ist. Zugegeben – diese Idee ist nicht immer und überall ohne genaue Kenntnisse der örtlichen Gegebenheiten zu empfehlen. Schließlich »verderben viele Köche den Brei«. Umgekehrt lassen sich Grenzen dieses Gremiums im Vorfeld abstecken. Als entscheidender Vorteil wird sich die Akzeptanz der ungeliebten Haushaltskonsolidierung auch ein Stück weit in der Politik erzeugen lassen. Zu empfehlen ist, dass ein solches Gremium keine Beschlussrechte bekommt, sondern lediglich vorbereitende oder begleitende Maßnahmen trifft.

Oben erwähnte Zielvereinbarungen ließen sich auch mit den Kommunalpolitikern abschließen. Meine Erfahrungen damit sind aber weniger positiv, da ich die Bereitschaft zur Selbstbindung durch eine Zielvereinbarung bei Politikern selten erlebt habe. Künftige Beschlüsse könnten nicht mehr frei getroffen werden, weil durch die Zielvereinbarungen gewisse Ergebnisse vorher feststehen – lauten einhellig die Bedenken. Gelingt es jedoch, die Politik auch im Wege einer Zielvereinbarung auf bestimmte Inhalte eines Haushaltskonsolidierungskonzepts einzuschwören, ist einiges gewonnen.

Abschließend darf nicht vergessen werden, dass im Rahmen der Organisation auch an die Evaluation zu denken ist. Jedes Haushaltskonsolidierungskonzept (vorher) bedarf des Berichts darüber (nachher). Der Bericht wiederum ist Grundlage des darauf aufbauenden Prozesses und würdigt die Ergebnisse, die alle Beteiligten eingebracht und erreicht haben. Gleichzeitig bildet er im Sinne des Planungskreislaufs den Auftakt für die erfolgreiche Fortsetzung im nächsten Haushaltsjahr, indem die Berichtsergebnisse Grundlagen für die Fortsetzung neuer Maßnahmen legen.

## 2.4 Formelle Anforderungen an das Haushaltskonsolidierungskonzept

Neben den inhaltlichen und substanziellen Aspekten der Konsolidierungsmaßnahmen hängt die Qualität des Haushaltskonsolidierungskonzepts auch von der formellen Gestaltung ab. Die zu berücksichtigenden Kriterien sind örtlich unterschiedlich in den Gemeindeordnungen bzw. Kommunalverfassungen der Bundesländer vorgeschrieben. Gleichwohl dürften die nachfolgend aufgeführten Gesichtspunkte in dieser oder ähnlicher Form zu den Mindeststandards gerechnet werden.

Möglicherweise gilt und galt es auch zu vermeiden, dass sich einzelne konsolidierungspflichtige Kommunen zu wenig Gedanken und Mühe um die Gestaltung ihres Konzepts machen. Die überwiegend vorgegebenen formellen Anforderungen dienen aber in jedem Fall der Klarheit und Übersichtlichkeit und geben dem Konzept einen Rahmen.

Im Einzelnen ist auszuführen:

### Welche Ursachen haben zu der entstandenen Fehlentwicklung geführt?

Am Beginn des Haushaltskonsolidierungskonzepts steht eine Ursachenanalyse. Wenn eine Haushaltsschieflage beseitigt werden soll, empfiehlt es sich zu analysieren, wo sie herkommt. Zu Beginn des Konzepts sollte in einer kurzen, aber vollständigen Darstellung auf die Gründe für die Fehlentwicklung eingegangen werden. Im ersten Kapitel (Kapitel 1.1 »Die wirklichen Gründe für defizitäre Haushalte«) habe ich dazu über die wirklichen Gründe defizitärer Haushalte berichtet. Um nicht den Trugschluss zu vermitteln, alle Fehler haben nur die anderen gemacht, sollte bereits hier »reiner Wein eingeschenkt« werden. Erfahrungsgemäß lassen sich in jeder defizitären Kommune Verbesserungsansätze finden. Also sollte eine schonungslose Offenlegung der problematischen Bereiche zu allererst vorgenommen werden. Selbstverständlich schließt das niemals jegliche externe und nicht beeinflussbare Haushaltsverschlechterungen aus.

Zwischen den Ursachen der Fehlentwicklung und den später dagegen gerichteten Maßnahmen besteht schließlich eine Wechselwirkung. Damit die Maßnahmen geeignet sind, müssen sie an den richtigen Stellen ansetzen. Dazu gilt es vor allem, die richtigen Stellen zu benennen.

### Zu welchem Zeitpunkt innerhalb des Finanzplanungszeitraums wird der Haushaltsausgleich wieder erreicht werden?

Diese in vielen Gemeindeordnungen und Kommunalverfassungen formulierte Frage arbeitet mit der Unterstellung, dass im Finanzplanungszeitraum der Haushaltsausgleich wieder erreicht werden wird. Das ist nicht immer so. Streng genommen verstoßen eine nicht unerhebliche Zahl an Kommunen aufgrund langjähriger Defizite gegen diese Vorgabe. Dabei sei dahingestellt, in welcher Größenordnung das Defizit die Gemeinde unverschuldet getroffen hat.

Der Gesetzgeber unterstellt seit Einführung der Konsolidierungspflicht, dass ein Abrutschen in die Fehlbeträge regelmäßig nur kurzfristiger Natur sei und diese sich beheben ließen. Die kommunale Wirklichkeit sieht mancherorts anders aus. Ich lernte im Rahmen meiner Prüfungstätigkeit einmal eine Kommune kennen, die ihre vollständige Konsolidierung laut einer Excel-Tabelle in etwa 150 Jahren erreichen wollte. Wie kann das sein? Nun, sie fütterte den Rechner einfach mit dem aktuellen und in Zukunft nicht großartig sich ändernden Zahlenmaterial. Eine wirkliche Konsolidierung – das zeigte diese Hochrechnung auch – wurde damit ausgeblendet. Auch wenn es nicht immer so krass ist: Haushaltskonsolidierung kann ein langfristiger Prozess sein und das »Bohren dicker Bretter« erforderlich machen. Die Politik von einschneidenden Maßnahmen zu überzeugen, gelingt oftmals nicht von heute auf morgen. Eine Wirkung erst einmal beschlossener Maßnahmen tritt mitunter erst nach Jahren ein. An dieser Stelle entsteht Unverständnis über diese formelle Anforderung des Gesetzgebers. Dieses Unverständnis verstärkt sich noch, bedenkt man, welches Prognoseproblem mit dieser Aussage verbunden ist. Wie genau soll man denn vorhersehen können, wann alle diese Maßnahmen greifen werden? Verkauft man zum Beispiel Anlagevermögen, kann nur schwer vorhergesagt werden, ob und zu welchem Preis Erlöse fließen werden. Verändert man organisatorische Strukturen, kann es funktionieren oder nicht. Und wenn die Maßnahmen greifen – wann tun sie das? Erhöht man Abgaben, wie verhält sich dann der Abgabenschuldner? Fragt er in gleicher Weise Leistungen nach oder verändert er sein Verhalten?

Ähnlich wie bei der noch zu behandelnden Darstellung der finanziellen Auswirkungen bleiben die Aussagen hinsichtlich des Zeitfaktors teilweise nebulös. Nach meinen Beobachtungen gehen die Kommunalaufsichtsbehörden mit dem Kriterium »Wiedererlangen des Haushaltsausgleichs im Finanzplanungszeitraum« relativ großzügig um. Schließlich sehen auch sie hier und da die Schwierigkeiten, eine schnell greifende Konsolidierung auf die Beine zu stellen.

### Durch welche Maßnahmen sollen die Fehlentwicklung beseitigt und neue Fehlbeträge vermieden werden?

Hier geht es nun um die Beschreibung der Maßnahmen. Welche konkreten und verbindlichen Maßnahmen sollen den Haushaltsausgleich wieder ermöglichen und dauerhaft sichern? Die Betonung liegt dabei auf »konkret«, was die Maßnahme angeht. Ein häufig anzutreffender Fehler in der Maßnahmenbeschreibung ist ihre mangelhafte Konkretisierung. Dabei kann der Eindruck entstehen, dass eine unkonkret beschriebene Maßnahme nicht wirklich gewollt oder man sich der Umsetzung nicht sicher ist.

So wird der Weg über Absichtserklärungen gesucht, indem es in der Maßnahmebeschreibung heißt »... es wird ... geprüft ...« Dabei lässt sich grundsätzlich eindeutig unterscheiden, ob ich eine Kostensenkung oder Abgabenerhöhung oder auch eine Veräußerung vornehme oder lediglich ergebnisoffen prüfe. Prüfaufträge sind keine Konsolidierungsmaßnahmen, sondern bereiten künftige Maßnahmen lediglich vor.

Natürlich ist es besonders bei größeren organisatorischen Umstrukturierungen notwendig, sich über deren Art um Umfang erst ausreichend zu vergewissern, bevor Schritte umgesetzt werden und daraus Konsolidierungsmaßnahmen entstehen.

Dann folgt die konkrete Konsolidierungsmaßnahme entweder später oder der gewählte Konsolidierungsschritt wird bewusst als klein, aber konkret bezeichnet.

Konsolidierungsmaßnahmen sind Einzelmaßnahmen. Führen Sie die vorgesehenen Einzelmaßnahmen mit einem Umsetzungszeitpunkt, einer Umsetzungsmethode und dem zu erwartenden Einsparvolumen auf. Beschreiben Sie zudem die Zuständigkeit. Mit dem Umsetzungszeitpunkt legen Sie fest, ob die Maßnahme in das nächstjährige Haushaltskonsolidierungskonzept gehört. Die Umsetzungsmethode muss nicht strittig sein. Wenn sie es aber ist, sollte Klarheit geschaffen werden. Hierbei geht es um Verfahrensschritte, z. B. eine vorgeschaltete Wirtschaftlichkeitsrechnung, eine bestimmte Ausschreibungsmethode oder Ähnliches. Als wichtigster Punkt ist das zu erwartende Einsparvolumen zu benennen. Nicht immer werden hier exakt berechnete Zahlen vorliegen. Einige Maßnahmen wie etwa Abgabenerhöhungen lassen sich ohnehin nur grob hochrechnen oder schätzen. Dabei gilt der Haushaltsgrundsatz der Genauigkeit, wonach Beträge sorgfältig zu schätzen sind, wenn sie nicht errechnet werden können. Ohne eine Betragsnennung lässt sich das Konzept nachher nicht in seiner Gesamtheit beziffern.

Schließlich ist die Zuständigkeit für die aufgeführte Konsolidierungsmaßnahme festzulegen. Dadurch vermeidet sich Doppelarbeit und der bezeichnete Mitarbeiter bzw. das Organisationskürzel machen deutlich, wer zu liefern hat.

**Finanzielle Auswirkungen**

Ein Haushaltskonsolidierungskonzept ohne eine Übersicht über die finanziellen Ergebnisse wäre wenig wert. Folglich gehört zu den formellen Anforderungen auch eine Darstellung der finanziellen Auswirkungen auf die einzelnen Aufstellungsjahre und die Folgejahre. Bewährt hat sich vielfach die Verwendung von Grafiken und Tabellen. Durch eine vergleichende Gegenüberstellung jeweils mit und ohne die beschriebenen Haushaltssicherungsmaßnahmen wird der Konsolidierungserfolg deutlich. Die Auswirkungen sollten wenigstens über die weitere Entwicklung im Finanzplanungszeitraum Auskunft geben, womöglich auch darüber hinaus. Sofern es auch mit einer vorsichtigen Schätzung nicht gelingt, Haushaltskonsolidierungsmaßnahmen in den finanziellen Auswirkungen zu beziffern, bleiben diese Maßnahmen außer Betracht. Die weit überwiegende Menge aller Einzelvorhaben dürfte sich mindestens schätzen lassen.

Die Darstellung der finanziellen Auswirkungen ist in jedem Fall ihre Mühe wert. Nur so lässt sich über Jahre ein Konsolidierungserfolg transparent halten und deutlich machen. Auch bei mehrjährigen, nur zum Teil bereits erledigten Konsolidierungsvorhaben ist es möglich, den genauen Grad der Erledigung auch in Zahlen zu belegen. Genau dies geschieht durch den Konsolidierungsbericht, der nach Ablauf des Haushaltsjahres zu erstellen ist und den exakten Vergleich »vorher – nachher« ermöglicht.

### Einbeziehung aller Aufgabenbereiche

An diesem Punkt scheiden sich vielfach die Geister. Es ist mir in meiner kommunalen Praxis immer unverständlich geblieben, wie es einigen Aufgabenbereichen gelingen konnte, bei der Haushaltskonsolidierung unberücksichtigt zu bleiben. Nun ja, Verhandlungsgeschick gehört nun einmal zum Geschäft. Vordergründig betrachtet könnte tatsächlich angenommen werden, dass der gesamte ordnungsbehördliche Bereich einschließlich des Brandschutzes nach Hause gehen kann, wenn über Haushaltskonsolidierung gesprochen wird. Dem ist aber nicht so. Ich verkenne dabei keinesfalls den Teil des gesetzlich vorgeschriebenen Aufgabenpakets dieser kommunalen Aufgabenbereiche. Wer sich jedoch schon einmal mit der Analyse von Aufgaben(-wahrnehmung) und ihre Zerlegung in Anteile beschäftigt hat, erkennt Möglichkeiten. Eine Pflichtaufgabe ist nicht diskutabel, die Art ihrer Wahrnehmung jedoch schon. Insofern gibt es für keinen Bereich des kommunalen Aufgabenspektrums einen Blankoscheck bei der Haushaltskonsolidierung. Ich kann daher nur dringend empfehlen, jeden Aufgabenbereich zu betrachten und dabei das Augenmaß nicht zu vergessen. Dieser Gesichtspunkt hat auch einen weiteren wichtigen Aspekt, nämlich den der Gleichbehandlung. Fangen Sie erst einmal damit an, Ausnahmen zuzulassen, Freikarten zu verteilen und Prinzipien aufzuweichen, verlieren Sie an Zustimmung in allen Aufgabenbereichen. Und Sie werden erleben, wie zahlreich plötzlich auch andere um Sonderbehandlung nachsuchen.

Das Prinzip, alle Aufgabenbereiche auf Ertragsverbesserungen und Kostensenkungen hin zu überprüfen, sollte sich ganz besonders auch auf die ausgelagerten Einrichtungen erstrecken. Die ständigen Forderungen nach Optimierung von Geschäftsprozessen hat zu sehr unterschiedlichen, teilweise weit verzweigten Betriebsmodellen geführt. Unter dem Dach eines kommunalen Konzerns befinden sich – je nach Größe, GmbH oder auch AG – Zusammenschlüsse, kommunale Kooperationen, Zweckverbände, Eigenbetriebe oder ähnliches. Sie alle sind überwiegend organisatorisch selbstständig, juristisch aber dem »Mutterkonzern« Stadt oder Gemeinde zugehörig. Das wirtschaftliche Ergebnis ihrer Aufgabenerledigung wird über Transfers zum oder vom Kommunalhaushalt ausgeglichen. Auch sie tragen einen Teil der Verantwortung für den Gesamthaushalt und haben insofern auch die grundsätzliche Verpflichtung, im Fall defizitärer Ergebnisse zur Konsolidierung beizutragen. Sofern sie aus wichtigen Gründen ausgeklammert werden, ist das im Interesse aller transparent zu machen.

### Darstellung der freiwilligen Leistungen

Eine besondere Aufmerksamkeit ist den freiwilligen Leistungen zu widmen, da hierin in der Regel nicht unwesentliches Haushaltskonsolidierungspotenzial steckt. Die Empfehlung, alle freiwilligen Leistungen detailliert zu erfassen und die aus ihrer Wahrnehmung resultierenden jährlichen Haushaltsbelastungen darzustellen, erstreckt sich nicht nur auf konsolidierungspflichtige Kommunen.

Im Kapitel 4.1 zu den freiwilligen Leistungen gehe ich darauf näher ein. Zu den formell notwendigen Anforderungen gehört es,

- freiwillige Leistungen und Leistungsanteile vollständig zu erfassen,
- sie auf Erforderlichkeit zu überprüfen,
- Verursacher und Profiteure sichtbar zu kennzeichnen,
- darzustellen, inwieweit Leistungseinschränkungen vertretbar und notwendig sind,
- welche Alternativen es bei Leistungsverzicht geben kann.

Diese Kriterien bekommen besonderes Gewicht bei Kommunen, die nach eigener Einschätzung auskonsolidiert sind.

Werden alle formellen Kriterien hinreichend beachtet und wird das Konzept mithilfe von Grafiken und Tabellen anschaulich begleitet, stellt es den geeigneten Rahmen dar, um substanzielle Konsolidierungsmaßnahmen festzulegen. Welche Fehler dabei zu vermeiden sind, wird im folgenden Kapitel 2.5 behandelt.

## 2.5 Fehlerquellen bei der Haushaltskonsolidierung

Warum funktioniert Haushaltskonsolidierung mancherorts nicht? Die maßgeblichen Gründe können im gemeindlichen Leben sehr vielschichtig sein. Auch hier bietet sich bei der näheren Betrachtung eine Unterteilung in endogene und exogene Faktoren an. Und obwohl sicher mehrheitlich die Probleme unzureichender Haushaltskonsolidierung mit den handelnden Personen zusammenhängen, wird sehr gern auf von außen kommende und nicht beeinflussbare Umstände verwiesen. So wird landauf und landab die mangelhafte Finanzausstattung durch das Land beklagt. Daneben ist es die bundes- oder landesweite Steuerpolitik, die den Kommunen angeblich die Haushalte verhagelt, etwa Steuersenkungen bei der Einkommensteuer. Selbstredend ist auch die Kommunalaufsicht irgendwo schuld, wenn sie die Haushaltskonsolidierungskonzepte für unzureichend erachtet. Sofern es sich dabei um einen Landkreis handelt, schröpft auch dieser viel zu sehr die kreisangehörigen Gemeinden im bestehenden Kreisumlageverfahren.

Und damit nicht genug: Auch die örtliche Politik lehnt schließlich alle gutgemeinten Sparmaßnahmen ab, weil sie außer bei der Kürzung der Personalausgaben nirgendwo eine sinnvolle Haushaltskonsolidierung erkennt.

Kommt Ihnen das bekannt vor? Kein Wunder! Es handelt sich um die Standardausreden 1 bis 5, wenn es mancherorts nicht vorangeht mit der Haushaltskonsolidierung. Aber ist das wirklich so, wie es die Ausreden vorgeben?

Keine Frage, die genannten exogenen Gründe haben hier und da eine finanzwirtschaftliche Auswirkung auf die Gemeinden. Jedoch gelten sie selten in ihrer Gesamtheit als alleinige Ursache. Vor allem aber lenken sie ab von hauseigenen bzw. internen Unzulänglichkeiten. Indem das Spielfeld nach außerhalb verlagert wird, verschwinden kritische Fragen nach eigenen notwendigen Anstrengungen oder eigene Anstrengungen werden schlicht vernachlässigt.

Im Vergleich zu den genannten wenigen exogenen Faktoren gibt es eine deutlich höhere Anzahl endogener Bereiche, die Einfluss auf die Haushaltskonsolidierung haben. Sie zu beachten ist unabdingbare Voraussetzung für eine erfolgreiche Konsolidierung. Die nachfolgende stichpunktartige Fehlerauflistung orientiert sich in Teilen am Skript »Intelligente Haushaltskonsolidierung mit förmlichen Haushaltssicherungskonzepten bei Kreisen, Städten und Gemeinden« von Dipl.-Komm. Udo Bachmann. Sie verdeutlicht die Vielzahl möglicher Ansatzpunkte in der eigenen Verwaltung.

**(1) Es wird erst dann an die Erarbeitung eines Konzepts herangegangen, wenn bereits der Konsolidierungsbedarf eingetreten ist.**

Spontan verleitet diese These zu der Frage: Warum auch sonst? Welchen Sinn hat ein Haushaltskonsolidierungskonzept, wenn es keinen Konsolidierungsbedarf gibt?

Um 1987 herum wurde das Erfordernis eines Haushaltskonsolidierungskonzepts (in einigen Bundesländern auch als Haushaltssicherungskonzept bezeichnet) erstmalig in die kommunalen Gemeindeverfassungen aufgenommen, so etwa in Nordrhein-Westfalen. Die Landesgesetzgeber betraten seinerzeit Neuland. Bundesweit galten und gelten Regelungen, wonach der Haushaltsausgleich zwingend herzustellen war oder – in den Bundesländern, die hierzu lediglich eine Sollvorschrift vorgesehen hatten – ausgeglichen sein sollte. Ein verfehlter Haushaltsausgleich wurde mit der Rechtsfolge eines zu erstellenden Haushaltskonsolidierungskonzepts sanktioniert.

In der kommunalen Praxis entwickelte sich das Haushaltskonsolidierungskonzept nicht gerade zu einem Lieblingsinstrument der betroffenen Gemeindeverwaltung. Zumindest bei der Haushaltsplanung versuchten die Kommunen mitunter schon einmal, sich eher etwas positiver darzustellen, um den knapp erreichten Haushaltsausgleich auf dem Papier darzustellen und damit das Haushaltskonsolidierungskonzept zu vermeiden. Durch laufende Kontrolle der Haushaltsausführung im Haushaltsjahr konnten dann bei Bedarf die Zügel noch einmal angezogen werden, um ggf. durch eine Haushaltssperre den ausgeglichenen Haushalt zu bewahren. Das kann funktionieren, wenn der Haushaltsausgleich knapp erreicht wurde und »auf der Kippe« steht. Befindet sich eine Kommune allerdings deutlich und nachhaltig in einer defizitären Lage, helfen keine kosmetischen Planungskorrekturen, sondern es bedarf eines formgerechten und inhaltlich substanziellen Haushaltskonsolidierungskonzepts.

Ich gebe zu, dass die These als etwas provokant aufgefasst werden kann. Sie beinhaltet so etwas wie einen Schuldvorwurf, der allenfalls dann berechtigt ist, wenn sehenden Auges und ohne Gegenmaßnahmen zu ergreifen der Haushaltsausgleich verfehlt wurde. Auf der anderen Seite können Kommunen unverschuldet in eine Defizitsituation geraten, wenn durch nicht beeinflussbare Umstände die Einnahmen wegbrechen oder es unerwartet hohe Mehrausgaben gibt, die nicht mehr zu kompensieren sind.

Die These setzt aber dort an, wo Kommunen die Misere auf sich zukommen sehen und nicht rechtzeitig gegensteuern. Die mittelfristigen Planungen und die langfristige Leitbildstruktur und Stadtpolitik sollten vorsichtig und gleichzeitig weitsichtig erfolgen, um ein Abgleiten in die roten Ergebniszahlen zu vermeiden. Und in der Tat: Ein Haushaltskonsolidierungskonzept ist nicht gesetzlich untersagt, wenn der Haushalt noch ausgeglichen ist. Im Gegenteil. Es ist durchaus sinnvoll, durch ein solches Konzept die langfristige Stabilität der gemeindlichen Einnahmen- und Ausgabenwirtschaft sicherzustellen.

Ich habe in meiner beruflichen Praxis Kommunen kennengelernt, die ein solches Konzept als dauerhafte freiwillige Anlage zu ihrem Haushaltsplan jährlich aufstellen und aktualisieren. Gelingt es dadurch, den Haushalt langfristig zu sichern, vermeidet die Kommune die Drucksituation, plötzlich ein Haushaltskonsolidierungsprogramm aufstellen zu müssen, um in einem bestimmten betraglichen Umfang Konsolidierungsmaßnahmen zu erfinden und politisch absegnen zu lassen. Es geht mithin nicht nur um eine »Vorher-oder-nachher-Situation«, sondern schlicht um eine planvolle Sicherstellung der dauerhaften Leistungsfähigkeit im Gegensatz zu einer möglicherweise strittigen, unter Zeitdruck entstandenen und nicht ausbalancierten »Hauruck-Aktion«. All dies spricht meines Erachtens durchaus für ein präventives Haushaltskonsolidierungskonzept.

**(2) Das Konzept enthält zu wenig Substanz, der Konsolidierungsbedarf wird nicht ausreichend bemessen. Häufige Fehler: Zu wenig Inhalt, davon viel umgesetzt oder zu viel Inhalt und wenig davon umgesetzt.**

An diesem Punkt leiden sehr viele der mir begegneten Haushaltskonsolidierungskonzepte. Der Weg in die notwendige Haushaltskonsolidierung kommt genauso wenig über Nacht, wie die konzeptionellen Inhalte wachsen. Trotzdem hört man häufig, man sei auf diese Situation nicht vorbereitet gewesen. Das dann eilig zusammengestellte Konzept greift zu kurz, die Maßnahmen reichen nicht aus, um den sofortigen Umkehrprozess erfolgreich zu gestalten. Neben dem festen Willen zur Haushaltskonsolidierung bedarf es anfangs nur eines schonungslosen Kassensturzes und dem konsequenten Anpacken aller Beteiligten.

Der dargestellte Fehler zielt dann aber auf die bewusste Manipulation der Öffentlichkeit bzw. der Mandatsträger.

Beispiel: In einer Gemeinde beläuft sich der Konsolidierungsbedarf auf 5 Mio. Euro. Das Haushaltskonsolidierungskonzept enthält aber lediglich 1 Mio. Euro, verteilt auf 4 Maßnahmen. Im Ergebnis werden davon 3 Maßnahmen umgesetzt. Wenn wir der Einfachheit halber mit 250.000 Euro je Maßnahme rechnen, so beträgt der Umsetzungserfolg 75 %. Dieser Wert täuscht über den wirklichen Erfolg, der hier eigentlich gar kein so großer ist, hinweg, indem die Zahl 75 % für sich betrachtet positiv erscheint. Gemessen am eigentlichen Konsolidierungsbedarf sind noch nicht einmal 20 % Konsolidierung erreicht. Also Augenwischerei mit Prozentzahlen.

Der zweite Teil des hier thematisierten Fehlers basiert auf Überschätzung. Um das Haushaltskonsolidierungskonzept so prall wie möglich zu machen, wird es mit mehr Maßnahmen angereichert, als letztlich durchgeführt werden können. Dem Konzept liegt von vornherein keine realistische Einschätzung seiner Durchführbarkeit im Haushaltsjahr zugrunde. Dadurch enthält es eine Anzahl von »toten« Maßnahmepunkten, deren Scheitern einkalkuliert wurde.

Was ist der tiefere Sinn?

Es liegt auf der Hand, dass in diesem Fall möglicherweise über die wahren Verhältnisse bewusst getäuscht werden soll. Sei es, dass gegenüber den Politikern in der Gemeinde ein größerer Aktionismus vorgetäuscht werden soll, um die Zustimmung zum Haushaltsplan zu bekommen, oder aber um gegenüber der Kommunalaufsichtsbehörde zu dokumentieren, man habe ausreichend Substanz im Haushaltskonsolidierungskonzept. Spätestens beim Jahresabschluss wird dann eine Erklärung fällig, warum dieser oder jener Punkt nicht realisiert werden konnte. Selbstverständlich kann all dies auch unbeabsichtigt geschehen. Es ist normal, dass ein Haushaltskonsolidierungskonzept nicht zu 100 % ausgeführt werden kann. Unvorhersehbare Einflüsse verhindern das immer wieder. Durch die vollständige Einhaltung aller formalen Kriterien »konkrete Maßnahme«, »Umsetzungszeitpunkt«, »Art der Umsetzung« und »Zuständigkeiten« gehören dergleichen Szenarien jedoch zu den Ausnahmen und es steigt die Wahrscheinlichkeit, dass das Konzept zum überwiegenden Teil ausgeführt werden kann.

**(3) Es wird lediglich ein Mitarbeiter/eine Organisationseinheit (z. B. Kämmerei) mit der Erarbeitung beauftragt.**

Als man seinerzeit die gesetzliche Regelung zur Einführung von Haushaltskonsolidierungskonzepten geschaffen hatte, geschah mangels Erfahrung in der Praxis eine ganze Reihe von Fehlern. Einer von ihnen, der von vornherein für mangelnde Akzeptanz der Haushaltskonsolidierung in der eigenen Verwaltung führt, besteht darin, mit der Erarbeitung des Konzepts nur einen Mitarbeiter bzw. eine Organisationseinheit zu beauftragen. Damit bleiben alle anderen Mitarbeiter und Organisationseinheiten außen vor, was dazu führt, dass von dort auch wenig Hilfe oder Unterstützung kommt. Schließlich sieht ein jeder sein eigenes Tagesgeschäft als vorrangig an.

Haushaltskonsolidierung muss Chefaufgabe sein, Top-Priorität bekommen und von allen Mitarbeitern gelebt werden, wenn sie erfolgreich sein soll. Alle Organisationseinheiten haben Beiträge zu leisten und notwendige Zuarbeiten zu verrichten, damit an zentraler und verantwortlicher Stelle die Maßnahmen koordiniert und gebündelt werden können. Es ist in diesem Zusammenhang besonders wichtig, psychologisch auf die Mitarbeiter einzuwirken, indem ihnen verdeutlicht wird, dass es auf den Beitrag eines jeden Mitarbeiters ankommt. Vor allem darf das Signal gegenüber der federführenden Stelle (z. B. Kämmerei) niemals so aussehen, dass bei ihr alle Arbeit abgeladen wird und sich sonst keiner in der Gesamtverwaltung um einzelne Beiträge zum Haushaltskonsolidierungskonzept kümmert. Teamgeist ist also gefragt – und nur mit gutem Teamgeist entsteht auch ein ausgewogenes und alle Bereiche umfassendes Gesamtkonzept. Um gemeinsam zum Ziel zu kommen, ist die Haushaltskonsolidierung als Gemeinschaftsaufgabe aller Mitwirkenden (Kommunalpolitiker, Verwaltung, Kommunalaufsicht) zu sehen. Ein breiter Konsens zwischen allen Akteuren unter möglichst umfangreicher Beteiligung der Bürger trägt zu einem konsolidierungsfreundlichen Umfeld bei.

Nachhaltige Haushaltskonsolidierung setzt die Bereitschaft voraus, sich mit Veränderungen in der Aufbau- und Ablauforganisation, mit Aufgabenkritik, Privatisierungen und Rekommunalisierungen, kommunalen Kooperationen und unter Umständen sogar mit Fusionen zu beschäftigen. Bei dieser Tragweite kann unmöglich ein einzelner nachgeordneter Mitarbeiter die bestehenden Fragen lösen.

**(4) Fehlende Einbeziehung der Kommunalpolitik in den Konsolidierungsprozess oder Kommunalpolitik identifiziert sich nicht mit Haushaltskonsolidierung.**

In den Kommunalverfassungen obliegen der Gemeindevertretung, dem kommunalen Parlament, die wesentlichen Entscheidungen. So entscheiden die Kommunalparlamente in der Regel über den Haushaltsplan, die Verfügung über wesentliches Gemeindevermögen und über den Bestand an Gemeindeeinrichtungen. Schon allein deshalb ist es keine gute Idee, die wesentlichen strategischen Fragen der Haushaltskonsolidierung ohne die Politik festzulegen. Die Kooperation zwischen dem Bürgermeister und den Politikern bestimmt über Art und Umfang aller Maßnahmen in der Haushaltskonsolidierung. Es kommt deshalb entscheidend darauf an, dass sich beide verständigen und wechselseitig befruchten.

Während der Bürgermeister normalerweise das Initiativrecht besitzt und die Verwaltung und ihre Möglichkeiten besser als jeder andere kennt, liegt der Vorteil der Politik in der Anzahl der verschiedenen Mandatsträger und ihren unterschiedlichen politischen Zielvorstellungen, was wiederum viele Werte und Gedanken zutage fördert. Gemeinsam sollten sie in der Lage sein, die notwendigen Ideen zusammenzutragen.

Funktioniert die Zusammenarbeit zwischen Bürgermeister und Gemeindeparlament schlecht, ist sie von Misstrauen und gegenseitiger Blockade gekennzeichnet, leidet darunter auch das Maßnahmenpaket der Haushaltskonsolidierung. Der Bürgermeister ist daher gut beraten, die Politiker für die Haushaltskonsolidierung »aufzuschließen« und zu gewinnen. Im Idealfall trägt die Politik durch eigene Konsolidierungsbeiträge selbst dazu bei, den Haushalt zu entlasten (vgl. auch das Kapitel 5.6 »Konsolidierung bei der Politik – ein Tabu?«).

**(5) Es wird nicht ausreichend analysiert, sondern die Schuld des Defizits wird stetig als »von außen her kommend« betrachtet. Eine Analyse eigener Fehlerquellen wird daraufhin vernachlässigt.**

Dieser Punkt ist nach meinen Erfahrungen sehr entscheidend und kann daher nicht oft genug erwähnt werden. Nicht, weil er aus sich heraus ein enormes Konsolidierungspotenzial beinhaltet oder freisetzt – das sicher nicht. Wohl aber, weil er eine psychologisch entscheidende und fatale Richtungsentscheidung vorgibt, nämlich von vornherein aufzugeben bzw. nichts oder nur das Nötigste zu tun. Wenn die Lage so ist, wie die Überschrift sie kennzeichnet, dann ist eine Verzweiflung bis hin zur Selbstaufgabe anzunehmen. Es herrscht die allgemeine Auffassung vor, alle anderen seien schuld an der Haushaltsmisere, man selbst habe sich nichts vorzuwerfen oder verfüge über keinerlei geeignete Gegenmaßnahmen. Die Einstellung geht einher mit der These, die eigene Gemeinde sei auskonsolidiert. Weitere Anstrengungen seien nicht möglich oder brächten keinerlei Erfolg.

Nun kann das tatsächlich im Einzelfall so sein. Schaut dagegen ein sachkundiger Außenstehender auf die Gemeinde, fällt die Beurteilung möglicherweise anders aus. Ohne dabei von »Betriebsblindheit« sprechen zu wollen: Ich halte es für sehr wahrscheinlich und auch in der Praxis belegt, dass die Stimmung in einer Gemeinde häufig schlechter ist als die Lage und dass es sehr wohl bei genauer Analyse immer wieder noch Möglichkeiten gibt, die sich bei interner Betrachtung nicht sofort erschließen.

Tatsächlich gibt es Gründe für kommunale Haushaltsdefizite, die von außen auf die Gemeinden einwirken, ohne dass diese sich dagegen wehren oder sie beeinflussen können. Marc Hansmann hat das in seinem Aufsatz über »Ursachen kommunaler Haushaltsdefizite« in der »Deutschen Verwaltungspraxis 5/16« erwähnt. Hiernach sind das

- Steuersenkungspolitik auf Bundesebene
- Steigende Soziallasten als Folge des ökonomischen Wandels und der Bildungsarmut
- Ständige Verletzung des Konnexitätsprinzips
- Kommunaler Finanzausgleich als Reservekasse des Landes

Aktuell steht zudem eine Reform der Grundsteuer bevor, deren Ausgang zumindest unklar ist und die Gemeinden weiter belasten könnte.

Jedoch sind diese Punkte bei aller Richtigkeit nur die halbe Wahrheit. In meinem Kapitel 1.1 »Die wirklichen Gründe für defizitäre Haushalte« betrachte ich die internen Faktoren, deren Beeinflussung durch die Gemeinden unmittelbar möglich ist.

**(6) »Nebenkriegsschauplätze« werden mehr bearbeitet, als die sogenannten Kostentreiber zu analysieren**

In diesem Kontext lautet die entscheidende Frage: Wo genau wollen wir konsolidieren?

Der dabei häufig auftretende Fehler liegt in der Neigung begründet, sich selbst oder anderen so wenig wie möglich weh zu tun. Anders formuliert: Wie vermeide ich die zwangsläufig mit der Haushaltskonsolidierung verbundene Unzufriedenheit einzelner Beteiligter? Um insofern keinen größeren »Flurschaden« im eigenen Haushaltsplan anzurichten, werden Tabus proklamiert, sogenannte »Heilige Kühe« für unantastbar erklärt oder vorab Ausschlussbereiche festgelegt.

Wenn anschließend noch die 3 großen Kostentreiber des kommunalen Haushalts

- Personalaufwendungen
- Sachaufwendungen
- Transferleistungen (Zuweisungen und Zuschüsse)

im Wesentlichen unangetastet bleiben und stattdessen eher »Kleinvieh« bearbeitet wird, ist es mit dem Nutzen der Haushaltskonsolidierung vorbei.

Es geht mithin darum, falsche Prioritätensetzung zu vermeiden. Ich habe mal eine Haushaltsdebatte erlebt, in der die Versicherungsbeiträge für die in der Kommune vorhandenen Versicherungen rauf und runter diskutiert worden sind.

Kann man machen, nur sind rd. 85 % der vorhandenen Versicherungsverträge überhaupt nicht disponibel gewesen. Im Ergebnis ging es daher um wenige hundert Euro jährlicher Prämie. Auf die Art und Weise erstickt Haushaltskonsolidierung bereits im Keim. Um genau das zu vermeiden, ist es mitunter unabdingbar, den ehrenamtlichen Politikern die Haushaltsstrukturen deutlich zu machen und vor allem kennzahlenbasiert und unter Berücksichtigung von Wirtschaftlichkeitsprinzipien die Debatten zu steuern.

Ähnlich verhält es sich mit dem nachfolgenden Punkt.

**(7) »Klein-Klein-Diskussionen«**

Die Redewendung »Klein-Klein« hört man öfter. In der Sportlersprache bedeutet »Klein-Klein« ein zu kurzes Zuspiel oder ein Zuspiel auf zu engem Raum. Nach dem Duden ist es »kleinliches Sichverlieren in unwesentliche Alltagsdinge«. Die hierzu in der Kommunalpolitik bekannten Auswüchse bezeichnen ein »Herumdoktern« an wenig unbequemen Kleinigkeiten anstelle des großen Entwurfs, den es eigentlich brauchen würde.

Die Folge: Der eiserne, wahre Sparwille zur Ausgabenreduzierung fehlt und so gelingt nicht wirklich der benötigte Beitrag zur Haushaltskonsolidierung bzw. -umstrukturierung. Ich habe die dieses Problem kennzeichnenden Debatten in Kommunalparlamenten häufig wahrgenommen. Es wird diskutiert, warum was nicht geht, anstatt sich zu vereinbaren, wie etwas funktionieren kann (»Ja-aber-Diskussionen«).

Wie kann so etwas vermieden werden?

Manchmal ist es erforderlich, ein Problem vom Ende her zu denken und die richtigen Fragen zu formulieren:

- Was soll herauskommen?

- Um welche Summe geht es?
- Welche Wirtschaftlichkeitskriterien sind dabei zu berücksichtigen?
- Wo stecken die großen Kostentreiber im Haushalt?

Zeit ist Geld. Auch bei politischen Debatten. Sich deshalb aufzuhalten mit »Klein-Klein«-Diskussionen löst die wirklichen Probleme nicht und verschenkt Zeit.

### (8) Vergleichbare Kennzahlen fehlen oder werden nicht hinreichend einbezogen

Eigentlich sollte man ja nicht denken, dass bei der heutigen Datenverarbeitungswirklichkeit Kennzahlen fehlen. Das tun sie auch nicht. Nur muss sich jemand mit ihnen beschäftigen. Das Problem ist der menschliche Faktor.

Seit Jahrzehnten liefern die statistischen Landesämter nach Gemeindegrößenklassen gegliederte Vergleichswerte der Kommunen, von Steuerkraft über Investitionsverhalten bis hin zum Verwaltungsaufwand. Die hauseigenen Kennzahlen können daran sehr gut beurteilt werden. Kennzahlen sind noch immer Argumente, die sich schwer bestreiten lassen, da sie mathematischen Gesetzmäßigkeiten folgen. Der tiefere Sinn lag schon immer in der Interpretation der Kennzahlen. Es geht dabei um die Abweichungen vom Durchschnitt und warum diese Abweichungen entstanden sind. Dabei darf nicht vergessen werden, dass die Vergleichbarkeit nicht in jedem Fall die absoluten Erkenntnisse und Wahrheiten zutage fördert. Beispielsweise ist die Vergleichbarkeit beim Personal äußerst problematisch. Einerseits gibt es inzwischen unendlich viele Arbeitszeitgestaltungsmöglichkeiten und geteilte und teilbare Arbeitsplätze. Andererseits kann ich auch nicht direkt Frau Müller mit Herrn Meier vergleichen, wenn ich deren persönlichen Werdegang, Qualifikationen und das soziale Umfeld berücksichtige. Darüber hinaus hat jede Gemeinde ihre eigenen geografischen, wirtschaftlichen und politischen Rahmenbedingungen. Daher wäre den landesweiten Durchschnittswerten eher eine gleichgroße Nachbarkommune vorzuziehen, da sie im selben Umfeld (auch: Landkreis) liegt.

Für die Wertigkeit der Haushaltskonsolidierung liefern Kennzahlen in jedem Fall mindestens Anhaltspunkte, wo der Hebel anzusetzen ist. Deswegen ist es sinnvoll, sie einzubeziehen.

### (9) Demografie, Aufgabenkritik und Leitbildstruktur finden keine grundlegende Berücksichtigung

»Der demografische Wandel ist Chance und Herausforderung zugleich: Nie zuvor haben Menschen so lange gesund gelebt und nie zuvor wurden in Deutschland so wenige Kinder geboren wie heute. Die Lebenserwartung steigt kontinuierlich, und es gibt immer weniger junge Menschen. Wanderungsbewegungen innerhalb und zwischen Staaten prägen seit Jahrzehnten unseren Alltag«, so schrieb es die Bundesregierung noch in ihrer weiterentwickelten Demografiestrategie von 2015 (Quelle: Bundeszentrale für politische Bildung). Es würde den Rahmen sprengen, ginge ich an dieser Stelle auf alle Aspekte des demografischen Wandels ein. Längst geht es ja nicht mehr nur um geburtenstarke oder -schwache Jahrgänge. Die Wanderungsbewegungen zwischen dem Ausland und Deutschland tragen einen wesentlichen Anteil dazu bei. Schließlich noch die durch eine verbesserte Gesundheitsversorgung gestiegene Lebenserwartung. All dies und manches mehr beeinflusst die demografische Entwicklung.

Den bundesdeutschen Kommunen ist zwischenzeitlich auch deutlich geworden, dass sich daraus Veränderungen in der Aufgabenstruktur ergeben, nicht nur allein in den Kindertagesstätten oder Schulen. Praktisch schlägt die demografische Entwicklung im gesamten Aufgabenspektrum der Gemeinden mehr oder weniger durch. Daher muss sie auch Teil des Konsolidierungskonzepts sein.

Zu den konzeptionellen Überlegungen vor der Erstellung eines Haushaltskonsolidierungskonzepts gehört die Aufgabenkritik. Auch das ist nicht neu. Bereits in den 80er-Jahren bildeten einige Städte Arbeitsgruppen zur Aufgabenüberprüfung. Die sich im Laufe der Entwicklung einer Stadt gebildeten vielfältigen Aufgaben konnten in guten Zeiten zwar bewältigt und finanziert werden. Ergaben sich aber Haushaltsdefizite, empfahl es sich, zur Entschlackung jeden Stein einmal umzudrehen und einiges über Bord zu werfen. Die heute eingesetzten Instrumente der Aufgabenkritik basieren auf den Säulen

- Zweckkritik – sie hinterfragt, ob eine Aufgabe überhaupt noch notwendig ist,
- Vollzugskritik – sie hinterfragt die Art der Aufgabenerledigung,
- sowie Funktionalkritik – sie hinterfragt die Organisationsform der Aufgabenerledigung.

Bei genauer Analyse ergeben sich hieraus unter Berücksichtigung der vorgenannten Aspekte zum demografischen Wandel regelmäßig Veränderungsmöglichkeiten. Besonders im Bereich der Vollzugskritik sind nicht selten Ablaufveränderungen angezeigt.

Bevor es letztlich an das Haushaltskonsolidierungskonzept geht, müssen demografische Entwicklungen berücksichtigt und aufgabenkritische Analysen vorgenommen worden sein. Daten- und faktengestütztes Arbeiten durch Kennzahlen runden die Vorarbeiten ab.

Schließlich kann eine Leitbildstruktur hilfreich sein. Städte und Gemeinden geben sich ein kommunalpolitisches oder Verwaltungsleitbild. Keinesfalls soll damit angedeutet werden, dass diejenigen Kommunen ohne Leitbild planlos handeln. Gleichwohl hilft eine Leitbildstruktur Wesentliches von Unwesentlichem zu unterscheiden und dadurch die vorhandenen finanziellen Mittel gezielter einzusetzen.

### (10) Die Möglichkeit, ehrenamtliche Tätigkeit einzubinden, wird nicht erkannt

Die ehrenamtliche Tätigkeit ist eine wundersame Erfindung, von der besonders die Kommunen profitieren. Es vergeht kaum ein Weihnachts-, Jahresabschluss- oder Neujahrsgruß eines Bürgermeisters, bei dem nicht die ehrenamtlich Tätigen für ihr großes Engagement gewürdigt werden. Und in der Tat stopfen die fleißigen Ehrenamtlichen so manches Loch, das die Gemeinde aus finanziellen, organisatorischen oder prinzipiellen Gründen nicht stopfen würde.

Viele Bereiche des öffentlichen und sozialen Lebens würden ohne Ehrenamtliche kaum mehr existieren. Neben Betreuung von Kindern, Kranken und alten Menschen zählen dazu unter anderem: Dienste bei Jugendorganisationen, im Natur- und Umweltschutz, im Tierschutz, auf Berghütten oder Wandervereinen, in der Telefonseelsorge, in Bewährungshilfen, Caritas oder Diakonie, in Hilfsorganisationen, Umsonstläden, bei der Hausaufgabennachhilfe, als Helfer in Hospitälern, in der Altenpflege und in Behindertenhilfe-Einrichtungen, in Sport-, Kultur- und anderen Vereinen. Die Freiwilligen Feuerwehren, wichtigste Stütze der aktiven Gefahrenabwehr in Deutschland, haben neben einigen wenigen hauptberuflichen Mitarbeitern (z. B. als Gerätewarte, im Rettungsdienst oder auf ständig besetzten Wachen) größtenteils ehrenamtliche Mitglieder. Auch den Katastrophenschutz der Bundesrepublik Deutschland gewährleisten größtenteils ehrenamtliche Kräfte. Millionen von Menschen sind auf diese Art tätig und leisten wertvolle Dienste.

Keine Frage – ehrenamtlich wahrgenommene Gemeindeaufgaben sind ein Konsolidierungsfaktor. Der ehrenamtlich Tätige bekommt in der Regel lediglich eine Aufwandsentschädigung, manchmal noch nicht einmal das. Je mehr ehrenamtlich ausgegliederte Aufgaben im sozialen oder kulturellen Bereich zu Buche schlagen, desto erheblicher die Entlastung des Gemeindehaushalts.

Jeder Bürgermeister sollte sich die Fragen stellen:

- Wie fördere ich das ehrenamtliche Engagement in meiner Gemeinde?
- Welche Gemeindeaufgaben lassen sich im weiteren Sinne dem Bereich freiwilliger Aufgaben zuordnen und auf ehrenamtlich Tätige übertragen?

Besonders der letztgenannte Punkt ist landläufig anzutreffen. Stellen wir uns die Frage: »Muss eine Gemeinde Hobbys finanzieren?«, so lassen wir manche Kommunalpolitiker etwas ratlos zurück. Über Jahre/Jahrzehnte haben sich mancherorts Auswüchse ergeben, die bei distanzierter und rationaler Betrachtung etwas merkwürdig anmuten. Sport- und Kulturvereine gehören überwiegend zu den Empfängern kommunaler Transferleistungen. Diese Art der Förderung bestimmter Freizeitgestaltungen wird als normal angesehen, sollte aber wohlbedacht sein. Immerhin werden ja auch Sportarten wie Polo oder Golf nicht gefördert und es könnte doch mal die Frage gestellt werden, warum die einen und die anderen nicht. Dort wo Förderung stattfindet, sollte sie mit Gegenleistung verbunden sein. Nehmen wir als Beispiel den Fußballverein, der sich um Rasenpflege und bauliche Unterhaltung selbst kümmert.

Und sonst? Campingplätze, Veranstaltungshallen, Rollschuhbahnen, Skateranlagen, Reitpfade.... Irgendetwas davon ist sicher auch in Ihrer Gemeinde anzutreffen. Hoher Freizeitwert ist inzwischen auch ein Standortfaktor. Aber alles mit Steuermitteln finanzieren? Die Diskussion ist eröffnet.

### (11) Zentrales Gebäudemanagement fehlt

Das Konzept des Facility Managements stammt aus der Privatwirtschaft. Dort wird unter Facility Management »ein unternehmerischer Prozess (verstanden), der durch die Integration von Planung, Kontrolle und Bewirtschaftung bei Gebäuden, Anlagen und Einrichtungen (facilities) und unter Berücksichtigung von Arbeitsplatz und Arbeitsumfeld eine verbesserte Nutzungsflexibilität, Arbeitsproduktivität und Kapitalrentabilität zum Ziel hat. Facilities werden als strategische Ressource in den unternehmerischen Gesamtprozess integriert. An dieser privatwirtschaftlichen Definition lehnt sich auch öffentliches Facility Management an. Im Verwaltungsaufbau bezeichnet Facility Management eine »zentrale Stelle, die die Rolle eine Eigentümers und die Steuerung der Gebäudewirtschaft übernimmt«. Das Facility Management zeichnet für alle im Lebenszyklus einer Immobilie anfallenden Aufgaben verantwortlich:

- Bei der Planung eines Neubaus erteilt es z. B. die Auftragsvergabe
- Bei der Erstellung übernimmt es beispielsweise die Bauüberwachung
- Beim infrastrukturellen Gebäudemanagement sorgt es für Hausmeister, Reinigung und Sicherheit
- Beim kaufmännischen Gebäudemanagement werden z. B. Controlling, Kostenabrechnungen von ihm erledigt
- Beim technischen Gebäudemanagement übernimmt es die Betriebsführung und die Ver- und Entsorgung
- Beim Abriss sorgt es für die Nachverwertung der Fläche.

Aus dieser Aufzählung wird deutlich, dass Facility Management nicht nur die Konzeption, Bereitstellung und Überwachung aller Gebäude beinhaltet, sondern auch Technik, Infrastruktur und Inventar. Ein zentrales Gebäudemanagement ist darauf ausgerichtet, Nutzungsintensität, Ertragsfähigkeit und Kostentransparenz der Immobilie zu erhöhen. Das Facility Management hat die Substanzerhaltung (und nach Möglichkeit Erhöhung der Vermögenswerte) zum Ziel und setzt die von der Kommune vorgegebene Gebäudepolitik um. Weitere Ziele können sozialer und ökologischer Art sein

(Quelle: Gebäudemanagement in Kommunen: Bedeutung für Energiemanagement und erneuerbare Energien von Sebastian Bolay).

Wie bei allen betriebswirtschaftlichen Entscheidungen zwischen Zentralisierung und Dezentralisierung spielt auch hier die Größe der Kommune und die Anzahl ihrer Gebäude eine Rolle. Zentralisierung ermöglicht in der Regel die unbedingt notwendige Gesamtübersicht über die Immobilien und Vorteile beim Einkauf. Darüber hinaus lassen sich Personal- und Sachaufwendungen flexibler einsetzen und daher Einsparungen erzielen. Nicht zuletzt deshalb geht die tendenzielle Empfehlung in die Richtung eines zentralen Gebäudemanagements.

### (12) Interkommunale Zusammenarbeit wird gemieden

Werden Teilbereiche der Daseinsvorsorge nicht oder nicht mehr im zu erwartenden Mindestumfang erbracht, entsteht kommunaler Handlungsdruck. Nicht allein zu bewältigende Investitionen können ebenso ein Motiv für kommunale Kooperation sein wie wachsende Komplexität der kommunalen Aufgaben.

Die häufigste Art der Kooperation zwischen Gemeinden ist die interkommunale Kooperation (Zusammenarbeit zwischen Gemeinden). Hauptvorteile für die interkommunale Zusammenarbeit sind die Lastenverteilung auf mehrere Schultern und das systematische Ausnutzen von Synergien.

Der Gedanke, eine kommunale Aufgabe gemeinsam zu bewältigen, ist nicht neu. Bereits in den 80er- und 90er-Jahren des vorigen Jahrhunderts gab es erste Modelle. Unter dem Kürzel »IKZ« hat sich kommunale Kooperation als eines von mehreren sogenannten »Neuen Steuerungsmodellen« etabliert. Die Grundidee besteht in einem »Win-win-Gedanken«: Zwei oder mehr Kommunen erledigen eine ihnen obliegende Aufgabe gemeinsam und schonen dadurch eigene Ressourcen bzw. verschaffen sich finanzielle Vorteile, in der Regel durch Kostenreduktion.

Gerade im Hinblick auf den demografischen Wandel werden Kapazitätsauslastungen kommunaler Einrichtungen eine große Rolle spielen, vor allem in Bereichen, die durch Gebühren finanziert werden. Durch die rückläufige Einwohnerzahl sinken das Gebührenaufkommen und die Auslastung kommunaler Einrichtungen.

Auch wenn nicht jede bislang praktizierte Zusammenarbeit erfolgreich und nachhaltig war, hat man doch auf der Ebene der Landesministerien deren Nutzen erkannt. So erweitert beispielsweise Niedersachsen durch das Gesetz über die kommunale Zusammenarbeit (NKomZG) deshalb die bestehenden Handlungsmöglichkeiten der Kommunen. Es lässt eine Zusammenarbeit in seinen Rechtsformen sowohl bei der

Übertragung einer Aufgabe mit Zuständigkeitswechsel als auch bei Beauftragung mit der Durchführung einer Aufgabe bei unveränderter Trägerschaft zu.

Häufige Anwendungsbeispiele sind regionale Entwicklungszusammenarbeit, Tourismus, überregionale Betriebsansiedlung – Gewerbeparks, Infrastruktureinrichtungen wie Schulen, Freizeiteinrichtungen, Erholungseinrichtungen, Abfallentsorgung, Wasserversorgung und Abwasserentsorgung sowie der Brandschutz.

Dr. Philipp Richter von der Universität Potsdam hat in einem 2015 veröffentlichten Vortrag die Vor- und Nachteile interkommunaler Zusammenarbeit wie folgt zusammengefasst:

**Vorteile**

- Steigerung der Effektivität
  - Bündelung von Fachwissen und Wissenstransfer
  - Arbeitsteilige Spezialisierung
  - Internalisierung externer Effekte
  - Steigerung der Wettbewerbsfähigkeit
- Steigerung der Effizienz
  - Kosteneinsparungen über Größen- und Verbundvorteile
  - Fixkostendegression
  - Gesteigerte Auslastung, keine »Doppelgleisigkeiten«
- Vermeidung von Legitimitätsverlusten
  - Realisierung oben genannter Vorteile und Beibehaltung der Eigenständigkeit der Kommunen ≠ Gemeindefusionen

**Nachteile**

- Effektivitätsvorteile nicht realisierbar
  - räumliche, technische, finanzielle und politische Faktoren
- Effizienzvorteile nicht realisierbar
  - Anbahnungskosten
  - Durchführungskosten
  - Kontrollkosten
- Legitimitätsprobleme
  - Aushöhlung der individuell-gemeindlichen Aufgabenerledigung
  - Kontroll- und Einflussverluste

Quelle: Interkommunale Zusammenarbeit – Ein Überblick, Veranstaltung »Interkommunale Zusammenarbeit« am 8. Oktober in Zeuthen, Dr. Philipp Richter, Universität Potsdam, Lehrstuhl für Politikwissenschaft, Verwaltung und Orga (2015).

Besonders die aufgeführten Nachteile verdeutlichen sehr gut, dass interkommunale Zusammenarbeit nicht per se unproblematisch und ein Selbstläufer sein muss. Vor allem wenn sich angenommene Synergieeffekte nachher als nicht realisierbar herausstellen. Aber auch Fehlkalkulationen bei den Kosten erweisen sich schon einmal als Bremse bei der Fortsetzung interkommunaler Zusammenarbeit. Schließlich ist auch nicht jeder Ortspolitiker bereit, originäre Entscheidungskompetenzen ohne weiteres zu teilen bzw. abzugeben. Auch werden sich Entscheidungsprozesse verlängern, denn jedes Mal, wenn ein Beschluss zu fassen ist, tagt ein gemeinsames Gremium und im Vorfeld jede beteiligte Kommune für sich. Jedoch ist dies alles kein Grund, von vornherein interkommunale Zusammenarbeit zu meiden. Eine sinnvolle Prüfung geeigneter Aufgabenfelder und ein regelmäßiger Austausch mit Nachbarkommunen ist der Weg zu einer möglichst erfolgreichen Zusammenarbeit.

Die Zusammenarbeit muss auch nicht zwingend durch Bildung einer Gesellschaft oder eines Verbandes erfolgen. Als Unterform interkommunaler Zusammenarbeit gäbe es die Möglichkeit eines lediglich regelmäßigen Meinungs- und Gedankenaustauschs.

Andernfalls stellt sich aber schon die Frage, welche Kompetenzen sollen übergehen und wo sind die Grenzen der Zusammenarbeit? – Welche Rechtsform soll hierfür gewählt werden? – Wie wird diese finanziert? – Wie wird diese kontrolliert? – Gibt es eine Ausstiegsmöglichkeit? Soll es wirklich eine verbindliche Zusammenarbeit sein, bietet sich die Gründung einer öffentlich-rechtlichen oder privatrechtlichen Rechtsform an. Geht es bei der interkommunalen Zusammenarbeit eher um die Erfüllung von Aufgaben im Rahmen der öffentlichen Daseinsvorsorge, so sollte eine öffentlich-rechtliche Rechtsform, bei eher wirtschaftlicher Betätigung eine privatrechtliche Rechtsform gewählt werden.

Nicht eingehen möchte ich an diesem Punkt auf die öffentlich-private Partnerschaft, eine Kooperation zwischen der öffentlichen Verwaltung und einem privatwirtschaftlichen Unternehmen, da es den Rahmen sprengen würde. Auch Fusionen zwischen Gemeinden, wie sie im Zuge von Gebietsreformen vorkommen, sind eine weitere Möglichkeit interkommunaler Zusammenarbeit. Hier allerdings entsteht eine völlig neue Gebietskörperschaft, so dass auch dieses Modell einer gesonderten Betrachtung bedürfte.

Kooperationen können helfen, kommunale Infrastruktur und Angebote zu erhalten und deren Finanzierung auf eine bessere Basis zu stellen. In vielen kommunalen Tätigkeitsbereichen lassen sich Synergieeffekte erzielen und weitere Ressourcen erschließen. Insbesondere durch Einsparungen beim Personal- und Sachaufwand können sich die beteiligten Kommunen finanziell entlasten. Größere bzw. zusammengefasste Verwaltungseinheiten eröffnen die Möglichkeit, die Aufgaben tendenziell wirtschaftlicher und effektiver zu erledigen als kleinere.

Beispiele: Zweckverband, Zweckvereinbarung, gemeinsame kommunale Anstalt.

Möglich sind auch weniger institutionalisierte Kooperationen.

Beispiele: Erfahrungsaustausch, Expertenrunde, Runder Tisch, Arbeitsgemeinschaft.

**(13) Organstreitigkeiten verwässern die Konsolidierung**

Was ich unter dieser Überschrift verstehe, sind Reibungsverluste. Reibungsverluste werden bei Veränderungs- oder Produktionsprozessen bis zu einem gewissen Grad als normale Begleiterscheinung empfunden. In einer zur Haushaltskonsolidierung verpflichteten Gemeinde entstehen Reibungsverluste insbesondere durch die unterschiedlichen Interessen der Beteiligten (vgl. hierzu auch das Kapitel 3.1 »Akteure und ihre Interessen in der kommunalen Szene«).

Die Gemeindevertretung als oberstes Gemeindeorgan, bestehend aus gewählten Politikern, sowie der Bürgermeister sind die Organe der Gemeinde. Der Bürgermeister, der zur Haushaltskonsolidierung die Mehrheit der Gemeindevertretung hinter sich bringen muss, steht bei Kürzungsabsichten in der Regel im Widerspruch zum Gestaltungswillen der Politiker. Neben diesen Hauptakteuren sind je nach Kommunalverfassung der Vorsitzende der Gemeindevertretung, Gemeindevorstände und deren Vorsitzende sowie Ausschüsse und leitende Ausschüsse am Prozess mehr oder weniger beteiligt. Schließlich beeinflussen die leitenden Verwaltungsmitarbeiter und auch Bürgerinteressen massiv über den Bürgermeister das gesamte Geschehen. Sie alle wirken und beeinflussen mit, was letztlich als Produkt, als Haushaltskonsolidierungskonzept, im Ergebnis herauskommt. Es kommt daher entscheidungserheblich auf die beiden Hauptakteure Bürgermeister und Gemeindevertretung an, möglichst gemeinsam das Gleiche zu wollen und die Ihnen dienenden Mitakteure passend einzubinden. Sowohl Bürgermeister als auch Gemeindevertretung haben kommunalverfassungsrechtlich Blockademöglichkeiten dem jeweils anderen gegenüber. Dort wo sie eingesetzt werden, bleibt das Konsolidierungspotenzial dünn. Einigen sie sich, kommen beide in der Sache voran und die Gemeinde gewinnt überdies bei der Haushaltskonsolidierung.

**(14) Konsolidierung bedeutet auch, an den richtigen Stellen, wie u. a. für die Personalentwicklung, die Wirtschaftsförderung, den Infrastrukturausbau, zusätzliche Mittel, deren »Amortisation« nachzuweisen ist, einzusetzen**

Haushaltskonsolidierung wird für gewöhnlich gleichgesetzt mit Ausgabenkürzung, wenngleich auch die Erhöhung von Einnahmen als Konsolidierungsinstrument wirkt. Weniger plausibel erscheint es auf den ersten Blick, Ausgaben zu Konsolidierungszwecken zu erhöhen – wenn auch nur vorübergehend. Aber diese Methode – frei nach dem Motto »wer ernten will, muss auch säen« – kann in geeigneten Fällen weiterhelfen.

Hinreichend bekannt sind bereits »rentierliche Investitionen«. Man versteht darunter Investitionen, bei denen durch künftige Einzahlungen ein positiver Kapitalwert eintritt, so dass von einer Amortisation bis hin zu laufenden Einzahlungsüberschüssen ausgegangen wird. Für dergleichen Investitionen lässt sich leichter eine zeitweise (rentierliche) Verschuldung rechtfertigen. Auch den Aufwendungen für Wirtschafts- und Ansiedlungsförderung wird Rentierlichkeit unterstellt. Vielfach nutzen Gemeinden die ungebremste Nachfrage nach Wohneigentum, um durch eine clevere Baulandpolitik Haushaltsüberschüsse zu erzielen. In diesem Fall liegen zwischen Ankauf und Verkauf der Grundstücke die entsprechenden Margen. Schließlich bezeichnet man Fortbildungsaufwendungen regelmäßig als sinnvoll investiertes Geld, indem der Nutzen der fortgebildeten Mitarbeiter durch effizientere Aufgabenerfüllung sich auch in steigenden Einnahmen oder sinkenden Ausgaben ausdrücken lässt.

Kurzum: Sinnvoll investierte Haushaltsmittel dienen auch der Haushaltskonsolidierung. Es wäre ein Fehler, diesen Aspekt zu übergehen.

**(15) Konsolidierung wird als Übel verstanden. Besser wäre, sie als Chance zu verstehen, den größten gemeinsamen Nenner ordnungsgemäßer Finanzpolitik zu finden**

Um Haushaltskonsolidierung möglich zu machen, ist die innere Bereitschaft der Akteure nötig. Mentale Widerstände müssen überwunden werden. Dabei sind die Widerstände der Akteure aus ihrem Status begründet. Es gilt daher, Haushaltskonsolidierung mit ihren jeweiligen Interessen in Übereinstimmung zu bringen. Da Haushaltskonsolidierung zunächst einmal Interessen verletzt, ist dieses Vorhaben nicht ganz unproblematisch.

Mitarbeiter der Verwaltung könnten um ihr Aufgabengebiet und sogar um ihren Arbeitsplatz fürchten, sofern sie im letzteren Fall einer befristeten Beschäftigung nachgehen. Da im Regelfall unkündbare Beschäftigungsverhältnisse bestehen, ist von dieser Seite kaum Gegenwind zu erwarten.

Die Kommunalpolitiker beklagen Einbußen bei ihren Gestaltungsspielräumen. Noch immer empfinden sich diese ehrenamtlichen Politiker als einflussreiche Gestalter des gemeindlichen Lebens, wobei Gestaltung Geld auszugeben bedeutet, und das im Idealfall an die eigene Wählerklientel, so dass es anschließend dafür noch öffentliche Belobigung gibt. Verantwortung für sparsame und wirtschaftliche Haushaltsführung und maßvolle Ausgabenpolitik findet – wenn überhaupt – lediglich am Rande statt und regelmäßig nur dann, wenn politisch gegensätzliche Forderungen erhoben werden. Dabei übersehen sie häufig, dass gerade die Haushaltskonsolidierung dazu dient, verloren gegangene Handlungsspielräume wieder zu gewinnen. Jeder Euro, der zur Entschuldung eingesetzt wird, steht künftig als freie Spitze wieder zur Verfügung. Im Übrigen gilt es Verantwortung für solide Finanzen im Hinblick auf die Generationengerechtigkeit zu übernehmen, damit nicht künftige Generationen Schuldenberge vorfinden, die wiederum ihre Handlungsfähigkeit einschränken. Und hilft dies alles nicht, lässt sich letztlich mit Zahlen am besten argumentieren: Ermitteln Sie die Kostentreiber des Haushalts und stellen Sie sie im Kennzahlenverlauf sich selbst oder im Vergleich mit größengleichen Kommunen gegenüber.

Auch die Auswirkungen auf die öffentliche Wahrnehmung in der Kommune sind zumindest am Rande zu bedenken. Was die Öffentlichkeit am meisten umtreibt, sind Abgabenerhöhungen, die natürlich immer ungerecht sind, weil bekanntlich zu wenig gespart wird, sowie der Abbau liebgewonnener Standards. Dabei macht das Wort von der »Servicewüste« gern die Runde. Allgemein wird beklagt, dass die Gemeinde viel mehr tun könnte. So führt jeder irgendwo wahrgenommene Missstand zu lautem Rufen nach der Gemeindeverwaltung. Noch immer denken viele Mitbürger, dass alles und jeder Lebensumstand in einer Gemeinde von der Kommunalverwaltung zu verantworten ist. Dabei wird häufig übersehen, dass die Kommunen sich nach langjährigen Konsolidierungsbemühungen inzwischen im Wesentlichen auf ihre Kernaufgaben konzentrieren. Über eine sinn- und verantwortungsvolle Finanzpolitik sollte ein aufgeklärter Bürgermeister die Öffentlichkeit regelmäßig informieren. Dazu gehört im Zweifel auch der mathematisch belegte Nachweis unzureichender Wirtschaftlichkeit. Auch wenn es nach einer Plattitüde klingt: Die Gemeinde muss nicht jedes Hobby mit Steuermitteln finanzieren.

Wenn Haushaltskonsolidierung gelingen und als Chance begriffen werden soll, kommt es mithin maßgeblich auf die Überzeugungsarbeit gegenüber den Hauptakteuren in der Gemeinde an.

## 2.6 Gründe für das Scheitern von Haushaltskonsolidierung

Ergänzend zu dem Kapitel 2.5 »Fehlerquellen bei der Haushaltskonsolidierung« möchte ich an dieser Stelle auf die Möglichkeit gänzlichen Scheiterns von Haushaltskonsolidierung eingehen. Im Unterschied zu den Fehlerquellen gibt es im Falle des Scheiterns von Haushaltskonsolidierung nicht mal ein fehlerhaftes Konzept, sondern letztlich gar keines. Abgesehen davon, dass manche Konzepte diesen Namen gar nicht verdienen, ist gänzliches Scheitern eigentlich nicht vorgesehen. Besteht eine gesetzliche Verpflichtung, ein Haushaltskonsolidierungskonzept zu erstellen, sorgt schließlich die Kommunalaufsicht für die Einhaltung der Rechtsvorschrift.

Gründe für das Scheitern von Haushaltskonsolidierung können zumindest theoretisch bestehen, etwa bei massiven Organstreitigkeiten zwischen Bürgermeister, Politik und Verwaltung. Die kommunalverfassungsrechtlichen Regelungen ermöglichen dem Bürgermeister und der Politik Blockademöglichkeiten des jeweils anderen. Sofern eine Einigung nicht möglich ist, bleibt es der Kommunalaufsichtsbehörde vorbehalten, Anordnungen zu treffen oder gar einen Beauftragten zu bestellen, der Organstellung besitzt. Häufig ist den Beteiligten diese Konsequenz zu riskant, so dass es bis auf höchst seltene Fälle zumeist einen letzten Einigungswillen gibt.

Aber auch Mängel bei der internen Organisation der Haushaltskonsolidierung durch zum Beispiel unklare Zuständigkeiten, keine ausreichende Priorität für Konsolidierungsmaßnahmen, fehlende Informationswege oder mangelhafte Einbindung der Mitarbeiter und aller wesentlichen Organisationseinheiten können Haushaltskonsolidierung scheitern lassen. Ein in diesem Zustand erstelltes Konzept würde als mängelbehaftet von der Kommunalaufsicht zurückgewiesen werden.

Ist dieser Zustand noch heilbar, so ist der nachfolgende Grund eines Scheiterns schlicht die Offenbarung: Es ist kein Konsolidierungspotenzial vorhanden. Auch dies ein höchst seltener Fall. Beachten Sie bitte insbesondere die im Kapitel 5.7 »Externes Haushaltskonsolidierungskonzept« aufgeführte Möglichkeit. So lange lediglich die betroffene Kommune selbst der Ansicht ist, sie verfüge über keinerlei Konsolidierungspotenzial, ist es ratsam, eine sachkundige Meinung eines Außenstehenden zu hören. Auch die Kommunalaufsicht übt in gewisser Weise eine Beratungs- und Schutzfunktion gegenüber einer Gemeinde aus. Aufgrund ihrer Sachkenntnis der örtlichen Verhältnisse allein durch die regelmäßige Überprüfung des Haushaltsplans ist sie in der Lage, Vorschläge zu machen oder Anregungen zu geben. In dem nun relativ unwahrscheinlichen Fall nicht vorhandenen Konsolidierungspotenzials bei gleichzeitig permanenter defizitärer Haushaltslage erscheint der Notstand so groß, dass sich die Frage nach der dauernden Leistungsfähigkeit der Gemeinde stellt. Die Überlebensfähigkeit in der Zukunft ist eine Prognoseentscheidung, von der alles abhängt. Eine Gemeinde, der die dauernde Leistungsfähigkeit abgesprochen wird, wird als Gemeinde nicht unendlich weiter bestehen können. In einem solchen Fall sind Fusionsmöglichkeiten und Entschuldungsprogramme mögliche Strategien.

# 3 Beteiligte

## 3.1 Akteure und ihre Interessen in der kommunalen Szene

Haushaltskonsolidierungsmaßnahmen berühren die Interessen des kommunalen Lebens einer Gemeinde. Art und Umfang ihrer Wirkung kann in erheblichem Umfang Interessen einzelner Bevölkerungsgruppen einer Gemeinde verletzen. Wenn eine Kommune Haushaltskonsolidierungsmaßnahmen beschließt, ist ihr Wirkung und Zielrichtung dieser Maßnahmen wohl bewusst. Schließlich gibt es im Vorfeld Berechnungen über die prognostizierten Ergebnisse und Konsolidierungsbeiträge einzelner Maßnahmenpakete.

Auf diesem Parcours begegnen sich die Entscheidungsträger der kommunalen Gebietskörperschaft, die von Konsolidierungsmaßnahmen betroffenen Bürger und die gesellschaftlich relevanten Gruppen auf kommunaler Ebene. Sie gemeinsam bilden die Akteure, die einerseits über Maßnahmen beschließen, andererseits aber von beschlossenen Konsolidierungsmaßnahmen auch nachteilig betroffen sein können.

Das sind zunächst einmal der Bürgermeister und seine Verwaltung, die politischen Mandatsträger der Gemeinde, die gewerblichen Unternehmen, alle ehrenamtlichen Funktionsträger, die Kommunalaufsichtsbehörde, das örtliche Rechnungsprüfungsamt, der Landesrechnungshof und – nicht zuletzt – der Bürger. Sie alle sind Beteiligte bei Konsolidierungsmaßnahmen. Wenn wir sie in »Entscheidungsträger« und »Betroffene« sortieren, so sind der Bürgermeister und seine politischen Mandatsträger in erster Linie die Entscheider. Sie werden von der Aufsichtsbehörde dabei überwacht und unter Umständen auch zu nachhaltiger Konsolidierung angehalten. Auch die Prüfer des Landesrechnungshofs und die örtlichen Rechnungsprüfungsämter beeinflussen durch ihre Prüfungsbemerkungen und Hinweise das Konsolidierungsgeschehen. Als die unmittelbar von Konsolidierungswirkungen Betroffenen bleiben der Bürger und die in der Gemeinde ansässigen gewerblichen Unternehmen.

### Bürgermeister

Er ist der Herr des Verfahrens, neben dem Gemeindeparlament verantwortlich für Haushaltsaufstellung und alleinverantwortlich für die Ausführung des Haushalts. Als Leiter der Verwaltung verantwortet er die Haushaltskonsolidierung. Seine Lage ist mitunter wenig beneidenswert. Sein Amt bringt es mit sich, dass er sich zuweilen genötigt fühlt, es allen recht machen zu müssen. Aber genau das funktioniert bekanntlich nicht, wie einige simple Beispiele zeigen: So kann er nicht gleichzeitig für Gewerbeansiedlung in seiner Gemeinde werben und parallel die Gewerbesteuer anheben, um daraus einen Konsolidierungsbeitrag zu erzielen. Oder verdiente Mitarbeiter befördern und damit höher bezahlen, gleichzeitig aber der Forderung nach Personalkostenreduzierung nachkommen. Die Interessenkonflikte sind vielfältig. Nehmen Sie an, der amtierende Bürgermeister einer Gemeinde plant, sich zur anstehenden Wiederwahl zu stellen, benötigt aber für eine gerechte und nachhaltige Konsolidierungswirkung die Erhöhung der Grundsteuer, wodurch alle Bürger der Gemeinde – und damit seine Wähler – nachteilig betroffen sind.

Eine in allen Bereichen ungünstige Lage, die eine Entscheidung erfordert, bei der letztlich nach Abwägung irgendetwas auf der Strecke bleiben muss. Stattdessen würde der möglicherweise auf seine Wiederwahl bedachte Bürgermeister viel lieber Wohltaten an seine Bürger verteilen.

Es liegt auf der Hand, dass bei solchen und vielen weiteren Interessenkollisionen die Neigung eines Bürgermeisters zur nachhaltigen Haushaltskonsolidierung wenig populär ist. Als Bürgermeister bleibt in diesen Fällen oftmals nur die Möglichkeit, das Feuer dort zu löschen, wo die Feuersbrunst am stärksten wütet. Oder andersrum gesagt: Ich löse ein großes Problem und tausche es gegen ein kleines ein. Jennifer Tschorn von der Hochschule Harz schreibt dazu:

»Der Bürgermeister als individueller Akteur hat grundsätzlich ein Interesse an seiner Wiederwahl und damit der Stimmenmaximierung. Dies impliziert ein eher expansives Ausgabeverhalten, zumindest so lange, so lange zukünftige Gestaltungsspielräume nicht zerstört werden. Bürgermeister müssten daher ein Interesse an stabilen Finanzen haben, wenn die Gründe der Verschuldung nicht oder nur teilweise externen Faktoren zugeschrieben werden können.« (Quelle: https://www.hs-harz.de/usermounts/127_m2363/Tschorn-Haushaltskonsolidierung.pdf, abgerufen am 10.3.2019).

Dem ist zuzustimmen, aber ich möchte es fortgeführt zuspitzen: Wenn Bürgermeister vor der Frage stehen, ob sie in ihrem Ausgabeverhalten eher stabile Finanzen bei eingeschränkter Ausgabetätigkeit oder werbewirksame, aber kostspielige Gestaltungsmaßnahmen priorisieren, so entscheiden sich etliche für Letzteres. Die Kunst besteht darin, rechtzeitig wieder die Kurve zu kriegen, in die Spur geordneter Finanzpolitik zurückzukehren und etwaige Defizite möglichst nicht auf die eigene Kappe nehmen zu müssen. Demzufolge besteht ein Hauptziel des Bürgermeisters auch in der Reduzierung politischer Konflikte. Als Leiter der Verwaltung ist er unmittelbar Bindeglied zur Kommunalpolitik, deren wesentliches Organ der Rat als gewähltes Gemeindeparlament darstellt.

## Rat

Gewählte Ratsmitglieder sind ehrenamtlich tätige Politiker, mancherorts auch leicht ironisch »Feierabendpolitiker« genannt. Sie gelangen durch Wahlen auf Ortsebene in den Rat. Ihr Hauptanliegen ist die Gestaltung örtlicher Politik, der Schutz bestimmter Klientelgruppen, ihre Wiederwahl, und zuweilen auch die Befriedigung eigener Sucht nach Öffentlichkeit oder Profilierung, keinesfalls aber die Haushaltskonsolidierung. In dem Augenblick, wo Konsolidierung die (Ausgaben-)Gestaltungsräume zwangsläufig verengt, fühlt sich der Ratspolitiker in seiner Mandatsausübung beschränkt. Seine Handlungsspielräume schrumpfen und das eigentliche Ziel der Mandatsausübung verschwindet in den Hintergrund. Wenn schon konsolidiert werden soll, dann bitte in erster Linie bei der Verwaltung, zum Beispiel indem Personalkosten gekürzt und Einstellungen neuen Personals bzw. Wiederbesetzungen freier Stellen vermieden werden. Überhaupt ist die Senkung der Personalkosten das am häufigsten von Politikern als Konsolidierungsbeitrag genannte Argument. Dabei ist die Kürzung notwendiger Personalausgaben oder der Sachausstattung der Verwaltung ein Schnitt in das eigene Fleisch.

Schließlich erwartet der Kommunalpolitiker den Service der Verwaltung bei Sitzungen, umfassende und qualifizierte Vorlagen sowie erfolgreiche Aufgabenerledigung nach seinen politischen Vorgaben.

Es verwundert etwas? Keinesfalls! An misslichen Lagen ist immer irgendjemand schuld. Im Falle einer schwierigen Finanzlage hat das in der Gemeinde aus Sicht des Rates nahezu immer die Verwaltung zu verantworten. Schuld bei sich selbst sucht der Rat in der Regel nicht.

Interessant ist in diesem Zusammenhang, dass nach eigenen – nicht unbedingt bundesweit repräsentativen – Beobachtungen die geistige Elite einer Gemeinde oder Stadt bedauerlicherweise nicht im Rat repräsentiert wird. Die Zahl der Ärzte, Wissenschaftler, Ingenieure oder Juristen ist verschwindend gering oder nahe Null.

Allgemein sind freiberuflich Tätige wenig vertreten. Stattdessen befinden sich in den Kommunalparlamenten eher Berufsgruppen, die über freie Zeitgestaltung oder überhaupt mehr Zeit verfügen.

Das wiederum verwundert nicht. Dennoch bleibt der Eindruck, dass einige, von denen man sich vertreten fühlen möchte, die Zeit für Kommunalpolitik nicht aufbringen wollen. Ist das nur Desinteresse an kommunalen Themen oder ist es Ablehnung der dort vorgefundenen (unwissenschaftlichen) Debattenkultur?

### Ehrenamtlich Tätige

Jede Gemeinde lebt und profitiert besonders von ihrem ehrenamtlichen Engagement. Von der Feuerwehr mit ihrer besonderen Stellung als gemeindlicher Pflichtaufgabe über zahlreiche soziale, kulturelle und sportliche Aktivitäten und Vereine. Die Anzahl unentgeltlich ehrenamtlich Tätiger kann in einer Gemeinde nicht groß genug sein, entlastet sie doch die Kommunalverwaltung von Aufgaben, die diese sonst selbst wahrzunehmen hätten. Damit sind ehrenamtlich Tätige Teil einer sinnvollen Konsolidierung.

Im kulturellen und sportlichen Bereich liegen naturgemäß zahlreiche freiwillige Aufgabenbereiche, die von der Gemeinde nicht oder nur eingeschränkt wahrgenommen werden können und aus Konsolidierungsgründen nicht wahrgenommen werden sollten. Hier bringen sich ehrenamtlich Tätige ein. Soll hier konsolidiert werden, ist das nicht immer leicht durchzusetzen, weil Klientelpolitik oder die Interessen ehrenamtlich Tätiger an der Fortsetzung ihrer Mission zu überwinden sind. Aus Sicht einer notwendigen Konsolidierung halte ich es nicht für angezeigt, dass eine Gemeinde aus Steuermitteln die Ausübung jeglicher Hobbies finanziert. Daher sollte ehrenamtliche Tätigkeit auch nur dort mit Finanzmitteln unterstützt werden, wo es um Aufgaben im öffentlichen Interesse geht. Andernfalls ist die Grenzziehung zu rein kommerziell ausgeübtem Breitensport oder jeglicher Art von privater Vereinstätigkeit kompliziert.

## Bürger

Mit dem Bürger wie auch den Gewerbebetrieben in einer Kommune lassen sich noch einige Außenstehende nennen, die von Konsolidierungsauswirkungen betroffen sind. Beide haben ein Interesse an geringen Gemeindeabgaben. Besonders die Gewerbebetriebe schauen auf die Gewerbesteuer als Standortfaktor. Noch stärker von allem Handeln in der Kommune ist der Bürger betroffen, da ihn nicht nur Steuern, sondern auch die anderen hauptsächlichen Finanzierungsinstrumente der Gemeinde, nämlich Gebühren und Beiträge, treffen. Das Interesse an einer niedrigen Abgabenbelastung korrespondiert mit der gleichzeitigen Erwartung, dass die Gemeinde »alles« regelt, was das kommunale Leben betrifft. Bei dieser vorausgesetzten hohen Leistungsfähigkeit der Verwaltung wird auch nicht nach Zuständigkeiten oder Finanzierungsformen gefragt. Das Interesse des Bürgers liegt einzig in einer Kommunalverwaltung mit hohem Leistungsstandard, damit positive Rahmenbedingungen in allen öffentlichen Lebensbereichen geschaffen werden.

Den Bürger bei Haushaltskonsolidierungsmaßnahmen zu »schonen«, ist allein wegen dessen Wählerstimme vorrangiges Interesse des Bürgermeisters und der Kommunalpolitiker. Das bringt Bürger in eine komfortable Situation, jedoch nur scheinbar. Der Bürger steht am Ende der Nahrungskette. Er wird mit in Haftung genommen, wenn Defizite abzubauen sind. Spätestens dann, wenn das alleinige Sparen in und an der Verwaltung nicht ausreicht.

### Sonstige Beteiligte

Innerhalb des Akteursgefüges sind die Kämmerei und die Kommunalaufsicht als Gegenspieler zu den übrigen Akteuren zu benennen. Beide hegen ein hohes Interesse an der Haushaltskonsolidierung, wie die bereits zitierte Jennifer Tschorn weiter schreibt.

Während die Kommunalaufsicht die dauernde Leistungsfähigkeit der Kommune im Fokus ihrer Betrachtungen sieht und auf eine nicht zu hohe Verschuldung/Überschuldung achtet, bleiben ihr jedoch konkrete Einwirkungsmöglichkeiten auf die Konsolidierungsmaßnahmen verwehrt. Die Kämmerei bzw. der Fachdienst Finanzen hat traditionell die Schlüsselrolle bei der Haushaltskonsolidierung. Hier liegt die Federführung der Maßnahmen und hier liegt auch die besondere Verantwortung für die Gesamtfinanzen und daher ein unmittelbares Interesse daran, alle Fach- und Sonderinteressen anderer Aufgabenbereiche im Zaum zu halten. Das schürt oftmals Konflikte. An diesem Punkt kommt es entscheidend auf den Bürgermeister an. Die Kämmerei ist, genauso wie andere Fachbereiche, dem Bürgermeister unmittelbar unterstellt. Erfahrungsgemäß gelingt Konsolidierung dort, wo die Kämmerei bzw. der Kämmerer eine starke Stellung innehaben. Ist die Kämmerei dagegen lediglich hierarchisch den anderen Bereichen gleichgestellt, hat sie es schwer, notwendige Konsolidierungsmaßnahmen durchzusetzen. Der Bürgermeister muss sich somit entscheiden, ob er eine offene Diskussion der Fachbereiche zulässt und damit die Entscheidung für einzelne Projekte ergebnisoffen hält oder aber der Kämmerei eine Filterfunktion zubilligt, mit der sie von vornherein eine Finanzkontrolle auszuüben in der Lage ist.

Und noch etwas muss er im Fokus haben: Nämlich das möglichst störungsfreie Arbeitsklima seiner beiden Hauptwirkungsfelder in Verwaltung und Politik. Darüber möchte ich im nun folgenden Kapitel schreiben.

## 3.2 Politik, Verwaltung, Bürgermeister – miteinander oder gegeneinander

Im Kapitel 3.1 über die Akteure und ihre Interessen in der kommunalen Szene habe ich versucht aufzuzeigen, wer alles auf dem Spielfeld der Haushaltskonsolidierung mitwirkt. Während Aufsichtsbehörde, Prüfungsämter und weitere Außenstehende nur auf Haushaltskonsolidierungsmaßnahmen reagieren, liegt bei allen, die organisatorisch zum »Konzern Kommune« gehören, das Initiativrecht. Allen voran geht der Bürgermeister. Er hat die Verantwortung und die Pflicht, Maßnahmen zu treffen.

Alle Erfahrungen zeigen, dass Politik, Verwaltung und Bürgermeister diese Aufgabe nur gemeinsam bewerkstelligen können, indem sie an einem Strang ziehen oder zumindest sich auf den größten gemeinsamen Nenner verständigen – auch wenn der nicht wirklich groß ist. Wenn diese 3 Hauptakteure stattdessen eher gegeneinander als miteinander arbeiten, verlieren sie in der Sache.

Zunächst einmal ist es Aufgabe des Bürgermeisters als Verwaltungschef, das Feld so zu bestellen, dass es bepflanzt und später abgeerntet werden kann. Der Bürgermeister braucht für wesentliche Entscheidungen immer seinen Rat, das Gemeindeparlament. Da der Beschluss über den Haushaltsplan vom Rat zu treffen ist, geht auch das Haushaltskonsolidierungskonzept als Teil oder Anlage des Haushaltsplans nicht ohne Ratsbeschluss ans Netz. Demzufolge obliegt es der Überzeugungskraft des Bürgermeisters, für mitunter schmerzvolle Konsolidierungsmaßnahmen politische Mehrheiten zu finden. Ob es dabei von Vorteil ist, wenn der Bürgermeister über eine sogenannte Hausmacht in Form einer Mehrheitsfraktion verfügt, sei mal dahingestellt. Bürgermeister mit Parteizugehörigkeit sind oftmals stärkerer Beeinflussung durch die jeweilige Partei ausgesetzt als neutrale Bürgermeister. Ein parteipolitisch neutraler Bürgermeister vermag daher möglicherweise in der Sache eher zu überzeugen, da ihm einseitige Parteitaktik in der Regel nicht vorgehalten werden kann. Jedoch muss er sich regelmäßig seine Mehrheiten suchen – und nicht immer funktioniert das. Zumindest ist es schwerer kalkulierbar, da nicht automatisch eine Mehrheitsfraktion für ihn die Hand hebt.

Unabhängig von der Parteizugehörigkeit muss ein Bürgermeister zunächst selbst den festen Willen zu Konsolidierungsmaßnahmen aufbringen. Ich habe bereits bei den Akteurskonstellationen dargestellt, dass die Interessen der Beteiligten sehr unterschiedlich liegen können. Strebt der Bürgermeister eine nahe liegende Wiederwahl an, ist es ihm daran gelegen, möglichst wenig Konfliktstoff in die Debatten um das gemeindliche Leben zu befördern. Steht die Politik hinter dem Bürgermeister, folgt sie ihm auch bei schwierigen Entscheidungen. Nicht zu unterschätzen ist die Ausführungsebene in Form der Verwaltung. Engagiert sich jeder einzelne Mitarbeiter für die Sache und setzt sich nachhaltig für die Erledigung ein? Aber auch die Politik kann sich untereinander gegenseitig blockieren, was besonders bei nicht klaren Mehrheitsverhältnissen im Rat der Fall ist. Steht dann noch ein schwankender, möglicherweise entscheidungsschwacher Bürgermeister inmitten dieser Konstellation, wird nicht allzu viel bewegt werden können.

Es kommt also sehr entscheidend auf die handelnden Personen an. Auch wenn sie in ihrer Gesamtheit nicht die gleichen Ziele verfolgen, müssen sie um der Sache willen an einem Strang ziehen. Aufgabe des Bürgermeisters hiernach ist es, alle Beteiligten von der Notwendigkeit der Haushaltskonsolidierung zu überzeugen. Und das auch dann, wenn die Mehrheit der Politiker ihre Hauptaufgabe eher in gestaltender Funktion und dem Verteilen von Wohltaten an ihre Wähler sieht. Es ist schon immer ein Spagat gewesen, auf der einen Seite Geld für kommunale Daseinsvorsorge und Verbesserung der Infrastruktur bereitzustellen, und auf der anderen Seite notwendige Sparmaßnahmen einzuleiten. Auch wenn es irrsinnig erscheint: Diese zweiseitige Handlungsmaxime ist unabdingbar notwendig, um das Heft eines selbstbestimmten Handelns in der Hand zu behalten. Mit einer klaren Prioritätenbildung lassen sich nacheinander Ziele abarbeiten und andere – nicht so wichtige – zurückstellen.

Meinungsverschiedenheiten über Konsolidierungsmaßnahmen sind zwangsläufig. Haushaltskonsolidierung verletzt Interessen. Jedoch, bei allem Verständnis für gewisse Nachteile einzelner Interessengruppen: Die auf den ersten Blick erscheinenden Nachteile sind nicht immer so dramatisch, wie behauptet wird. Oftmals spielt der psychologische Faktor eine Rolle, wonach es unbequem ist, eine einmal vorhandene Vorteilhaftigkeit, auf die kein dauerhafter Anspruch besteht, wieder aufzugeben. Bei näherer Betrachtung lässt sich vieles auf eine andere Art kompensieren. Und sobald ein abhanden gekommener finanzieller Spielraum wieder gewonnen wird, lassen sich auch Gestaltungsmöglichkeiten ausweiten.

Was ist die Alternative?

Blockade? Totalverweigerung?

Das hilft letztlich niemandem weiter!

Die Folge wäre lähmende Handlungsunfähigkeit der Gemeinde und möglicherweise daraus resultierende Vernachlässigung ihrer Kernaufgaben. Das kann keiner wollen. Also gilt es bei Meinungsverschiedenheiten den größten gemeinsamen Nenner zu suchen.

Bei Problemen in der Entscheidungsfindung lässt sich überdies auf andere Art eine Lösung finden, wie am Beispiel der Stadt Solingen deutlich wird. Der Stadt drohte die Überschuldung. Der dortige Stadtkämmerer sah sich deshalb gezwungen, ein Haushaltskonsolidierungskonzept mit einem Volumen von 45 Millionen Euro aufzustellen. Ein Teil der erarbeiteten Sparmaßnahmen wurde den Bürgern der Stadt auf einer Onlineplattform zur Diskussion und Abstimmung vorgelegt. Das stellte quasi die Umkehrung eines Bürgerhaushalts dar: Die Bürger äußern keine Wünsche, sondern befinden über Sparmaßnahmen. Somit trugen sie direkt zur Konsolidierung des Haushalts bei. Eine große Mehrheit der vorgestellten Maßnahmen fand die Zustimmung der Bürger. 3.600 registrierte Nutzer sorgten für 4.700 Kommentare. Die Stadt konnte letztlich 63 ihrer 78 Vorschläge mit einem Volumen von knapp 8,6 Millionen Euro umsetzen, darunter auch angeblich ein paar ganz heiße Eisen (Quelle: Der neue Kämmerer, Jahrbuch 2011, S. 28,29).

Eine Erfolgsgeschichte, die zeigt, dass der Bürger nicht immer nur in Erwartungshaltung gegenüber der Gemeinde verharrt, sondern auch bei Konsolidierungsvorhaben zielführend eingebunden werden kann. So lässt sich öfter als vielleicht erwartet in das Miteinander der gemeindlichen Akteure Bürgermeister – Politik – Verwaltung auch der verständige Bürger eingliedern. Der gemeinsame Nutzen erfolgreicher Haushaltskonsolidierung kommt final dem Bürger wieder zugute.

Neben den Hauptakteuren des Bürgermeisters und den gewählten Mandatsträgern gibt es eine weitere, nicht zu unterschätzende Bevölkerungsgruppe, deren Anteil am kommunalen Leben mitunter immens ist – die ehrenamtlich Tätigen. Grund genug, diesen guten Geistern ein paar Zeilen zu widmen.

## 3.3 Ehrenamtliches Engagement hilft

Die Gemeinden sind in ihrem Gebiet die ausschließlichen Träger aller öffentlichen Aufgaben – so bestimmen es die Gemeindeverfassungen. Sie nehmen in hauptamtlicher Form alle Aufgaben der Daseinsvorsorge wahr. Aufgaben zu erfüllen erfordert dabei Finanzmittel in die Hand zu nehmen. Diese Finanzmittel beschaffen sich die Gemeinden überwiegend durch Steuereinnahmen. Zu den Grundsätzen der Einnahmebeschaffung gehört auch die »pflegliche Behandlung der Steuerkraft«, um die Bürger nur im äußerst notwendigen Umfang mit Abgaben zu belasten.

Diese Grundsätze animieren die Gemeinden, zur Schonung ihrer Finanzen und der ihrer Bürger über alternative Aufgabenerfüllungen nachzudenken. Nahe liegend ist dabei der Ersatz hauptamtlicher Aufgabenerfüllung durch nebenamtliche bzw. ehrenamtliche Kräfte.

Im Sprachgebrauch wird mitunter statt »ehrenamtlich« auch der Begriff »bürgerschaftlich« verwendet. Der Einsatz ehrenamtlicher Mitarbeiter kostet die Kommunen maximal eine meist geringe Aufwandsentschädigung, oftmals noch nicht einmal das.

Die häufigste Form des ehrenamtlichen Engagements ist die Mitwirkung in Vereinen, Bürgerinitiativen sowie die Mitarbeit in karitativen oder gemeinwohlorientierten Einrichtungen, z. B. Sportstätten, Krankenhäusern, Museen, Büchereien, Beratungsstellen sowie bei der Flüchtlingsbetreuung. Dieses Engagement kann die Kommunen bei ihrer Aufgabenerfüllung unterstützen oder teilweise eine kommunale hauptamtliche Aufgabenerfüllung ersetzen.

Neben der Entlastung des Haushalts stärkt die ehrenamtliche Wahrnehmung kommunaler Aufgaben die Identifikation des Bürgers mit der Kommune. Es ist also im unmittelbaren Interesse der Kommunen, die Motivation und Einsatzbereitschaft der Ehrenamtlichen zu bewahren, neue Zielgruppen anzusprechen und die internen Strukturen so zu gestalten, dass sie den aktuellen Aufgabenstellungen gerecht werden. Sie erfüllen damit einen Teil ihrer öffentlichen Aufgaben und konsolidieren gleichzeitig.

Bei der Vereinstätigkeit werden Aufgaben eigenverantwortlich übernommen. In vielen Initiativen findet daneben in irgendeiner Form Unterstützung für hilfebedürftige Menschen, im Umweltschutz oder bei sozialen Aktivitäten statt. Rundherum sorgen diese Tätigkeiten für eine Ergänzung der kommunalen Infrastruktur und machen das Leben im Ort lebenswert.

Was bringt Menschen dazu, auf eine volkswirtschaftlich angemessene Entlohnung ihrer Arbeitsleistung zu verzichten, während sie diese Aufgaben wahrnehmen?

Die Motivation kann unterschiedlich sein. Mal ist es der Wunsch, soziale Verantwortung zu übernehmen oder es wird Selbsterfahrung in ungewohnter Rolle gesucht. Es kann auch der Gedanke sein, Kontakte zu knüpfen und soziale Bindungen zu fördern.

Das kommunale Aufgabenspektrum kennt eine ganze Reihe geeigneter Aktionsfelder für ehrenamtliche Tätigkeit: Soziale Sicherung, Jugendhilfe, Jugendarbeit oder Sport und Kultur.

Auch einzelne kleinere Bereiche des Ordnungswesens, die nicht klassisch hoheitliche Tätigkeit sind, wären möglich.

Der Entlastungseffekt für den kommunalen Haushalt kann ein beträchtliches Sümmchen ausmachen. Selbst wenn einige Aktionsfelder Opfer von Haushaltskonsolidierungsmaßnahmen geworden sind, sorgen immer wieder Initiativen gemeinwohlorientierter Bürger für einen Neubeginn mancher Aufgabenbereiche bei gleichzeitiger Schonung der Gemeindefinanzen. Besonders im freiwilligen Aufgabenbereich engagieren sich mehrheitlich ehrenamtlich Tätige.

Die ehrenamtliche Tätigkeit wird im Regelfall nur gering als Aufwandsentschädigung oder gar nicht entlohnt. Der Einsparungseffekt für die Kommune erstreckt sich daher zunächst auf die Personalausgaben. Erfahrungsgemäß entsteht überall dort, wo ehrenamtliche Tätigkeit ausgeübt wird, auch eine Sachausgabenersparnis.

Rechnerisch dargestellt erstreckt sich die Ersparnis auf hauptamtliche Personal- und Sachaufwendungen abzüglich kommunaler Zuwendungen an den ehrenamtlichen Aufgabenträger.

Beispiel: Ein kommunales Freibad wird mittels eines Betreibervertrages einem Förderverein, bestehend aus ehrenamtlich tätigen Vereinsmitgliedern, übertragen. Die Kommune spart Personal- und Sachaufwand vollständig ein und leistet lediglich einen Zuschuss zu den Betriebskosten an den Verein. Der Verein setzt eigenes Personal und eigene Sachmittel ein. Ein funktionierendes Modell.

Ehrenamtliches Engagement zu entdecken, zu fördern und den Nutzen über den Haushalt zu generieren, ist eine Konsolidierungsstrategie.

# 4 Finanzielle Weichenstellungen

Bevor wir untersuchen, wo das Konsolidierungspotenzial zu finden ist, möchte ich auf notwendige finanzielle Weichenstellungen eingehen, ohne die es sich nicht nachhaltig konsolidieren lässt.

## 4.1 Freiwillige Leistungen

Die Erfüllung der Aufgaben des eigenen Wirkungskreises ist zu wesentlichen Teilen geprägt von der Freiwilligkeit. Nur die Gemeinde selber entscheidet, ob sie überhaupt tätig werden möchte und wo. Deshalb kann das Spektrum freiwilliger Leistungen vergleichbarer Gemeinden durchaus sehr unterschiedlich sein. Hinzu kommt, dass der Gesetzgeber den Begriff der freiwilligen Leistungen nicht definiert hat. In der kommunalen Praxis gibt es dadurch immer mal wieder unterschiedliche Auffassungen, was unter »freiwillig« zu verstehen ist. Wenn überdies teils pflichtige und teils freiwillige Aufgabenbereiche zusammengelegt worden sind, verwischt sich die klare Trennung. Neben den Pflichtaufgaben, auf die eine Gemeinde keinen Einfluss hat, bei denen sie also weder entscheiden kann, ob sie die Aufgabe wahrnimmt, noch wie sie das tut, gibt es Pflichtaufgaben mit Einflussmöglichkeit. Hier entscheidet die Gemeinde zwar nicht, ob sie die Aufgabe wahrnimmt, wohl aber wie sie das tut. Soweit sie eigenes Personal und eigene Sachmittel einbringt, liegt darin schon eine Einflussmöglichkeit. Beispielsweise kann der Brandschutz als Pflichtaufgabe mit unterschiedlicher Organisation und Ausstattung der Feuerwehren sichergestellt werden, was immer wieder zu politischen Diskussionen führt. Insgesamt nehmen Kommunen einen nicht unerheblichen Teil vollständig freiwilliger Leistungen wahr und entscheiden dabei komplett über Art und Umfang.

Aus Sicht der Haushaltskonsolidierung sind freiwillige Leistungen ein wichtiges Thema, enthalten sie doch in der Regel das größte Konsolidierungspotenzial.

Um das zu erkennen und zu nutzen, ist es unabdingbar, zunächst alle freiwilligen Leistungen zu erfassen, um sich einen Gesamtüberblick zu verschaffen. Daneben dient diese Arbeit auch der Bewertung der freiwilligen Leistungen und als Entscheidungsgrundlage für ihre Fortführung. Das Erfassen der freiwilligen Leistungen ist auch für Kommunen ohne Verpflichtung zur Haushaltskonsolidierung empfehlenswert, da dies eine wichtige Kennzahl darstellt, die mit anderen Kommunen verglichen werden kann. Beim Erfassen sollten auch verwaltungsinterne Leistungen anderer Bereiche in der Betrachtung berücksichtigt werden. Erst durch die Berücksichtigung auch der internen Leistungsverrechnungen entsteht ein realistisches Bild der freiwilligen Leistungen.

Problematisch wird es, wenn Kommunen freiwillige Leistungen »verdeckt« wahrnehmen. Sie dürfen sich zur Erledigung ihrer Angelegenheiten wirtschaftlich betätigen (siehe zum Beispiel §§ 136 ff. Niedersächsisches Kommunalverfassungsgesetz). Neben Versorgungs- und Verkehrsbetrieben wandelten eine Reihe von Kommunen z. B. auch Bereiche der Wirtschafts- und Tourismusförderung oder Theater und Museen in kommunale Eigenbetriebe oder öffentliche Unternehmen um. Die ausgelagerten Bereiche bleiben mit dem Kernhaushalt verbunden – über erforderliche Zuweisungen und Zuschüsse aus der Kernverwaltung oder durch Gewinnabführungsbestimmungen. Hier gilt es hinzuschauen, wenn der Umfang der freiwilligen Leistungen vollständig ermittelt werden soll.

Werden die freiwilligen Leistungen erfasst, lässt sich dadurch zum einen feststellen, ob bzw. inwieweit sie überhaupt erforderlich sind, und zum anderen erkennt man im Konsolidierungsfall, welche Leistungen sich einschränken lassen. Dass dies mitunter schmerzhafte Eingriffe in jahrzehntelang liebgewonnene Aufgabenbereiche zur Folge hat, steht außer Frage. Jedoch wird nirgendwo verlangt, freiwillige Leistungen komplett auf »0« zu reduzieren und eine »Wüste ohne jegliche Lebensqualität« zurückzulassen. Wo liegen die Grenzen?

In Teilen der Literatur wird angenommen, dass die Kommunen mindestens fünf bis zehn Prozent der ihnen insgesamt zur Verfügung stehenden Finanzmittel für freiwillige Selbstverwaltungsaufgaben aufwenden dürfen. Die Rechtsprechung sieht die finanzielle Mindestausstattung einer Gemeinde auch bei weniger als fünf Prozent noch als gegeben an (vgl. zum Beispiel Lange, Die finanzielle Mindestausstattung und die angemessene Finanzausstattung der Kommunen, DVBl 8/2015, Seite 458; Diemert, Dörte Dr., Der kommunale Finanzbedarf in Rechtsprechung und Praxis, DVBl 16/2015, Seite 1005 sowie OVG Lüneburg, Urteil vom 03. September 2002 -10 LB 3714/01).

Es gibt Kommunalaufsichtsbehörden, die die Auffassung vertreten, ein Anteil von drei Prozent freiwilliger Leistungen sollte bei konsolidierungsbedürftigen Kommunen nicht überschritten werden.

Nach einer Erhebung unter den Kommunen in Niedersachsen, veröffentlicht 2017, ergab sich auf Basis des Zuschussbedarfs ein Anteil für »freiwillige Aufgaben« zwischen durchschnittlich rund 4 Prozent bei den Landkreisen und rund 21 Prozent bei den kreisangehörigen Gemeinden.

Überall dort, wo ein Teilbereich nicht vollständig oder eindeutig als freiwillig eingeordnet werden kann oder er zusätzliche Einnahmen an anderer Stelle erbringt (z. B. Tourismus oder Gewerbe), bleiben freiwillige Leistungen auch unter schwierigen finanziellen Umständen notwendig. Die Überprüfung der freiwilligen Leistungen sollte aber deutlich machen, wer Verursacher und wer Profiteur einer bestimmten Leistung der Gemeinde ist.

Um freiwillige Leistungen zu überprüfen, empfiehlt sich die folgende Frage: Welche schwerwiegenden Nachteile entstehen, wenn die Aufgabe nicht mehr wahrgenommen wird? Das relativiert Manches und bringt die Befürworter einzelner Leistungen in eine Begründungspflicht. Es gibt nicht selten private Initiativen, die freiwillige Leistungen der Gemeinde übernehmen würden. Patenschaften und privat betriebene Einrichtungen wie Kulturkreise oder Freibäder sind bereits häufig vorzufinden.

Unter dem Aspekt einer Gleichbehandlung bei knappen Ressourcen ist auch zu bedenken, dass die Gemeinde nicht jede Freizeitaktivität aus Haushaltsmitteln finanzieren kann und sollte.

Kommunen, die sich in der Haushaltskonsolidierung befinden, sind gehalten, ihre freiwilligen Aufgaben möglichst spürbar zu reduzieren. Ein Weg dahin wären strategische Ziele. Bedenkt man, dass diese Kommunen nicht alle Handlungsfelder gleichermaßen bedienen können, müssen sie demzufolge Prioritäten setzen. Sie sind gezwungen, bei der Erfüllung ihrer Aufgaben Handlungsschwerpunkte zu bilden. In strategisch weniger relevanten Bereichen bietet es sich an, freiwillige Leistungen abzubauen bzw. Standards bei Pflichtaufgaben zu senken.

Ihre freiwilligen Leistungen kann eine Kommune generell zur Disposition stellen oder über den Standard der Aufgabenwahrnehmung beeinflussen. Die Möglichkeiten, Standards freiwilliger Leistungen zu beeinflussen, sind vielfältig.

Zum Beispiel lassen sich Einrichtungen zusammenlegen oder Öffnungszeiten bestehender Einrichtungen dem Bedarf anpassen.

Vergleiche mit anderen Kommunen auf Kennzahlenbasis können helfen, die eigene Leistungserstellung in Bezug auf Menge und Qualität, Prozesse und Ressourceneinsatz sowie Wirkung zu verbessern. Vergleiche über eine Zeitspanne von mehreren Jahren ermöglichen der Kommune, ihre Position zu bestimmen und vom Besten zu lernen. Aus interkommunalen Leistungsvergleichen können sich Hinweise auf Optimierungspotenzial ergeben und es lassen sich konkrete Verbesserungsmaßnahmen ableiten.

## 4.2 Steuern oder Gebühren – wer soll zahlen?

Die Frage nach der Belastungshöhe durch Steuern oder Gebühren steht nicht direkt in Zusammenhang mit Haushaltskonsolidierung. Sie stellt sich generell in kommunalen

Haushalten. Wird Haushaltskonsolidierung zur Notwendigkeit, rückt sie aber zwangsläufig stärker in den Fokus. Möglicherweise wird diese Frage dann schnell konkret, weil bei genauerer Betrachtung die Kostendeckungsgrade in den Gebührenhaushalten noch Luft nach oben besitzen.

Haushaltskonsolidierung sollte zu allererst von der Ausgabeseite her betrieben werden. Dazu gehört u. a., den Aufgabenbestand kritisch zu durchforsten, Aufgabenkritik zu betreiben, Ausgaben besonders unter dem Gesichtspunkt von Sparsamkeit und Wirtschaftlichkeit zu überprüfen, um den Haushaltsausgleich möglichst ohne Einnahmeerhöhung wieder zu erreichen.

Erst danach folgt die Überprüfung, inwieweit ergänzend die Einnahmesituation verbessert werden kann. Neben den bereits erwähnten Grundsätzen von Sparsamkeit und Wirtschaftlichkeit spielt dabei auch eine Rolle, dass die Belastung des Bürgers durch Steuern und andere Abgaben erst und nur insoweit erfolgen soll, wie es für die Aufgabenerfüllung unerlässlich ist. Der hiermit verbundene Begriff der Belastungsgerechtigkeit ist von der Kommune bei ihrer kommunalpolitischen Ermessensentscheidung über die Höhe festgesetzter Gebühren und Steuern zu beachten.

Anhaltspunkte über die Höhe kommunaler Abgaben lassen sich in diversen Statistiken der Landesämter finden. Sie enthalten u. a. Durchschnittshebesätze der Realsteuern (Grund- und Gewerbesteuer) sowie durchschnittliche Kostendeckungsgrade ausgewählter kommunaler Einrichtungen. Sofern eine defizitäre Kommune mit ihren Durchschnittswerten unterhalb des Landesdurchschnitts vergleichbarer Kommunen liegt, ergibt sich allein daraus ein Argument, Steuern und/oder Gebühren zu erhöhen. Ich verkenne dabei nicht, dass es im Einzelfall besondere Gründe geben mag, nicht sofort eine Anhebung vorzunehmen. Gleichwohl wird sich eine dauernde Defizitsituation bei gleichzeitigem Verzicht auf Einnahmen nicht durchhalten lassen.

Sofern eine Einnahmeerhöhung angezeigt erscheint, gelten die Grundsätze der Einnahmebeschaffung, wie sie in allen Gemeindeordnungen der Bundesländer vorgegeben sind. Demgemäß sind vorrangig sogenannte »sonstige Einnahmen« zu erzielen. Hierunter versteht man Einnahmen aus der Teilnahme am wirtschaftlichen Verkehr, Mieten, Pachten, Zinsen aus Geldanlagen, Konzessionsabgaben und Ähnliches. Unter dem Strich ist dies in der Regel die unergiebigste Einnahmequelle. Danach folgen bereits Gebühren und Beiträge, die »soweit vertretbar und geboten« erhoben werden können. Wiederum danach darf die Gemeinde Steuern erheben. Zur Steuererhebung unter Konsolidierungsgesichtspunkten betrachten Sie bitte auch Kapitel 1.3 »Das Dilemma mit den kommunalen Steuern«.

Erhebt eine Kommune Gebühren, so fordert sie eine Gegenleistung für eine von ihr erbrachte Leistung. Die Verwaltungsgebühren für erbrachte Amtshandlungen können als eher geringfügig betrachtet und daher vernachlässigt werden. Es verbleiben die Gebühren für die Benutzung öffentlicher Einrichtungen. Besonders hier wird es aufkommenserheblich und es lässt sich trefflich über die Höhe der Gebühr streiten. Zu differenzieren ist zwischen Einrichtungen, die den Bürger einem Anschluss- und Benutzungszwang unterwerfen, und den übrigen frei nutzbaren öffentlichen Einrichtungen. Letztere sind zumeist soziale oder kulturelle Einrichtungen. Einrichtungen mit Anschluss- und Benutzungszwang dienen der Daseinsvorsorge. Die Kommune tritt dem Bürger in der Regel als Monopolist gegenüber. Beispiele: Müllabfuhr, Abwasserbeseitigung, Friedhöfe. Der Bürger muss die Leistung abnehmen und es gilt das Kostendeckungsgebot. Demzufolge sollten diese Einrichtungen mit durchschnittlich 100 % kostengedeckt sein. Dagegen erreichen die sozialen und kulturellen öffentlichen Einrichtungen wie etwa Kindergärten, Schwimmbäder, Museen, Büchereien, Musikschulen einen deutlich geringeren Kostendeckungsgrad. Muss das so sein?

Fest steht, dass nach diversen statistischen Erhebungen der Kostendeckungsgrad dieser Einrichtungen durchaus »Luft nach oben« hat, auch wenn es aus sozialen Gründen und/oder nach den Gesetzen von Angebot und Nachfrage nicht möglich ist, in diesen Bereichen eine Vollkostendeckung zu erzielen. Konsolidierungsrelevant ist dieser Aspekt allemal.

Zwei Gesichtspunkte sind mir unter dem Leitgedanken der Haushaltskonsolidierung wichtig:

(1) Jeden Prozentpunkt des Kostendeckungsgrades bzw. jeden Euro, den der Nutzer öffentlicher Einrichtungen aus welchen Gründen auch immer nicht zahlt, muss der Steuerzahler aufbringen. Der wiederum nutzt die Einrichtung möglicherweise nicht oder hat sogar überhaupt kein Interesse am Vorhandensein dieser öffentlichen Einrichtung. Gleichzeitig ermäßigt sein Beitrag über die Steuerzahlung dem Nutzer die Gebühr. Ist das gerecht?

Das Interesse der Nutzer besteht in einer möglichst geringen Gebührenbelastung. Das Interesse der Nichtnutzer dagegen besteht in einer geringen Steuerbelastung. Werden aber die Gebührenzahler geschont, tragen die Steuerzahler die Last. Hier stoßen Interessen aufeinander, wenn der Steuerzahler an Nutzung und Finanzierung bestimmter öffentlicher Einrichtungen nicht interessiert ist. Insofern ist genau abzuwägen, welchen Belastungsanteil Nutzer (Gebührenzahler) und Nichtnutzer (Steuerzahler) jeweils tragen sollen. Schließlich ist zu rechtfertigen, welchen Anteil der Kosten der Steuerzahler übernehmen muss, damit der Nutzer »preiswerter« an seine Leistung kommt.

(2) Die Gemeinde sollte genau überlegen, ob es ihre Aufgabe ist, im Rahmen einer öffentlich nutzbaren Einrichtung Freizeitaktivitäten einzelner Interessengruppen zu

finanzieren. Unter Gleichbehandlungsgesichtspunkten könnte es fragwürdig werden, bestimmte Sportarten oder Vereinstätigkeiten zu fördern und andere nicht.

Spätestens wenn Haushaltskonsolidierung zur Pflicht wird, sollte das Verhältnis zwischen Steuern und Gebühren und deren Höhe an sich untersucht werden.

## 4.3 Aufgabenkritik

Ich habe bereits oben auf eine fehlende Aufgabenkritik als mögliche Fehlerquelle bei der Haushaltskonsolidierung hingewiesen. Dass sie durchaus das eine oder andere Mal fehlt ist umso erstaunlicher, als aufgabenkritische Betrachtungen bereits lange vor der Existenz von Haushaltskonsolidierungskonzepten angestellt wurden und als Rettungsanker bei drohenden Haushaltsfehlbeträgen galten und auch immer noch gelten.

Es ist ein immer wieder auftretendes Phänomen, wenn in öffentlichen Verwaltungen die Zahl der Aufgaben ins Astronomische steigt. Verwundern muss das nicht. Immerhin haben die Kommunen nun einmal die Zuständigkeitsvermutung für alle öffentlichen Aufgaben in ihrem Hoheitsgebiet. Wo sie dabei nicht selbst fündig werden, übertragen ihnen übergeordnete Gebietskörperschaften zusätzliche Aufgabenfelder und vergessen dabei oft genug, die notwendige Finanzausstattung mitzuliefern. Und eine Kommune arbeitet zwar nicht immer logisch, so doch aber systematisch und vor allem mit einem Hang zu ordentlicher Strukturierung und Registrierung allen Handelns. Es ist fast schon sachlogisch, dass immer mal wieder der Bestand beschnitten werden muss, und man dabei auf Aufgaben stößt, die längst gar keine mehr sind oder sein sollten.

In Zeiten stark ausgeprägter demografischer Veränderungen ist es für die Entwicklung eines Haushaltskonsolidierungskonzepts wichtig zu wissen, welche Aufgaben für die Kommune von Bedeutung sind. Zu den bestehenden Aufgaben kommen Verwaltungsreformerfahrungen, die immer mal wieder neue Modelle, Begriffe und Verfahrensabläufe mit sich bringen. Begriffe wie »Leitbild« und »wesentliche Produkte« verfolgen dabei bereits durchaus sinnhaft eine Konzentration auf bestimmte Inhalte, um damit allerdings auch andere Inhalte als »unwesentlich« oder »fehlgeleitet« einzustufen – auch wenn das so nicht deutlich ausgesprochen wird. Alle diese Überlegungen sind aufgabenkritischer Natur.

In der verwaltungswissenschaftlichen Betrachtung teilt sich die Aufgabenkritik in drei Bereiche und kann aus verschiedenen Frageoptionen abgeleitet werden, nämlich die:

- Zweckkritik
- Vollzugskritik
- Funktionalkritik

## Zweckkritik

Die Zweckkritik stellt die Frage nach dem Sinn der Aufgabenwahrnehmung und zielt auf einen Wegfall oder eine Einschränkung einzelner Aufgaben ab.
- Ist die Aufgabe überhaupt noch nötig?
- Welche Aufgaben könnten fortfallen?
- Welche Aufgaben könnten eingeschränkt werden?

Aufgaben, zu deren Wahrnehmung eine rechtliche (gesetzliche oder vertragliche) Verpflichtung besteht, sind der Zweckkritik entzogen. Sie können aber im Rahmen der Vollzugskritik sowie in der Funktionalkritik hinterfragt werden, woraus sich dann Ansatzpunkte zur Veränderung ergeben können.

## Vollzugskritik

Die Vollzugskritik stellt die Aufgabe als solche nicht infrage, sie hinterfragt dagegen die Form der Aufgabenwahrnehmung. Naturgemäß bietet sich hier eine Vielzahl möglicher Veränderungsansätze:
- Ergeben sich Möglichkeiten der Leistungsverdichtung?
- Welche Leistungsstandards könnten wodurch reduziert oder verändert werden?
- Sind die Leitungsspannen angemessen? Wodurch könnten sie vergrößert werden?
- Welche Optimierungsmöglichkeiten bestehen bei Arbeitsteilung?
- Wodurch könnten sich die Transport-, Liege- und Wartezeiten reduzieren lassen?
- Welche weiteren Möglichkeiten zur Reduzierung der Durchlaufzeiten bestehen?
- Welche Möglichkeiten bestehen, durch Delegation von Aufgaben, Kompetenzen und Verantwortung zu einer Verringerung des Leitungsaufwandes zu kommen (Deregulierung)?
- Welche Möglichkeiten bestehen, ehrenamtliches Engagement im Aufgabenbereich eines Amtes zu initiieren, zu erproben oder auszuweiten?

## Funktionalkritik

Die Funktionalkritik hinterfragt die Organisationsform. Die kommunalen Gestaltungsvarianten bieten reichlich Möglichkeiten: vom klassischen Verwaltungsamt oder Fachbereich hin zu einer rechtlich unselbstständigen, organisatorisch und finanziell aber eigenständigen andersgearteten Wahrnehmung. Eigenbetrieb, GmbH, Zweckverband, Kooperationen, interkommunale Zusammenarbeit sind nur einige der Variationsformen.

### Mitarbeiterbefragung

Aufgabenkritische Prozesse können einseitig durch Entscheidung der Verwaltungsleitung initiiert werden. Sie können aber auch unter Beteiligung der Mitarbeiter angestoßen werden. Letzteres hat den Vorteil, die Mitarbeiter dort »mitzunehmen«, wo es förderlich ist. Letztlich liegt die Ausführung aufgabenkritischer und verändernder Prozesse bei allen Mitarbeitern. Es wird erwartet, dass sie Veränderungen mittragen und aktiv unterstützen. Damit das gelingt, sind sie möglichst von den Veränderungen zu überzeugen.

Die Form einer Mitarbeiterbeteiligung könnte über eine Mitarbeiterbefragung und vorbereitete Fragebögen geschehen. Um in jedem Fall ehrliche Antworten zu bekommen, könnten die Fragebogen ohne Namensnennung abgegeben werden.

Die Befragung sollte das Tätigkeitsfeld eines jeden Mitarbeiters beleuchten und Auskunft über Arbeitsanfall, Arbeitszufriedenheit, Belastungssituation, Fortbildungs- und Entwicklungsmöglichkeiten und das Verhältnis zu Vorgesetzten geben.

Das Ergebnis der Mitarbeiterbefragung ist auszuwerten, zu analysieren und in die aufgabenkritischen Betrachtungen einzubeziehen. Selbstverständlich muss jedem Mitarbeiter klar sein, dass die Mitarbeiterbefragung kein »Wunschkonzert« darstellt und auch keine Gewähr dafür bietet, dass die geäußerten Ansichten alle umgesetzt werden. Auf der anderen Seite zeigt eine Mitarbeiterbefragung dem Mitarbeiter, dass er ernst genommen und sein Anliegen gewissenhaft geprüft wird.

Ziel der Aufgabenkritik ist die Einführung organisatorischer Verbesserungsmaßnahmen, optimierter Verwaltungsabläufe, Reduzierung unnötiger Aufgabenwahrnehmung, Einsparung bei den Personal- und Sachkosten und damit ein substanziell erfolgreicher Beitrag zur Haushaltskonsolidierung. Eine Mitarbeiterbefragung kann dafür den Weg ebnen.

## 4.4 Wo Wirtschaftlichkeitsrechnungen helfen

Die Wirtschaftswissenschaften stehen vielfach im Blickpunkt des öffentlichen Interesses und das in besonderer Weise in der Kommunalverwaltung. Einerseits sind es die großen Herausforderungen unserer Zeit, wie zum Beispiel Globalisierung, Staatsverschuldung, Finanzkrisen, die eine Befassung mit diesen Themen erfordern. Andererseits wurden die öffentlichen Verwaltungen auf kommunaler Ebene nicht zuletzt durch die Einführung des doppischen Rechnungswesens in stärkerem Maße mit wirtschaftswissenschaftlichen Modulen konfrontiert. Schließlich erfordern die Haushaltskonsolidierungskonzepte kreative Ideen. Warum also nicht mal über den Tellerrand schauen, ob die Wirtschaftswissenschaften Anregungen zur Verbesserung der Haushaltslage geben können.

Wirtschaftlichkeitsrechnungen helfen, unwirtschaftliche Entscheidungen zu vermeiden. Unwirtschaftliche Entscheidungen verursachen vermeidbare Kosten, die wiederum den Haushalt belasten. Sind die daraus entstehenden Belastungen immens, können sie den Haushalt in eine Schieflage bringen und die Pflicht zur Haushaltskonsolidierung auslösen. So können nicht, zu wenig oder falsch angewandte Wirtschaftlichkeitsrechnungen durchaus in eine Haushaltskonsolidierung führen.

Eine wesentliche Aufgabe des Staates ist die Bereitstellung von öffentlicher Infrastruktur, also von dauerhaften Wirtschaftsgütern wie Straßennetze, öffentliche Gebäude, Hafenanlagen etc., die als zukunftswirksam oder wachstumswirksam angesehen werden.

Die Kommunen sind mit ihrem Investitionsprogramm zum Erhalt und Ausbau der kommunalen Infrastruktur oftmals mit die größten Investoren in einer Gemeinde oder Stadt.

In den kommunalen Haushaltsverordnungen ist daher nicht ohne Grund eine Regelung über den Einsatz von Wirtschaftlichkeitsrechnungen eingefügt worden. In der Kommunalhaushaltsverordnung Sachsen-Anhalts lautet sie beispielsweise wie folgt:

**§ 11 KomHVO**

> Bevor Investitionen und Instandsetzungen oberhalb einer von der Vertretung festgesetzten Wertgrenze beschlossen und im Haushaltsplan ausgewiesen werden, soll unter mehreren in Betracht kommenden Möglichkeiten durch einen Wirtschaftlichkeitsvergleich, mindestens durch einen Vergleich der Anschaffungs- oder Herstellungskosten und der sorgfältig geschätzten Folgekosten, die für die Kommune wirtschaftlichste Lösung ermittelt werden.
>
> Bei Baumaßnahmen müssen insbesondere Pläne, Kostenberechnungen und Erläuterungen vorliegen, aus denen die Art der Ausführung, der finanzielle Umfang der Maßnahme mit den voraussichtlichen Jahresraten unter Angabe der Zuschüsse Dritter und ein Bauzeitplan im Einzelnen ersichtlich sind.

## Statische und dynamische Investitionsrechenverfahren

Einen Vergleich der Anschaffungs- oder Herstellungskosten und der sorgfältig geschätzten Folgekosten, mit dem Ziel, die für die Kommune wirtschaftlichste Lösung zu ermitteln, kann man mithin nur durch eine geeignete Wirtschaftlichkeitsrechnung ziehen, wobei die nachfolgend aufgeführten Rechenverfahren angewandt werden:

- Kostenvergleichsrechnung
- Gewinnvergleichsrechnung
- Rentabilitätsrechnung
- Amortisationsrechnung
- Kapitalwertmethode
- Interne Zinsfußmethode
- Annuitätenmethode

Die wirtschaftswissenschaftliche Theorie unterscheidet zwischen den statischen und dynamischen Investitionsrechenverfahren. Die Kostenvergleichsrechnung, Gewinnvergleichsrechnung, Rentabilitätsrechnung und die Amortisationsrechnung zählen zu den statischen Rechenverfahren.

Die statischen Verfahren basieren auf einer vereinfachten Darstellung der zeitlichen Entwicklung, indem sie mit Jahresdurchschnittswerten arbeiten. Die Betrachtung ist vergangenheitsbezogen. Historische Werte werden als repräsentativ für die gesamte Nutzungsdauer angesehen. In dieser Vereinfachung liegt der zentrale Nachteil dieser Rechenformen.

Dagegen gehen die finanzmathematischen Verfahren von einer individuelleren Betrachtung der zeitlichen Entwicklung aus und prognostizieren Zahlungsereignisse für die Zukunft. Mittels Auf- oder Abzinsung werden Auszahlungen und Einzahlungen anschließend auf einen gemeinsamen Bezugspunkt diskontiert, um sie vergleichbar zu machen. Die Vorteilhaftigkeit einer Investitionsentscheidung lässt sich dadurch ableiten. Angewendet werden die Kapitalwertmethode, die interne Zinsfußmethode und die Annuitätenmethode.

### Praktische Relevanz in der Kommunalverwaltung

Die statischen Verfahren lassen sich durch ihren geringen Informationsbedarf – sie arbeiten mit überwiegend bekannten Kostenarten – leicht handhaben, erlauben jedoch wegen der wenig aktualisierten Zahlenwerte nur eine Betrachtungsweise über kurze Zeiträume hinweg. Jahresdurchschnittswerte, die in die Zukunft prognostiziert werden, sind ungenau. Eine Kostenvergleichsrechnung bietet sich regelmäßig beim Vergleich von zwei oder mehr Investitionsgütern an, reicht aber nicht aus, wenn höhere Kosten durch höhere Erträge ausgeglichen werden können. Jedoch ist dies bei Investitionsentscheidungen in der öffentlichen Verwaltung eher selten der Fall. Die dafür besser geeignete Gewinnvergleichsrechnung ist wenig anwendbar, weil Gewinne regelmäßig nicht erzielt werden dürfen. Für die praktische kommunale Aufgabenerledigung noch weniger relevant erscheinen die Rentabilitätsrechnung und die Amortisationsrechnung. Welche Bedeutung haben die Eigenkapitalrentabilität und die Amortisationsdauer bei kommunalen Investitionsentscheidungen?

Sofern diese Gesichtspunkte überhaupt eine Rolle spielen, sind sie nachrangiger Natur.

Die dynamischen Investitionsrechenverfahren sind genauer, da sie die Investition unter Berücksichtigung der einzelnen Perioden betrachten und dabei auch Kapitalrückflüsse einbeziehen. Dafür sind die Rechenmodelle komplexer und verlangen eine Planungssicherheit. Und vor allem verlangen sie Prognosen über künftige Auszahlungen, Zinssätze und Zahlungsrückflüsse.

Unter dem Gesichtspunkt der Geeignetheit in der Kommunalverwaltung sind die Kostenvergleichsrechnung und die Kapitalwertmethode dann empfehlenswert, wenn die mit ihnen verbundenen Nachteile nur gering ausfallen oder weitgehend ausgeräumt werden können.

Der sinnvolle Einsatz von Investitionsrechenverfahren in der öffentlichen Verwaltung verlangt nach anderen Wegen:

- Nutzwertanalyse
- Kosten-Nutzen-Untersuchung

Kosten-Nutzen-Untersuchungen sind speziell für die Belange der öffentlichen Verwaltung entwickelte Methoden der Wirtschaftlichkeitsrechnungen und somit uneingeschränkt empfehlenswert. Während die oben kurz beschriebenen klassischen Methoden der Wirtschaftlichkeitsrechnungen lediglich die monetären Faktoren bewerten, beziehen die Kosten-Nutzen-Untersuchungen auch Belange mit ein, die sich für die Allgemeinheit ergeben, die Daseinsvorsorge betreffen und nicht primär finanzieller Bewertung bedürfen. Gleichwohl wird dabei der Versuch unternommen, alle direkten und indirekten Vor- und Nachteile zu erfassen, so weit wie möglich zu quantifizieren und anschließend zu bewerten. Als Beispiel seien Umwelteinflüsse, Naturschutz, soziale Faktoren, Verkehrsbehinderungen oder gesamtgesellschaftlicher Nutzen genannt. Gleichzeitig enthält die Kosten-Nutzen-Untersuchung eine Kostenvergleichsrechnung oder eine Kapitalwertberechnung.

Teile der Kosten-Nutzen-Untersuchung sind die Nutzwertanalyse als ein Instrument, mit dem es möglich ist, qualitative Auswirkungen von Handlungsalternativen zu erfassen und zu bewerten. Ergibt sich daraus kein eindeutiges Ergebnis, weil mehrere Entscheidungsvarianten einen gleich hohen Gesamtnutzwert erzielen, so könnte die Untersuchung um eine Kostenvergleichsrechnung erweitert und damit eine zusätzliche Entscheidungshilfe gegeben werden. Die Komponenten »nichtmonetärer Nutzen«

und »monetärer Alternativenvergleich« in der gemeinsamen Betrachtung lassen somit keine Fragen offen.

Im Ergebnis stellen die Kosten-Nutzen-Untersuchung, die Kostenvergleichsrechnung sowie die Kapitalwertmethode die geeignetsten Instrumente dar, um Investitionsentscheidungen der öffentlichen Verwaltung auf eine transparente und finanziell vertretbare Basis zu bringen und damit vermeidbare und teure Investitionsfehlentscheidungen zu vermeiden.

# 5 Konsolidierungspotenziale

Mit diesem Kapitel blicken wir auf das Kernthema dieses Buchs, nämlich auf die Frage nach einzelnen substanziellen Konsolidierungspotenzialen. Zuvor aber noch die notwendige begriffliche Klarstellung.

## 5.1 Haushaltskonsolidierung – ein Begriff und viele Interpretationen

Was Haushaltskonsolidierung eigentlich ist – davon hat vermutlich jeder Leser eine Vorstellung. Zudem ist oben bereits an mehreren Stellen darüber geschrieben worden. Jetzt ist es aber an der Zeit, die Bedeutung dieses Begriffs noch genauer unter die Lupe zu nehmen. Unter Haushaltskonsolidierung wird die Gesamtheit der von der Gemeinde initiierten Maßnahmen zum Abbau bzw. zur Verringerung eines bestehenden Haushaltsdefizits verstanden. Die Maßnahmen sollen gleichermaßen den bestehenden Schuldenstand verringern und neue Schulden vermeiden helfen.

In der Kameralistik sollen die Einnahmen die Ausgaben decken. Ist das nicht der Fall, liegt ein Defizit vor. Dagegen stellt der gegenwärtig überwiegend praktizierte doppische Rechnungsstil auf Erträge und Aufwendungen ab, die sich am Ressourcenverbrauch orientieren. Ein Haushaltsdefizit entsteht auch hier durch Gegenüberstellung der Erträge und Aufwendungen, wenn die Aufwendungen die Erträge übersteigen.

Die Zielrichtung kennt 4 Ausprägungen:

- Ausgabensenkung bzw. Aufwandsverringerung
- Einnahmeerhöhung bzw. Ertragssteigerung
- Veränderung von strukturellen Rahmenbedingungen
- Veränderung bestehender Finanzierungsformen

Die genannten 4 Richtungen können alternativ oder kumulativ zur Haushaltskonsolidierung beitragen. Bei strukturell unterfinanzierten Kommunen und länger andauernder Defizitsituation genügt es nicht, zur vollständigen Konsolidierung lediglich in eine Richtung vorzustoßen. Ein Mix aus mehreren unterschiedlichen Konsolidierungsstrategien verspricht eher den gewünschten Erfolg.

Zur negativen Begriffsabgrenzung gehört es, die Bereiche auszuschließen, die nicht als Haushaltskonsolidierung im Sinne der oben genannten Begriffsdefinition gelten.

Keine Haushaltskonsolidierung sind insbesondere von der Kommune nicht selbst erzeugte finanzwirtschaftliche Umstände, etwa unerwartet hohe Gewerbesteuernachzahlungen größerer Unternehmen oder Zuweisungen aus allgemeinen Finanzmitteln des Landes, die nicht im Zusammenhang mit angestrengten Konsolidierungsmaßnahmen stehen. Soweit Zufälle für haushaltswirtschaftliche Verbesserung sorgen, handelt es sich nicht um Haushaltskonsolidierung in diesem Sinne. Gemeint sind somit lediglich auf Nachhaltigkeit ausgerichtete Maßnahmen **der Gemeinde**, die zu einer gesamtwirtschaftlichen Verbesserung führen.

Das Haushaltsausgleichsgebot ist in den einzelnen Bundesländern unterschiedlich geregelt. In einigen Ländern »muss« der Haushalt ausgeglichen, in anderen wiederum »soll« er ausgeglichen sein. Da die Bundesländer ihr kommunales Haushaltsrecht selbst normativ festlegen, beurteilen sie diesen Punkt unterschiedlich. Die Folge nicht ausgeglichener Haushalte ist aber regelmäßig überall die Haushaltskonsolidierungspflicht.

In den mir im Laufe der Zeit vorgelegten Haushaltskonsolidierungskonzepten traf ich auf sehr unterschiedliche Gesamtwerke. Häufig fiel mir die fehlende Konkretisierung einzelner Maßnahmen auf. Stattdessen wurden Absichtserklärungen zu Papier gebracht, deren Realisierung häufig erst noch »geprüft« werden musste. Selbstredend konnte über finanzielle Auswirkungen in diesen Fällen auch noch nichts geschrieben werden. Solche »Haushaltskonsolidierungskonzepte« verdienten nicht immer ihren Namen. Obgleich die Kommunalaufsichtsbehörden die Konzepte mit den Haushaltsgenehmigungsunterlagen eingereicht bekamen, war ein unzureichendes Konzept nicht zwangsläufig ein Grund für die Versagung der Haushaltsgenehmigung. Die Haushaltskonsolidierungskonzepte selbst stellten keinen Genehmigungstatbestand dar. Im Rahmen der Gesamtgenehmigung konnten sie aber ein Versagungsgrund sein.

Überwiegend waren nicht anforderungsgerechte Konzepte ein Grund für »Bemerkungen«, hinderten aber nicht die Genehmigung. Hier wäre aus meiner Sicht ein konsequenteres Verhalten der Aufsichtsbehörden angebracht. Möglicherweise auch eine Gesetzesverschärfung. Näheres dazu beschreibe im Kapitel 5.12 »Reformansätze zur Haushaltskonsolidierung«.

Stattdessen stellen sich Kommunen mit unzureichendem Haushaltskonsolidierungskonzept hin und wieder auch als »auskonsolidiert« dar. Das bedeutet, sie verfügen nach eigenen Angaben über keinerlei weitere Möglichkeiten, Einsparungen oder Einnahmeerhöhungen zu erzielen. Nach meinen Beobachtungen kann Haushaltskonsolidierung aus der Innenperspektive betrachtet zuweilen anders aussehen, als aus dem Blickwinkel eines Außenstehenden. Damit beurteilt sich auch die Frage nach der »Auskonsolidierung« unterschiedlich. Aus dieser Annahme heraus können externe Haushaltskonsolidierungskonzepte möglicherweise helfen, wo eine Kommune mit eigenen Mitteln und Rahmenbedingungen nicht mehr weiterkommt. Im Rahmen dieses Kapitels gehe ich auch darauf noch ein.

Gleichwohl sind einzelne Kommunen derart unterfinanziert, dass sich die Frage nach einer dauerhaften Leistungsfähigkeit durchaus ernsthaft stellt. Wenn Haushaltskonsolidierung auf Dauer nicht mehr helfen kann, ist externe wirksame Hilfe durch das Land der einzige Weg, um weiterhin bestehen zu können. Einige Bundesländer arbeiten mit Haushaltskennzahlensystemen, die frühzeitig Haushaltsrisiken aufzeigen sollen. Eine präventive Maßnahme, die im Zusammenwirken mit den Kommunalaufsichtsbehörden ein Abgleiten in defizitäre Bereiche verhindern soll. Auch Entschuldungsprogramme – freilich nicht ohne Gegenleistung der Kommune – sind Teil der Unterstützung durch die Bundesländer. Sollte also der eigentlich nicht denkbare Fall einer Insolvenz drohen, gibt es seitens der Landesregierungen Hilfsprogramme. Bevor es allerdings soweit kommt, ist der mitunter langwierige Prozess der Haushaltskonsolidierung zu betreiben. Die nachstehenden Kapitel beschreiben die Strategien.

## 5.2 Konsolidierungspotenziale – Generelle Methoden zur Haushaltskonsolidierung

Haushaltskonsolidierung ist interessenverletzend und konfliktbeladen. Ihr Erfolg hängt maßgeblich davon ab, dass sich kommunal einflussreiche Entscheidungsträger finden und den Prozess durchziehen. Diese Entscheidungsträger sollten in der Lage sein, alle übrigen Akteure von Verwaltung und Politik auf ihre Seite zu ziehen und einzuschwören. Tatsächlich ist zunächst der Wille zu stärken. Die verschiedentlichen Methoden der Vorgehensweise sind nicht unwichtig, aber mit dieser »halben Miete« in der Hinterhand ist die Methodenauswahl nicht mehr primär schlachtentscheidend – einzig der Wille zählt. Und der kann bekanntlich Berge versetzen.

Somit ist die wichtigste Handlung vorab, die Beteiligten von der Notwendigkeit der Konsolidierung zu überzeugen.

Die generellen Methoden habe ich bei der begrifflichen Klarstellung bereits genannt. Zur Erinnerung:

- Kürzung des Aufwands
- Erhöhung des Ertrags
- Alternative Finanzierungsmöglichkeiten
- Strukturelle Veränderungen

Auf die einzelnen Methoden gehe ich im Kapitel 5.3 »Konsolidierungspotenziale – Ausgewählte Strategien« genauer ein.

Was immer an Methoden zum Einsatz kommt – unerlässlich sind Vorgaben. Ohne Vorgaben könnte den Betroffenen der ernste Wille zur Konsolidierung wieder abhandenkommen. Auf Freiwilligkeit zu setzen und sich dann davon überraschen lassen zu wollen, was »hinten rauskommt«, mag spannend und kollegial erscheinen, ist aber in der Regel nicht zielführend.

Die Vorgaben sollten

- prozentual oder in Euro ausgedrückt werden;
- einen Bezug zum Gesamthaushalt oder zu maßgebenden Haushaltsteilen herstellen (z. B. Personalaufwendungen);
- einen Zeitfaktor enthalten (z. B. ein oder mehrere Jahre).

Vorgaben bedeuten Zwänge. Auf Zwang reagieren Mitarbeiter mitunter trotzig ablehnend. Der Grund dafür ist schließlich auch nachvollziehbar. Wer möchte schon gern seinen Aufgabenbestand beschneiden und dabei auf jene Anteile von Selbstverwirklichung im Arbeitsprozess verzichten müssen, die das Arbeitsleben gerade attraktiv machen? Umso wichtiger ist es, mit Anreizen die auf Zwängen beruhenden Widerstände aufzuweichen und dem einzelnen Mitarbeiter auf diese Weise eine Perspektive aufzuzeigen.

Mögliche Anreize wären

- (Mit-)Entscheidungsrechte bei Einsparungen im eigenen Arbeitsbereich,
- Belohnungen in Form von Beförderungen,
- Erneuerungsinvestitionen in erfolgreiche Strukturen des betreffenden Arbeitsbereichs,
- Besondere Berücksichtigung bei Fortbildungen.

Mitunter hilft auch der Hinweis, dass eigene Sparvorschläge aus den Fachbereichen für die betroffenen Mitarbeiter weniger schmerzhaft sind, als von oben verordnete Pauschalkürzungen.

**Haushaltskonsolidierung als Arbeitskreis?**

Dass die Haushaltskonsolidierung nicht auf den Schultern nur eines einzelnen nachgeordneten Mitarbeiters ruhen darf, habe ich bereits in den Eingangskapiteln und bei der Organisation der Haushaltskonsolidierung deutlich gemacht. In größeren Kommunen stellt sich schon einmal die Frage, ob es eine ganze Kommission sein sollte, die die Fragen der Haushaltskonsolidierung organisiert, regelt und (vor-)entscheidet. Dieser Kommission könnten neben dem Verwaltungschef auch leitende Mitarbeiter der Verwaltung angehören. Vielleicht sogar einzelne führende Politiker, etwa Fraktionsvorsitzende der im parlamentarischen Gremium vertretenen Parteien. Wenn schließlich der Personalrat, das Rechnungsprüfungsamt und der/die Gleichstellungsbeauftragte ebenso am Tisch sitzen, bilden sie vermutlich mit das größte Gremium innerhalb der Kommune, würden aber sicherstellen, dass alle Interessengruppen beteiligt sind.

Das kann funktionieren, muss aber nicht.

Ich sehe solche aufgeblähten Gremien naturgemäß kritisch. Der hinlänglich bekannte alte Leitspruch »Viele Köche verderben den Brei« vermittelt bereits erste Zweifel. Und in der Tat: Möchten Sie als Verwaltungschef jeden Konsolidierungsvorschlag von Repräsentanten aller politischen Färbungen soweit ausdünnen lassen, dass nichts mehr davon übrig bleibt? Auch die weiteren Beteiligten mit Ausnahme der leitenden Mitarbeiter haben enorm wichtige Funktionen innerhalb der Verwaltung, nicht aber bei Fragen der Haushaltskonsolidierung.

Im Übrigen findet sich diese illustre Gesellschaft bei Sitzungen des Hauptorgans in Kommunen sowieso zusammen und diskutiert dann das Thema erneut. Eine Haushaltskonsolidierungskommission kann sinnvoll sein, wenn sie nicht zu groß ist und »echte« Entscheider am Tisch sitzen. Muss erst jeder Einsparvorschlag von 100 Euro in den Fraktionen hin und her abgestimmt werden, beraubt sich ein solcher Ausschuss seiner Wirkung. Er wäre nicht effektiv.

Sind diese Dinge hinreichend geklärt, ermittelt sich der Konsolidierungsbedarf beispielhaft wie folgt:

a) Strukturelles Defizit + Höhe Liquiditätskredite + Unterhaltungsstau Straßen/Immobilien

oder

b) Jahresergebnisse inkl. Vorjahre lt. Bilanz + Fehlbetrag – Überschussrücklagen

Weitere Methoden sind denkbar.

Welcher der beiden beispielhaft aufgeführten Methoden Sie den Vorrang geben, entscheiden Sie selbst. Möglich ist auch eine Mischform. Nicht auszuschließen sind andere sinnvolle Kriterien.

Der Konsolidierungserfolg beziffert sich nach folgender Gleichung:

Umsetzungserfolg = Ertragserhöhung + Aufwandsminderung

oder alternativ:

Umsetzungserfolg x 100 ./. Haushaltskonsolidierungsbedarf = Konsolidierungserfolg.

## 5.3 Konsolidierungspotenziale – Ausgewählte Strategien

Es gibt keinen Königsweg für die Vorgehensweise bei der Haushaltskonsolidierung. Strukturiertes Vorgehen ist aber unabdingbar. Zu den Weichenstellungen vorab gehört die Frage, wie kleinteilig überhaupt in der Haushaltskonsolidierung vorgegangen werden soll. Natürlich lässt sich jede singuläre Haushaltsposition anfassen und überprüfen. Aber selbst bei einer kreisangehörigen Gemeinde der Größenordnung bis 20.000 Einwohnern ist das bereits eine Herkulesaufgabe, bei der der Nutzen fragwürdig erscheint. So ist es sinnvoller, in der Verwaltungsorganisation von oben nach unten oder aber bei einzelnen aggregierten Haushaltspositionen anzusetzen.

Auf der Ausgabenseite lässt sich mit der Unterteilung in

- Personalaufwand,
- Sächlicher Verwaltungs- und Betriebsaufwand und
- Zuweisungen und Zuschüsse (Transferleistungen)

eine erste greifbare Handhabung finden. Sie kennzeichnet im Übrigen die klassischen Kostentreiber des Kommunalhaushalts.

Im Jahr 2015 beliefen sich die gesamten bereinigten Ausgaben der Gemeinden und Gemeindeverbände der Flächenländer (Kern- und Nebenhaushalte) auf 227,70 Mrd. Euro. Hiervon entfallen 60,64 Mrd. Euro bzw. 26,63 Prozent auf die Personalausgaben. Umgerechnet auf einen Pro-Kopf-Wert lagen die kommunalen Personalausgaben im Jahr 2015 bei 805 Euro je Einwohner. Die Personalausgaben zählen damit zu den wichtigsten Ausgabepositionen der Kommunen in Deutschland (Quelle: HaushaltsSteuerung.de, Portal zur öffentlichen Haushalts- und Finanzwirtschaft, Pro-Kopf-Personalausgaben der Gemeinden und Gemeindeverbände im Ländervergleich vom 22. Mai 2016).

Um sich den beiden anderen großen Ausgabenblöcken zu nähern, liefern Informationen über (Nachbar-)Kommunen der gleichen Größenordnung erste Erkenntnisse. Dabei gilt generell: Soweit besondere örtliche Umstände zu Buche schlagen und bestimmte Auffälligkeiten statistische Normabweichungen begründen, bedürfen diese einer besonderen Betrachtung. Erfahrungsgemäß nehmen die Ausgaben für den sächlichen Verwaltungs- und Betriebsaufwand und die Zuweisungen und Zuschüsse einen Anteil zwischen 25 – 35 % der Gesamtausgaben ein und enthalten bei näherer Betrachtung einiges an disponibler Masse – also an möglichem Konsolidierungspotenzial.

Lohnenswert ist auch die generelle Betrachtung des Investitionshaushalts. Zum richtigen Umgang mit Investitionen vergleiche Sie bitte auch das Kapitel 5.4 »Konsolidierung und Investitionen«. Einige wenige wichtige Regeln beziehen sich auf den zentralen Aspekt, wonach – wenn nötig – strategisch zu investieren ist und dabei folgende Prämissen gelten:

- Begrenzung der Investitionen auf rentierliche Vorhaben (»Prioritätenliste«)
- Vermeidung von fremdfinanzierten Investitionen bei defizitärem Haushalt
- Vermeidung von folgekostenintensiven Investitionen
- Einsatz von Wirtschaftlichkeitsberechnungen zur Ermittlung von Investitionsalternativen
- Berücksichtigung der demografischen Entwicklung der nächsten Jahre (Jahrzehnte)

Es gehört ohne Zweifel die Bereitschaft zur Selbstbeschränkung und Genügsamkeit dazu, Investitionen zu vermeiden oder zu reduzieren. Unter dem Strich erhöht jeder gegenwärtige Verzicht den Handlungsspielraum in der Zukunft. Ein dabei häufig vorgetragenes Gegenargument ist das des bestehenden Investitionsstaus. Man würde ja gern auf Investitionen verzichten, jedoch sei es dringend notwendig zu investieren, um den vorhandenen Mindeststandard an Infrastruktur nicht noch zu verringern. Bei einem solchen Konflikt zwischen erforderlicher Entschuldung und aus Gründen der Daseinsvorsorge notwendiger Investitionsverpflichtung lassen sich keine allgemeingültigen Empfehlungen geben. Vielmehr kommt es im Einzelfall darauf an, die tatsächliche Höhe der investiven Verschuldung den für unabweisbar gehaltenen Investitionsmaßnahmen gegenüberzustellen. Dann gilt es, den Zustand der Infrastruktur zu bewerten und die Nachteile des Investitionsverzichts abzuwägen.

Alternativ lassen sich Investitionen auch zeitlich strecken, indem sie auf das nächste Jahr übertragen werden. Der Entlastungseffekt tritt dadurch zumindest für das laufende Jahr ein.

### Klassische Konsolidierungsansätze Ausgabenseite

Zu den klassischen Methoden der Konsolidierung auf der Ausgabenseite gehört die Kürzung **freiwilliger Leistungen**. Im Kapitel 4.1 »Freiwillige Leistungen« habe ich dazu Ausführungen gemacht, auf die ich an dieser Stelle im Wesentlichen verweisen möchte.

Methodisch gibt es zwei typische Vorgehensweisen. Einerseits können die einzelnen freiwilligen Leistungen etwa mit einer Nutzwertanalyse bewertet und danach Art und Umfang der Kürzung festgesetzt werden. Diese Methode trägt der Bedeutung einzelner Leistungen Rechnung, da keine unbegründete pauschale Kürzung vorgegeben wird. Auf der anderen Seite kann eine generelle Kürzung aller Ansätze um einen prozentualen Betrag vorgenommen werden. Dieses Verfahren ist als »Rasenmähermethode« geläufig. Es ist jedoch eher konfliktträchtig und undifferenziert, da es Argumente gegen Kürzungen praktisch nicht zulässt.

Betreibt die Kommune öffentliche Einrichtungen zur Erfüllung ihrer Aufgaben, so kann der Zuschussbedarf überprüft und verringert werden. Natürlich wird es dagegen Einwände geben. Durch eine **Budgetierung der Einrichtungen** ist es möglich, die schmerzhafte Wirkung insofern abzumildern, als die Einrichtung über Art und Umfang der Kürzungen (mit-)entscheiden darf.

**Haushaltssperren** gelten in der Literatur nicht als klassische Konsolidierungsinstrumente. Hinsichtlich ihrer Wirkung besteht zu diesen gleichwohl kein Unterschied. Mittels einer Haushaltssperre kann der Hauptverwaltungsbeamte die Inanspruchnahme einzelner Haushaltsansätze von seiner Einwilligung abhängig machen. Einzige Voraussetzung ist in der Regel, dass die Entwicklung der Einnahmen oder Ausgaben diese Maßnahme erfordert. Dieses als Gegengewicht zum Etatrecht des Gemeindeparlaments instrumentalisierte Recht des Bürgermeisters gibt diesem nach eigenem Ermessen die Möglichkeit, »auf die Ausgabenbremse zu treten«, wenn etwa größere Einnahmeerwartungen nicht realisiert werden können. Längst ist die Haushaltssperre in der Praxis zu einem strategischen Konsolidierungsinstrument mutiert, mit dem sich Ausgaben besonders kurz vor Jahresende effektiv verhindern lassen. Im Unterschied zu den Haushaltskonsolidierungskonzepten ist diese Maßnahme kein Instrument der Haushaltsplanung, sondern wird bei der Haushaltsausführung eingesetzt.

Mit den Regelungen über die **»Vorläufige Haushaltsführung«** eröffnet sich einer findigen Gemeinde eine weitere Möglichkeit, haushaltsrechtliche Regelungen für Konsolidierungszwecke zu nutzen.

So ist in den jeweiligen Regelungen der Gemeindeordnungen bzw. Kommunalverfassungen vorgesehen, während des noch nicht in Kraft getretenen Haushaltsplans zu Beginn eines Haushaltsjahres nur eingeschränkt Ausgaben zu leisten. Auch neue Investitionsvorhaben sind in dieser Zeit tabu. Umso länger diese Phase dauert, desto höher ist der Einspareffekt, da sich mit fortschreitender Zeit zuweilen Vorhaben von selbst erledigen. Ein Schelm, wer dabei Böses denkt.

War die vorläufige Haushaltsführung ursprünglich dem langwierigen Vorbereitungs- und Sitzungsaufwand bei der Haushaltsplanaufstellung geschuldet, ist sie inzwischen nicht einmal mehr ein Geheimtipp der Konsolidierungspolitik. Mit der Terminplanung zur Haushaltsaufstellung lässt sich das Inkrafttreten des Haushaltsplans gezielt verzögern und somit die Phase eingeschränkter Ausgabefunktionen verlängern.

Der **Personalsektor** wird von der Politik in den Kommunal- und auch Landesverwaltungen häufig zuerst genannt, wenn es um Einsparungen geht. Diese Entwicklung wird durch den permanenten Verdacht genährt, die Verwaltungen seien alle überbesetzt. Seit Jahrzehnten wird durch Konsolidierung und Arbeitsverdichtung hingegen auch deutlich in den Bereich der Personalbesetzung eingegriffen. Automatismen wie die Wiederbesetzung freigewordener Arbeitsplätze gehören längst der Vergangenheit an. Und doch wird die Personalkostenreduzierung immer wieder als obere Priorität in einer neuen Legislaturperiode genannt. Die Personalwirtschaft kennt eine Reihe von Möglichkeiten, um zu Einsparungen zu kommen. Neben den bereits erwähnten sogenannten Wiederbesetzungssperren wird die natürliche Fluktuation auch häufig für Umstrukturierungen verwendet. Frei nach dem Motto: Probieren wir doch mal Arbeitsverlagerungen von A auf B und so lange niemand schmerzhaft aufschreit, scheint es zu funktionieren.

Auch Überstunden müssen nicht ausbezahlt werden, sondern sind im laufenden Geschäft abzubauen. Die Personalbedarfsbemessung unter dem Gesichtspunkt einer Auslastungsermittlung wird als eine ständige Aufgabe begriffen.

Stark im Kommen ist seit einigen Jahren die Telearbeit und mit ihr eine weitere Möglichkeit, Sachausgaben zu verringern. Für Arbeitgeber und Arbeitnehmer ist sie sogar eine »Win-win-Situation«. Der Arbeitnehmer spart die Fahrkosten ins Büro und bekommt dank Vernetzung ein Homeoffice mit EDV-Anschluss bei zudem hoher Flexibilisierung der Arbeitszeit. Für den Arbeitgeber rechnet sich der Wegfall eines Büroarbeitsplatzes kostenmäßig immens, nämlich (je nach Studie) mit rund 6.000 Euro Sachkosten jährlich.

Zu den laufenden Sachausgaben werden die Bereiche »**Unterhaltung und Bewirtschaftung**« gerechnet. Nicht selten ist neben dem »Investitionsstau« auch der »Unterhaltungsstau« zwar einerseits ein Problem, andererseits aber auch eine Möglichkeit, Einsparungen zu erzielen. Die Vernachlässigung der Unterhaltungsaufwendungen ist allerdings ein zweischneidiges Schwert. Im technischen Bereich führt mangelhafte Unterhaltung eher zu vorzeitigen Neuinvestitionen, wodurch sich vermeintliche Einsparungen ins Gegenteil verkehren. Die Bewirtschaftung der kommunalen Einrichtungen ist dagegen genauer ins Auge zu fassen. Überall dort, wo Hausmeister oder ehrenamtlich tätige Mitarbeiter fehlen und sich niemand zuständig fühlt, kommt es zur Vernachlässigung notwendiger Sicherungsmaßnahmen bei der Bewirtschaftung, speziell bei den Energieverbrauchswerten. Eine Sensibilisierung der Mitarbeiter in den Schulen, Kindertagesstätten, Sportvereinen, kulturellen und sozialen Einrichtungen kann in der Summe einiges bewirken.

Schließlich kann die **Einbindung externer Personen**, Einrichtungen oder Unternehmen in jeder Form Aufgabenteile erledigen helfen, für die kein kommunaler Mitarbeiter auf eigene Rechnung eingesetzt werden muss.

Bei dieser Überlegung gibt es eine Schnittstelle zur Aufgaben- bzw. Produktkritik als einem Instrument der Haushaltskonsolidierung. Zentrale Fragen der Produktkritik sind:

- Was trägt das Produkt dazu bei, um die strategischen Ziele zu erreichen?
- Steht das erzielte Ergebnis in einem angemessenen Verhältnis zum Ressourceneinsatz?
- Kann die Aufgabe einem anderen Produkt zugeordnet werden, um die Ziele wirtschaftlicher zu erreichen?
- Auf welche Leistung kann grundsätzlich verzichtet bzw. bei welcher Aufgabe kann der Standard reduziert werden?
- Können Dritte die Aufgabe effektiver und/oder effizienter erbringen? Tritt durch die Übertragung eine haushaltswirtschaftliche Entlastung ein? Gewährleistet der Dritte die Qualität und die Dauerhaftigkeit?
- Wenn in der Vergangenheit Aufgaben auf Dritte übertragen wurden: Sollten sie z. B. aus wirtschaftlichen Gründen erneut in kommunale Trägerschaft übernommen werden (Rekommunalisierung)?

Mithilfe dieses Fragenkataloges besteht die Möglichkeit, grundsätzliche Fragen der Aufgabenerledigung kritisch zu überprüfen. Es stellt sich dabei nicht die Frage, ob der Ansatz einer bestimmten Haushaltsposition um wie viel auch immer verringert werden kann, sondern die Haushaltsposition selbst und ihre Rahmenbedingungen werden auf den Prüfstand gestellt. Es ist eine Frage der kritischen Annäherung auf eine andere Art.

### Klassische Konsolidierungsansätze Einnahmeseite

Um eine Haushaltskonsolidierung zu erreichen, genügt es oftmals nicht, sich lediglich auf die Ausgabenseite zu beschränken. Tendenziell ist das zwar der erste Ansatzpunkt. Wenn aber die erwirtschaftete Haushaltsverbesserung nicht den ausreichenden Effekt erzielt, ist ergänzend eine Erhöhung der Einnahmen anzustreben.

Die Höhe der Einnahmen und die Art und Weise, wie sie erzielt werden können, trifft in der Praxis auf eine Reihe von Einschränkungen und Hindernissen. Zunächst ist jeweils landesrechtlich die Rangfolge der Einnahmeerzielung zu beachten. Hiernach sind die aufkommensschwächsten Einnahmen, etwa Einnahmen aus der Teilnahme am wirtschaftlichen Verkehr, zuerst, und die aufkommensstärksten, die Steuern, zuletzt zu erheben. Sich von nicht benötigtem Anlagevermögen zu trennen, fällt leicht. Die Effekte sind jedoch meist gering und in jedem Fall nur einmalig. Laufende Einnahmen aus Verwaltung und Betrieb wie etwa Zinsen, Mieten, Konzessionsabgaben oder allgemeine Zuweisungen können kaum die ausreichende Masse zur Konsolidierung erzeugen. Es ist daher nötig, an anderen Stellschrauben zu drehen. Auf diese möchte ich kurz eingehen.

Besonders bei den **Entgelten für die öffentlichen Einrichtungen** bestehen häufig ungenutzte Einnahmeerhöhungsmöglichkeiten. Gemeinhin gilt das Äquivalenzprinzip, also Leistung und Gegenleistung sollen gleichwertig sein. Dabei ist über die Höhe des Kostendeckungsgrades zu entscheiden.

Und die Tatsache, dass die Nutzung einer bestimmten öffentlichen Einrichtung nur dem Nutzer zu Gute kommt, verbietet es grundsätzlich, den Steuerzahler überwiegend dafür aufkommen zu lassen. Gleichwohl sind die Nutzungsentgelte in vielen Bereichen nicht annähernd kostendeckend, sodass die fehlenden Mittel vom Steuerzahler – der die Einrichtung unter Umständen niemals nutzt – aufgebracht werden. Beispielhaft seien hier Friedhöfe, Schwimmbäder, Büchereien, Kindertagesstätten, Theater, Museen, Musikschulen, Rettungsdienst und Volkshochschulen genannt. Hier liegt die Spanne der Kostendeckungsgrade bisweilen lediglich im einstelligen Bereich bis hin zu dem in der Regel noch am stärksten kostengedeckten Bereich der Friedhöfe, die im oberen zweistelligen Bereich rangieren, dabei aber die Vollkostendeckung noch deutlich verfehlen.

Selbstverständlich können nicht alle Kostendeckungsgrade beliebig angehoben werden. Allein die Gesetze von Angebot und Nachfrage verhindern im kulturellen Bereich eine bessere Einnahmeerzielung. Wer geht schon ins Freibad, wenn der Eintrittspreis bei 19,80 Euro liegt? Eine Jahresgebühr von 120 Euro für die öffentliche Bücherei ist auch nicht durchzusetzen, insbesondere würde es einkommensschwache oder kinderreiche Familien von der Nutzung ausschließen, was aus Gründen der Volksbildung nicht gewünscht wäre. Ähnliches gilt für Sozialstaffeln der Kindertagesstätten. Und doch sind zumeist hier und auch bei den klassischen öffentlichen Einrichtungen mit Anschluss- und Benutzungszwang (Beispiele: Abfallbeseitigung, Abwasserbeseitigung) Erhöhungspotenziale. Letztere sollten Vollkostendeckung erreichen.

Anhand von Vergleichen insbesondere über die statistischen Landesämter, aber auch interkommunal bezogen auf einen Landkreis, lassen sich die einzelnen Bereiche überprüfen. Letztlich fehlt häufig nur der politische Wille, anzuerkennen, dass die öffentliche Hand nicht jeden Lebensbereich aus allgemeinen Deckungsmitteln subventionieren kann, und dass ein Nutzungsverhältnis zu einer öffentlichen Einrichtung primär auch aus Nutzungsentgelten zu finanzieren ist. Zur weiteren Vertiefung empfehle ich das Kapitel 4.2 »Steuern oder Gebühren – wer soll zahlen«.

Bei der **Aktivierung des Anlagevermögens** hat sich in den letzten Jahrzehnten wieder verstärkt der Trend durchgesetzt, Baugebiete auszuweisen. Trotz des ungebremsten Zuzugs in die Städte gibt es auf dem Land wieder Familien, die ihr Einfamilienhäuschen bauen wollen. Dieser Trend wird noch begünstigt durch den Rückgang der landwirtschaftlichen Betriebe. Beide Entwicklungen spielen den Landgemeinden in die Karten. Günstig aufgekaufte ehemalige Ackerflächen werden zu deutlich erhöhten Preisen als Bauland vermarktet und unter dem Strich verbleibt ein »Gewinn« für den Gemeindehaushalt. Das funktioniert gut, vorausgesetzt man schafft es, die kommunale Infrastruktur mitwachsen zu lassen.

Zu den **Steuern** habe ich die aus meiner Sicht notwendigen Ausführungen in dem Kapitel 1.3 »Das Dilemma mit den kommunalen Steuern« vorgetragen. Die Steuererhöhung ist technisch der einfachste Weg der Einnahmeverbesserung, genießt aber bei der Bevölkerung erfahrungsgemäß wenig Akzeptanz. Da die Steuererhebung keine Gegenleistung kennt und das ganze Leben mehr oder weniger durchbesteuert wird, sind die kommunalen Steuern nicht so einfach zu erhöhen. Schließlich sind die Kommunen gehalten, die Steuerkraft »pfleglich« zu behandeln und sie nur als letztes Mittel zu nutzen, wenn die sonstigen Einnahmen einschließlich der Entgelterhebung dafür nicht ausreichen. Trotzdem sind die Grund- und Gewerbesteuer über die Jahre kontinuierlich angestiegen. In Niedersachsen hat der durchschnittliche Gewerbesteuerhebesatz 2018 laut einer Untersuchung der Industrie- und Handelskammer Niedersachsen die Schwelle von 400 Prozent erstmals überschritten. Befragt wurden dabei knapp 1.000 Kommunen. Dass auch dieser Weg nicht unendlich fortgeführt werden kann, liegt auf der Hand. Die Konsolidierung der öffentlichen Haushalte sollte insofern nicht vorrangig über Steuererhöhungen vorangetrieben werden.

## 5.4 Konsolidierung und Investitionen

Kommunale Investitionen sind nicht nur ein großer Wirtschaftsfaktor. Sie sind das Hauptinstrument, um eine notwendige und belebende Infrastruktur in den Kommunen sicherzustellen. Für die Kommunalpolitiker sind sie neben den Transferleistungen im kulturellen, sportlichen und sozialen Bereich ihre Spielwiese und ihr Gestaltungsspielraum, um für das Wohlergehen der Gemeinde zu sorgen. Die Investitionskraft kommt nicht oder nur selten über externe Zuweisungen – sie muss im Regelfall erwirtschaftet werden. Auf der einen Seite bedarf es dazu ausreichender Einnahmen, die im Wesentlichen aus der Steuerkraft resultieren. Auf der Ausgabenseite darf die Belastung durch den laufenden Personal- und Sachaufwand nur so groß sein, dass eine ausreichend freie Spitze Gestaltungsmöglichkeiten eröffnet. Um verloren gegangenen Investitionsspielraum wieder zu gewinnen – oder besser noch, ihn gar nicht erst zu verlieren – sollten Regeln bei der Investitionstätigkeit beachtet werden.

Ist es nicht möglich, alle wünschenswerten Investitionen umzusetzen, hilft zunächst eine **Prioritätenliste**. In ihr werden Investitionen nach bestimmten Kriterien bewertet und in eine Rangfolge gebracht. Im Ergebnis werden einige Investitionen durchgeführt, andere verschoben und dritte gar nicht mehr berücksichtigt. Zu den Kriterien gehören Leitbilder und strategische Zielsetzungen der Gemeinden genauso wie zukunftsorientierte und substanzerhaltende Maßnahmen. Auf einen Nenner gebracht ergeben diese positiven Investitionskriterien Rentierlichkeit, sodass auch von rentierlichen Investitionen gesprochen werden kann.

Eine solche Prioritätenliste ist nicht nur dann sinnvoll, wenn bereits Investitionen aus Gründen der prekären Finanzlage eingeschränkt werden müssen. Was insgesamt für die Konsolidierung gilt, nämlich soweit vorauszuschauen, dass man sie möglichst vermeiden kann, das gilt im Besonderen auch für die Investitionstätigkeit.

Ist aber bereits der Konsolidierungsfall eingetreten und muss die Investitionstätigkeit eingeschränkt werden, hilft zunächst der Grundsatz »Keine **fremdfinanzierten Investitionen**, um bei defizitärem Haushalt« die Aufnahme neuer Schulden zu vermeiden. Bei gleichzeitig laufender Tilgung der Altschulden verbessert sich die Lage sukzessive. Können wichtige Investitionen nicht aufgeschoben werden und muss trotz Konsolidierungsnotwendigkeit weiter mit neuen Kreditmitteln gearbeitet werden, ist im Einzelfall die Abwägung vorzunehmen, ob der Entschuldung oder dem Vermögenserhalt bei der Kapitalverwendung der Vorrang einzuräumen ist. Die Lage kann bewertet werden, indem man die Höhe der Verschuldung dem Standard der Kommune bzw. den vorhandene Investitionsstau dem Zustand der Infrastruktur gegenüberstellt.

Zu den zwingend notwendigen Voraussetzungen für eine Planung und Durchführung von Investitionen gehört der Alternativenvergleich und der Einsatz geeigneter **Wirtschaftlichkeitsrechnungen**. In den Kommunalverfassungen und Gemeindeordnungen sind diese Prinzipien bereits seit langer Zeit verankert, führen aber mancherorts ein Schattendasein. Dies mag möglicherweise daran liegen, dass die Art des Wirtschaftlichkeitsvergleichs nicht im Detail vorgeschrieben ist. Eine Kostenvergleichsrechnung für zwei oder mehr Handlungsalternativen ist einfach durchzuführen, vergleicht jedoch nur die reinen Kosten und orientiert sich an durchschnittlichen Vergangenheitswerten, z. B. dem bisherigen Energieverbrauch oder historischen Anschaffungskosten. Außerdem vernachlässigt diese Rechenform die Einnahmeseite. Aussagekräftiger sind Kosten-Nutzen-Analysen und Prognosen über künftig zu erwartende Einzahlungen und Auszahlungen (Kapitalwerte).

Die in der öffentlichen Verwaltung für die Daseinsvorsorge der Bevölkerung durchzuführenden Investitionen lassen sich hingegen nicht immer nur anhand von Kosten, Erlösen, Einzahlungen und Auszahlungen sinnvoll bewerten. Sicherheitsaspekte etwa bei der Gefahrenabwehr, Anschlusskriterien für alle Grundstücke im Gemeindegebiet oder gemeinwohlorientierte Erwägungen genießen mitunter Vorrang vor der rein finanziellen Betrachtung.

Durch die Verknüpfung der nicht monetären Kriterien mit der finanziellen Bewertung findet die Gemeinde den besten Weg, um festzustellen, wie vorteilhaft eine Investitionsentscheidung für sie ist.

Dabei gilt es auch, die **Folgekosten** von geplanten Investitionen bereits im Vorfeld einer Entscheidung sorgfältig zu prüfen und in die Bewertung einfließen zu lassen.

Schließlich können **öffentliche Fördermittel** ein Argument für die Vorteilhaftigkeit einer Investition sein. Um hier Fehlanreize zu vermeiden, gilt es auszuschließen, dass die Investition überwiegend oder nur aufgrund der Drittbeteiligung in Erwägung gezogen wird. Zugegeben – diesen Vorwurf möchte niemand auf sich sitzen lassen, aber er ist möglicherweise berechtigt, wenn ein Verstoß gegen die Grundsätze von Sparsamkeit und Wirtschaftlichkeit vorliegt. Ist die Kommune finanziell gesund und dient die Investition der kommunalen Aufgabenerfüllung, geht der Vorwurf ins Leere. In einem solchen Fall besitzt die Gemeinde einen weitgehenden kommunalpolitischen Handlungsspielraum, ob und wie sie investiert. Sich zu verinnerlichen, dass es Zuwendungen von Dritten gibt und jede Möglichkeit dahingehend auszuschöpfen, ist ein Handlungsansatz im Zusammenhang mit Investitionen und Konsolidierung, gegen den zunächst nichts spricht.

Das gilt auch für einen weiteren Aspekt, der (immer noch) in vielen Gemeindeordnungen bzw. Kommunalverfassungen verankert ist. Ich meine die Forderung, bei der Aufgabenerfüllung das **gesamtwirtschaftliche Gleichgewicht** zu beachten. Hintergrund ist die wirtschaftspolitische Forderung nach antizyklischem Verhalten durch die Gemeinden. Wo anders als bei den finanziell bedeutsamen Investitionen sollte das eine Rolle spielen? Die Väter des Stabilitätsgesetzes haben die gesamtwirtschaftliche Balance im Auge gehabt, als sie diese Regelung geschaffen haben. Wenn die Wirtschaft boomt und das Produktionspotenzial ausgelastet ist, soll sich die öffentliche Hand mit Investitionen zurückhalten und somit einen Ausgleich schaffen, der dafür sorgt, dass das Preisniveau stabil bleibt. Umgekehrt sind die staatlichen Institutionen bei lahmender Wirtschaft verstärkt aufgefordert zu investieren, um die Wirtschaft zu beleben. Schon lange ist bekannt, dass diese Forderung nur sehr theoretisch in die Realität umgesetzt werden kann. Die Gemeinden finanzieren sich zu einem erheblichen Teil aus konjunkturabhängigen Steuermitteln (Einkommensteueranteil, Gewerbesteuer). Sie sind damit bei einer Rezession genauso unterfinanziert wie die wirtschaftlichen Unternehmen. Die Mittel für wirtschaftspolitische Impulse fehlen also besonders in Zeiten lahmender Konjunktur, wodurch die Forderung nach antizyklischem Verhalten konterkariert wird.

Aber auch umgekehrt funktioniert es eher nicht. Zurückhaltung zu üben in einer Zeit, da die Wirtschaft boomt, konkurriert nicht selten mit der Daseinsvorsorge. Wenn etwa in Zeiten einer Hochkonjunktur Bedarf an Kindertagesstättenplätzen besteht, kann diese Investition nicht ohne weiteres nur aus Gründen der antizyklischen Finanzpolitik zurückgestellt werden. Umgekehrt können während einer Phase der Haushaltskonsolidierung nicht so eben aus dem Stand Investitionen getätigt werden, nur um eine lahmende Konjunktur zu beleben. Insgesamt kommt daher der Forderung, bei der Investitionstätigkeit das gesamtwirtschaftliche Gleichgewicht zu beachten, nur wenig praktische Bedeutung zu.

Bedeutsamer ist vielmehr die verstärkte Berücksichtigung der **demografischen Entwicklung**. Die Alterspyramide hat sich längst nahezu auf den Kopf gestellt. Geburtenstarke Jahrgänge gehen in Rente, die Zahl der Senioren in einer Gemeinde steigt, während die nachwachsende Bevölkerung zurückgeht. Durch Einwanderungseffekte steigen die Sozialleistungen an und mit der Integration vor Ort bekommen die Kommunen eine neue Aufgabe. Die Infrastruktur, die für mehrzügige Jahrgänge in den Schulen und Kindertagesstätten ausgelegt ist, bleibt teilweise ungenutzt, während die Nachfrage nach geeigneten Grundstücken und Gebäuden für Senioren- und Pflegeheimen steigt. Veränderungen bei der Bevölkerungsentwicklung wirken sich in stärkerem Maße auf die Investitionen aus, als das noch von einigen Jahrzehnten der Fall war. Hierin liegt eine besondere Herausforderung. Die Abwägung zwischen Investitionsverzicht in Zeiten notwendiger Konsolidierung und demografisch angezeigter Fortentwicklung der gemeindlichen Infrastruktur kann daher nur im Einzelfall vor Ort getroffen werden. Dabei kommt es darauf an, inwiefern Nachteile bei Investitionsaufschub entstehen und später nicht mehr kompensiert werden können.

## 5.5 Konsolidierung durch interkommunale Zusammenarbeit

Unter interkommunaler Zusammenarbeit ist eine Verwaltungskooperation zwischen kommunalen Aufgabenträgern, zumeist Gebietskörperschaften, zu verstehen. Besonders einzelne Gemeinden suchen bei finanziell anspruchsvollen Vorhaben den Weg einer interkommunalen Zusammenarbeit. Spielt dabei die geografische Lage eine Rolle, ist häufig die Nachbargemeinde ein potenzieller Partner. Bei Partnerschaften zwischen einer kleineren und einer größeren Gemeinde sucht die kleinere Gemeinde den Weg zu einer Aufgabenerfüllung, die ihr allein zu groß ist und wo sie vom »Knowhow« des größeren Partners profitiert. Gleich große und ähnlich strukturierte Gemeinden können auch geeignete Partner sein, um eine stärkere Schlagkraft oder ein größeres Einzugsgebiet zu bekommen. Es gibt also reichlich Gründe für eine Verbindung zu interkommunaler Zusammenarbeit.

Schließen sich zwei oder mehrere Kommunen zu einer Kooperation zusammen, so hat dies in der Regel drei Gründe, die alle zusammen oder einzeln zutreffen können:

- Effizienz bei der Aufgabenerfüllung,
- Realisierung gemeinsamer Ziele,
- Kosteneinsparungen.

Besonders der letztgenannte Punkt »Kosteneinsparungen« ist ein durchschlagendes Argument, welches auch geeignet ist, das »Gespenst« der Privatisierung zu vertreiben, von dem es bekanntlich das Gerücht gibt, durch Privatisierung sei alles besser und billiger. Allerdings glaubt das aktuell kaum noch einer, nachdem diese Annahme zu oft nicht eingetreten ist.

Kraft ihrer Organisationshoheit entscheiden die Kommunen über die Form ihrer Aufgabenerledigung, sofern nicht der Gesetzgeber im Einzelfall dazu verbindliche Regelungen getroffen hat.

Grundsätzlich geeignet für eine interkommunale Zusammenarbeit, sind alle Bereiche, die bereits in der Praxis mehr oder weniger erfolgreich ausgetestet worden sind. Dazu gehören Bauhöfe, Volkshochschulen, Teile kultureller Zusammenarbeit, die Ausweisung gemeinsamer Gewerbegebiete, Wasser- und Energieversorgung sowie Projekte im Bereich Tourismus und Regionalmarketing. Besonders regionalorientierte Gesichtspunkte, wie eine gemeinsame Raumplanung, Personennahverkehr oder der Umweltschutz, sind gut geeignet für Kooperationen.

Ferner eignen sich Druckereien, die bekanntlich einen gewissen Auslastungsgrad erreichen wollen. Selbst in dem sehr ortsverbundenen Bereich der freiwilligen Feuerwehr gibt es gemeindeübergreifend gute, weil kostensparende Möglichkeiten der Zusammenarbeit. Selbstverständlich immer unter dem Gesichtspunkt, dass der Brandschutz überall und dauerhaft gewährleistet ist.

Auch der Sektor der internen Servicebereiche ist in Teilen geeignet, so etwa die Informationstechnik, ein gemeinsamer Einkauf von Büroausstattung, Schulbedarf oder Büromaterial sowie Personaldienstleistungen.

Dass es trotz dieser Vorteile und der Vielfalt denkbarer Zusammenarbeitsfelder nicht häufiger zu einer interkommunalen Zusammenarbeit kommt, mag an den möglichen Nachteilen liegen, die mancherorts stärker ausgeprägt sind.

Zunächst ist es ein nachhaltiges »Kirchturmdenken«. Darunter versteht die Politikwissenschaft politische Entscheidungen, die vor allem eine eng umgrenzte Zielgruppe oder eine bestimmte Region bevorzugen. Frei nach dem Motto »alles, was ich bei mir im Ort haben möchte, darf nicht woanders vorkommen«, hindert diese Auffassung die Zusammenarbeit im Bereich gemeinsam genutzter Einrichtungen. Auch sind Uneinigkeiten bei der notwendigen Absprache von Details über die Kooperation der Zusammenarbeit hinderlich. Daneben können eine gewisse Skepsis oder schlechte Erfahrungen auch ein Gegenargument sein. Nicht jede Zusammenarbeit in der Vergangenheit war ein Erfolgsmodell. Die Art der Rechtsform, eine strategische Planung, Finanzkalkulation und eine vorher sorgsame Analyse der Aufgabenwahrnehmung sind unabdingbar.

Interkommunale Zusammenarbeit, bei den »richtigen« Aufgabenfeldern umgesetzt, wirft einen Konsolidierungsbeitrag ab.

Eine generelle Empfehlung verbietet sich, weil die örtlichen Besonderheiten die geeignete Form der Zusammenarbeit stark beeinflussen können. Auf interkommunale Zusammenarbeit generell zu verzichten, sie nicht zu erkennen und stattdessen auf interkommunale Konkurrenz zu setzen, wäre in jedem Fall der falsche Weg.

## 5.6 Konsolidierung bei der Politik – ein Tabu?

Beim üblichen Gang der Dinge arbeitet die Verwaltung das Konsolidierungskonzept aus und legt es zusammen mit dem Entwurf des Haushaltsplans dem Kommunalparlament zur Beschlussfassung vor. Dabei besteht das Haushaltskonsolidierungskonzept aus Vorschlägen, die die Verwaltung quer durch ihre Aufgabenfelder zusammengetragen hat. Selbstverständlich hat die Verwaltung dabei alle Aufgabenbereiche überprüft und geeignete Maßnahmen aufgelistet. Ein Bereich kommt gleichwohl darin zumeist nicht vor – der der Politik.

Wenn nun die Verwaltung bei sich selbst konsolidiert und Politik und Verwaltung doch juristisch als Einheit »Gemeinde« gelten, warum soll dann der Bereich der Politik ausgeklammert werden? Vielleicht, weil die Politik letztendlich den Beschluss über den Haushalt und einzelne Konsolidierungsvorhaben fassen muss und damit das Sagen hat? Schließt sie das automatisch von eigenen Bemühungen bei sich selbst aus? Zugegeben, ein heikles Thema.

Besonders deshalb, weil eine häufig vorzufindende Idee zur Haushaltskonsolidierung in dem Vorschlag zur Personalkosteneinsparung bei der Verwaltung besteht, und die in jedem Fall ohne Leistungseinschränkungen zu erfolgen hat. Schließlich sei die Verwaltung überbesetzt.

Kommt Ihnen bekannt vor? Kein Wunder, ist es doch oftmals der erste Gedanke eines jeden Kommunalpolitikers. Drehen Sie den Spieß aber um und schlagen Einsparungen bei der Politik vor, schauen Sie in verdutzte Gesichter. Als es in Niedersachsen möglich war, die Kommunalparlamente zu verkleinern, wurde dies in den Gemeinden überwiegend abgelehnt. Als Begründung war dann zu hören, man sei eher noch unterbesetzt und müsse sich in viel mehr Themen einarbeiten und die Verwaltung noch stärker kontrollieren (!) – und außerdem können alle anberaumten Sitzungen nicht vollständig wahrgenommen werden, weil es terminlich schon eng genug sei. Tatsächlich aber ließe sich durch die Reduzierung der Parlamentsmandate auf die gesetzliche Mindestzahl durchaus eine nennenswerte Kostenersparnis erzielen, die durchaus in einer Wahlperiode eine 5-stellige Summe ausmachen kann.

Als eine Begründung der Politiker habe ich das Argument angeführt, die Vielzahl der Sitzungen erfordere eine größere Anzahl an Mandatsträgern. Aber ist das wirklich so? Welche Effizienzsteigerung soll damit verbunden sein?

Damit wären wir exakt bei einem weiteren Vorschlag der Konsolidierung bei der Politik, nämlich die Verringerung der Sitzungshäufigkeiten. Und wieder gilt es, Vorurteile und langjährig überkommene Praktiken zu überwinden.

Ein Bürgermeister erzählte mir einmal, er habe pro Jahr ca. 350-400 Sitzungstermine. Nun seien das nicht nur eigene Sitzungen seiner Gemeinde, sondern auch überörtliche Gremientermine, die er wahrzunehmen habe. Auf meine Frage, was denn sein Arzt dazu meine, wurde er nachdenklich. Dabei räumte er ein, dass nicht jeder dieser Termine wichtig sei, aber er sei nun mal der Bürgermeister und müsse sich zeigen.

Aus meiner eigenen kommunalen Erfahrung weiß ich, dass mancherorts eine Mindestzahl an Sitzungsterminen für bestimmte Gremien im Ortsrecht vorgeschrieben ist. Danach haben Sitzungen auch dann stattzufinden, wenn es keine Beratungspunkte gibt. Der normale Menschenverstand setzt an dieser Stelle aus.

Führen wir uns vor Augen, welche Kosten durch Sitzungen von kommunalen Gremien entstehen, so ist es durchaus ein überlegenswerter Punkt. Die Vor- und Nachbereitung der Sitzungen erfolgt im Regelfall durch Verwaltungspersonal. Einladung, Sitzungsunterlagen und Protokolle werden zusammengestellt und verschickt. An den Sitzungen nehmen auch Verwaltungsmitarbeiter teil. Mindestens ein Protokollführer und häufig auch weitere Mitarbeiter, die einzelne Beratungspunkte begleiten müssen. Sitzungsgelder sind zu berechnen und auszuzahlen. Sofern der Sitzungsdienst bereits papierlos arbeitet, entfallen bereits erste Materialkosten.

Es dürfte jedenfalls nicht schwerfallen, zumindest einmal die Zahl und Wichtigkeit der Sitzungen über einen bestimmten Zeitraum zu überprüfen. Sofern sich daraus die Erkenntnis ableitet, die Sitzungshäufigkeit zu verringern, wäre das eine Maßnahme für die Haushaltskonsolidierung.

Zunächst stellt sich die Frage, ob eine Sitzung tatsächlich erforderlich ist. Auch der Zeitpunkt sollte sorgsam bedacht werden: Gleich am Montagmorgen zwei Stunden in einer Besprechung zu sitzen, das muss nicht sein. Außerdem sollten Sitzungen diszipliniert und pünktlich beginnen – sonst sind viele Teilnehmer schon genervt, bevor es überhaupt losgeht.

Wenn diese Formalien geklärt sind, ist es häufig ein Problem, dass trotz bestehender Tagesordnung zuweilen ziellos irgendwelche Neuigkeiten ausgetauscht werden, deren Wichtigkeit der Erzähler hoch einschätzt, während seine Zuhörer auf die eine oder andere »Anekdote« durchaus verzichten könnten. Durch eine straffe Sitzungsführung lässt sich dergleichen vermeiden. Ein weitverbreitetes Übel ist auch die ständige Wiederholung von Aussagen, die bereits andere zu Protokoll gegeben haben. »Es ist schon alles gesagt – nur noch nicht von allen.« Das mag mit der Unsicherheit einzelner Teilnehmer zusammenhängen, wenn sie das freie Reden nicht gewohnt sind. Es gipfelt bisweilen auch in purer Selbstdarstellung.

Sinnvoll erscheint mir ebenfalls, für bestimmte Formen von Gremienarbeit Redezeiten festzulegen. Das zwingt die Teilnehmer, auf den Punkt zu kommen und verhindert, dass sie sich in einen Rausch reden und sich in Abschweifungen verlieren, die letztlich mit dem eigentlichen Thema nichts mehr zu tun haben. Viel reden ist kein Ausdruck von Kompetenz. Kompetent ist eher der, der sich verständlich ausdrücken kann und auf den Punkt kommt.

Nun werden mir einige Kommunalpolitiker sicherlich widersprechen. Schließlich dienten die Zusammenkünfte zu Sitzungen nicht nur der formell abzuhandelnden Tagesordnung, sondern es sei wichtig, dass man sich von Zeit zu Zeit zusammensetzen und über alle Probleme zum Wohle der Gemeinde sprechen würde, und dies nicht unter Zeitdruck. Nach meinen Beobachtungen werden dabei häufig notwendige politische Beratungen, die normalerweise innerhalb einer Fraktion stattfinden, mit öffentlichen Sitzungen unter Beteiligung der Verwaltung und den Gemeindebürgern verwechselt. Manche Ratssitzungen mutieren zu Showveranstaltungen, um die anwesenden 4-5 Zuhörer zu beeindrucken. Überdies wird vergessen, dass die Verwaltung zu den öffentlichen Sitzungen im Regelfall eine Reihe von Mitarbeitern zur Teilnahme abstellt und für diese Mitarbeiter die bezahlte Arbeitszeit möglicherweise noch läuft, während der Kommunalpolitiker bereits mit dem ersten Getränk in der Hand dies und das noch einmal gemächlich Revue passieren lässt. Zugegeben – dies sind in der Summe oft nur Kleinigkeiten, die vor allem finanziell nicht so sehr ins Gewicht fallen. Auch sind sie schwer zu beziffern und daher nicht leicht belegbar. Jedoch ist eine Sitzungsordnung mit vernünftigen Regeln und eine straffe Sitzungsführung grundsätzlich empfehlenswert. Und schließlich kann auf das Jahr hochgerechnet doch einiges zusammen kommen – schauen Sie auf meine oben geschilderte Begegnung mit dem Bürgermeister, der jährlich 350-400 Sitzungstermine wahrnimmt.

Für die Sitzungen werden örtlich unterschiedlich Sitzungsgelder gewährt. Da sie in der Regel Aufwandsentschädigungen sind und häufig nicht den wirklichen Verdienstausfall abdecken, ist ihr Konsolidierungsfaktor aber eher gering.

Ein weiterer Punkt könnte sich durch die Überprüfung der vorhandenen Fachausschüsse ergeben. Fachausschüsse beraten und legen dem Kommunalparlament Beschlussempfehlungen vor. Dabei wird die Bildung der Fachausschüsse häufig an das Organigramm der Kommune angelehnt, um alle Aufgabenbereiche mit Fachausschüssen abzudecken. Diese Automatik gilt es zu hinterfragen und – soweit vertretbar – Ausschüsse zusammenzulegen. Die dadurch wiederum entstehende Verringerung der Sitzungen wäre ein weiterer Einspareffekt.

## 5.7 Externes Haushaltskonsolidierungskonzept

**... oder »Der Prophet gilt im eigenen Lande nichts«**
Es gibt sprichwörtliche Redewendungen, deren Ursprung und tieferer Sinn sich einem nicht erschließt. Andere wiederum sind sehr lebensnah und, obwohl sie sicher in einem anderen Zusammenhang mal entstanden sind, auf bestehende Probleme oder existierende Konstellationen gut anwendbar. Ich meine die Aussage »Der Prophet gilt im eigenen Lande nichts«. Der Überlieferung nach entstammt diese Aussage sogar aus der Bibel. Jesus sprach zu seinen Jüngern: »Ein Prophet gilt nirgends weniger als in seinem Vaterland und in seinem Hause«. So wird also ein großer Denker in der Fremde mehr geschätzt als in seinem Vaterland. Eine mögliche Erklärung ist, dass er von heimatlichen Kleingeistern oder Neidern abgelehnt wird.

Im Zusammenhang mit Haushaltskonsolidierungskonzepten lässt sich genau dieses Phänomen beobachten. Eine sich zuspitzende, immer problematischer werdende Finanzlage wirft fast automatisch die Frage auf, ob die angewandten Instrumente zur Beseitigung des Haushaltsnotstands die richtigen sind. Dem Sinn und Zweck nach ist die Haushaltskonsolidierung nur ein vorübergehender Prozess zur (Wieder-)Gesundung der Finanzlage und führt final zum gewünschten Erfolg.

Was aber, wenn nicht?

Je schwieriger und länger anhaltend die Haushaltskonsolidierung andauert, desto komplizierter wird es auch für den Kämmerer, mit seinen immer neuen Konzepten und Ideen, wenn schon nicht für Begeisterung, so doch zumindest für die Bereitschaft zur Umsetzung zu sorgen. Mit Erfolg oder Misserfolg bei der Haushaltskonsolidierung verknüpft sich doch möglicherweise der Karriereweg des für die Finanzen einer Gemeinde zuständigen Beamten.

Zwar ist der Kämmerer nicht persönlich für die Haushaltsnotlage verantwortlich. Und doch ist die Misere immer auch ein Stück weit seine eigene. Das bringt ihn zwar nicht zwangsläufig persönlich in Misskredit. Es kommt eher dazu, dass seinen Ansichten, Einschätzungen und Analysen nicht mehr getraut wird, dagegen aber (konträre) Meinungen Außenstehender höher im Kurs stehen. Bei sich fortsetzender Lähmung kann dieser schleichende Prozess bewirken, dass der hauseigenen Finanzabteilung indirekt mangelnde Sachkenntnis vorgeworfen wird.

Die Motive dafür mögen nicht immer nur in erfolgloser Haushaltskonsolidierung zu finden sein. Auch taktische Spielchen in der Kommunalpolitik zugunsten eigener Vorteile oder bestimmter politischer Ziele können eine Rolle spielen. Was auch immer letztlich dahinter steckt: Fährt die Haushaltskonsolidierung erst einmal in die Sackgasse und ist das Vertrauen in die Entscheidungen der eigenen Verwaltung beeinträchtigt, kommt es zur geschilderten sprichwörtlichen Situation.

In dieser Bedrängnis ist es vielleicht ein denkbarer Weg, die Haushaltskonsolidierung in fremde Hände zu legen, sie externen Personen zu übertragen. Eine Unternehmensberatungsgesellschaft, die sich am Markt tummelt und Betriebe gewerblicher Art zu ihren Kunden rechnet, kennt sich im Regelfall nicht speziell mit kommunalrechtlichen Besonderheiten der Gemeinden, Städte und Kreise aus. Sie auszuwählen macht nur Sinn, wenn zu erwarten ist, dass umsetzbare Ideen und Strategien entwickelt werden. Möglicherweise ist man besser beraten, jemanden mit kommunaler Erfahrung zu suchen.

Zu den Voraussetzungen einer externen Beratung oder Erstellung eines Haushaltskonsolidierungskonzepts gehört neben der Sachkenntnis der beauftragten Person oder des beauftragten Unternehmens die vorhandene Bereitschaft, auf fremden Rat zu hören. Selbstverständlich müssen hierfür Honorarzahlungen geleistet werden, für die Haushaltsmittel vorzusehen sind. Je nach Art und Umfang kann das durchaus ein fünfstelliger Betrag werden. Auch wenn diese Erkenntnis zunächst einmal abschreckt: Erfahrungsgemäß finden Außenstehende häufig Ansatzpunkte, die den eigenen Leuten verschlossen geblieben sind. Vielleicht entwickeln sie in ihrer unvoreingenommenen Art und ohne Rücksicht auf Interessengruppen in der Gemeinde Ideen, auf die niemand gekommen ist. Ich habe bereits an anderer Stelle darauf verwiesen, dass die Aussage, man sei »auskonsolidiert« sehr genau überprüft werden sollte. Meist schlummert unentdecktes Konsolidierungspotenzial vor sich hin und erst einem externen Betrachter wird dies deutlich.

Ein weiterer Vorteil eines externen Haushaltskonsolidierungskonzepts ist die Tatsache, dass es nicht »nebenbei« betrieben wird. Die eigenen Mitarbeiter einer Verwaltung sind auf ihrem Arbeitsplatz in der Regel mit anderen Aufgaben vorrangig befasst und erledigen Aufgaben in der Haushaltskonsolidierung zusätzlich. Selbstverständlich muss dieser Umstand nicht zwangsläufig immer negativ bewertet werden. Tatsache aber ist: Die Haushaltskonsolidierung findet möglicherweise nicht in voller Konzentration statt, sondern während der »normalen« Aufgabenerfüllung. Und wenn man sich eben nur auf **eine** Aufgabe wirklich konzentrieren kann, vernachlässigt man eine andere.

Dagegen gilt es heute schon nicht mehr als Vorteil einer externen Haushaltskonsolidierung, dass diese stärker betriebswirtschaftlich ausgerichtet sein würde. Einerseits ist die öffentliche Verwaltung zuletzt durch die Änderung des kameralistischen Rechnungswesens hin zu einem doppischen Rechnungswesen bereits stärker mit betriebswirtschaftlichen Instrumenten versehen worden. Bestehende Wirtschaftlichkeitsprinzipien wurden verstärkt und Kennzahlen fanden Eingang in die haushaltswirtschaftliche Betrachtung. Andererseits sind auch gänzlich betriebswirtschaftliche Bewertungen einzelner hoheitlicher Aufgabenbereiche nicht immer zulässig oder zielführend. Die Feuerwehr fährt weiterhin zu jedem Brand und nicht nur zu jedem zweiten. Das Ordnungsamt führt bei einer bestehenden Gefahr für die öffentliche Sicherheit und Ordnung keine Kosten-Nutzen-Rechnung durch, um zu überprüfen, ob eine Maßnahme getroffen werden sollte. Kurzum – nicht alle Aufgabenbereiche lassen sich uneingeschränkt dahingehend konsolidieren, dass man ihren Wirkungsbereich einschränkt oder herunterfährt. Und trotzdem mag es in den genannten Bereichen Konsolidierungspotenzial geben. Zumindest lässt sich das nicht von vornherein ausschließen.

Bei der Entscheidung über ein externes Haushaltskonsolidierungskonzept muss auch der erhebliche Zeitaufwand berücksichtigt werden, der mit der Erstellung verbunden ist. Stellen Sie sich vor, sie kommen zum ersten Mal in eine Stadt und sollen dort Konsolidierungsstrategien entwickeln. Zunächst einmal müssen Sie die Verhältnisse vor Ort so gut kennenlernen, dass Sie in der Lage sind, anforderungsgerechte, wirksame und konkrete Maßnahmen zu entwickeln und nicht lediglich allgemeine Empfehlungen zu geben. Abgesehen davon müssen Sie annehmen, dass die meisten der allgemeinen Ratschläge ohnehin bereits bekannt sind. Es wird somit Beratungen über Ziel und Vorgehensweise, Abstimmungen und Koordinationsaufwand geben. Der damit verbundene Aufwand ist nicht zu unterschätzen. Vor allem die Einbindung der Politik wird einigen Sitzungsaufwand verursachen. Es werden Meilensteine zu vereinbaren sein, Analysen und Berichterstellungen, die wiederum abzustimmen sind. Das Ganze wird einer abschließenden Kontrolle unterzogen und bis dahin die Bälle vielfach hin und her gespielt.

Wen das nicht abschreckt, der möge diese Linie verfolgen. In einigen mir bekannten Beispielen waren die Kosten für die externe Beratung gemessen am zusätzlich aufgezeigten Konsolidierungspotenzial äußerst gering. Wichtig ist in jedem Fall, dass sich der Hauptverwaltungsbeamte und die Politik über eine externe Beauftragung einig sein sollten, und dass auch die Verwaltungsmitarbeiter sich dieser Maßnahme gegenüber aufgeschlossen zeigen. Sie zu überzeugen ist eine Führungsaufgabe.

## Bausteine eines externen Haushaltskonsolidierungskonzepts

Um den eben erwähnten erheblichen Aufwand bis hin zu einem externen Haushaltskonsolidierungskonzept zu verdeutlichen, habe ich nachstehend die einzelnen Bausteine aufgeführt.

- **Projekt- und Zeitplan**
  Am Beginn einer solcher Aufgabe steht für gewöhnlich ein umfassender Projekt- und Zeitplan. Darin ist deutlich zu machen, über welchen Zeitraum sich die einzelnen Projektschritte erstrecken sollen. Der Plan dient letztlich auch als Abrechnungsgrundlage, indem er die Arbeitszeiten und Arbeitstage des Dienstleisters erfasst. Gleichzeitig weist er die Zuständigkeiten für einzelne Schritte innerhalb der Verwaltung und für das Dienstleistungsunternehmen aus und benennt die verwaltungsinternen Ansprechpartner. Der Gesamtzeitbedarf sollte nicht zu knapp bemessen werden. Schließlich muss sich der Dienstleister zunächst in umfangreiches Daten- und Zahlenmaterial einarbeiten. Es wird Abstimmungsprozesse und Sitzungstermine geben. Insofern dürfte der Gesamtzeitbedarf nicht in Wochen, sondern eher in Monaten zu bemessen sein.
- **Erhebung und Analyse finanzwirtschaftlicher Rahmendaten**
  Mittels vorbereiteter Tabellen und Kennzahlen werden die wesentlichen Finanzzahlen zusammengetragen. An dieser Stelle kann auch ein Vergleich mit zuvor sorgfältig ausgewählten Referenzkommunen vorgenommen werden.
  Am Ende dieser Erhebung ist eine Feststellung über die Größenordnung des Konsolidierungsbedarfs zu treffen.
  Damit einher geht der Abgleich, welche Maßnahmen die Kommune bisher selbst initiiert hat und welchen Erfolg sie brachten. Außerdem sind noch laufende Konsolidierungsmaßnahmen zu bewerten.
- **Einbeziehung des demografischen Faktors**
  Die demografische Entwicklung der Kommune ist anhand ausgewählter Studien festzustellen und ggf. zu prognostizieren. Aus den Erkenntnissen lässt sich der künftige Infrastrukturbedarf ableiten. Die Konsolidierungsmaßnahmen müssen mit den demografischen Entwicklungen zusammenpassen.
- **Entwicklungsziele und Leitbilder**
  Als wichtige Grundlage der künftigen Entwicklung sind Leitbilder und Ziele der Kommune für ihren Standort zu ermitteln. Das kann durch Erhebungen innerhalb der Bevölkerung oder auch durch politische Beschlüsse formuliert sein. Die Konsolidierungsmaßnahmen sollen den künftigen Entwicklungszielen und Leitbildern nicht widersprechen.
- **Ergebnisse der Aufgabenkritik und ggf. Mitarbeiterbefragung**
  Soweit bereits Aufgabenkritik betrieben wurde, sind die Ergebnisse einzubinden (vergleiche hierzu das Kapitel 4.3 »Aufgabenkritik«).

- **Analyse der Rahmenbedingungen zur Organisation**
  Die Organisationsstruktur und die Personalbedarfsbemessung sind weitere Ansatzpunkte für Untersuchungen. Im Rahmen vergleichender Betrachtungen mit Referenzkommunen ergeben sich möglicherweise Anhaltspunkte für Veränderungen. Darin einbeziehen sind auch ausgegliederte Verwaltungsbereiche wie etwa Eigenbetriebe, Gesellschaften und Zweckverbände.
- **Darstellung der Ansatzpunkte für Konsolidierungsmaßnahmen**
  Hier liegt der Schwerpunkt des Konsolidierungskonzepts. Aufgrund der vorgenannten Erkenntnisse und Datenerhebungen werden alle einzelnen neuen Maßnahmenbeschreibungen analytisch und mit entsprechenden Zahlen belegt ausführlich dargestellt.
- **Zusammenfassung/Ergebnis**
  Das Ergebnis aller Vorschläge wird in tabellarischer oder anderer geeigneter Form aufsummiert dargestellt, so dass hieraus eine Gesamthaushaltsverbesserung ersichtlich wird, die durch die Summe aller Maßnahmen freigesetzt werden kann.

Letztlich bedarf es anschließend nur noch der politischen Entscheidung durch das parlamentarische Gremium der Kommune.

Sie beschließt über die Maßnahmen und das neue Haushaltskonsolidierungskonzept unter Berücksichtigung der erzielten Ergebnisse externer Untersuchung.

## 5.8 Woran man ein schlechtes Haushaltskonsolidierungskonzept erkennt

**... eine nicht ganz ernst gemeinte Analyse**

Um das Positive im Hinblick auf Form, Darstellung und Inhalt von Haushaltskonsolidierungskonzepten zu verdeutlichen, lassen sich auch Negativbeispiele anführen.

Die nachfolgende Auflistung zeigt mit einem Augenzwinkern, woran schlechte Haushaltskonsolidierungskonzepte zu erkennen sind – und soll Sie dazu inspirieren, wie Sie es besser machen können.

**Langes Vorwort**

Am Beginn des Haushaltskonsolidierungskonzeptes steht für gewöhnlich eine kurze Ursachenbeschreibung, ein Ausblick auf die geplanten Maßnahmen und eine Prognose in die Zukunft.

Angesichts jahrzehntelang bewährter Regeln in der Verwaltung müssen Drucksachen, Beratungsvorlagen, Pläne und Konzepte immer eine gewisse Mindestlänge haben, um für gut befunden zu werden. Da sorgt ein langes Vorwort zum Beispiel über die Anfänge der Industrialisierung in dieser Gemeinde für den notwendigen Lückenschluss beim historisch nicht bewanderten Gemeindemitglied und vor allem für den gewünschten Textumfang.

Schließlich lässt sich mit einem langen Vorwort von kurzem Inhalt ablenken. Außerdem macht es sich allemal besser, nur über Dinge zu schreiben, von denen man etwas versteht.

**Schuld sind immer die anderen**

Schuldzuweisungen machen sich generell gut. Der Kämmerer betritt mit der schweren Bürde der finanziellen Last und Verantwortung die Bühne des Ratssaales und weiß, dass sich alle Blicke auf ihn richten. Bereits seine einleitenden Worte sind von unermesslicher Bedeutung für den weiteren Verlauf der Sitzung. Die Finanzlage ist schlecht – das wissen alle. Aber warum es so ist, das wissen nur die Finanzfachleute. Da passt es gut, alle Anwesenden kurz auf die eigene Linie und Sichtweise einzuschwören. Schließlich darf keinesfalls deutlich werden, dass es hausgemachte Fehler gibt oder keiner irgendwelche Gründe für die Misere kennt oder gar Umstände genannt werden, die den Bürgermeister und die Mehrheitsfraktion verärgern könnten.

Was also ist die Strategie?

Na klar, die Schuld haben die, die nicht da sind, sich nicht wehren können, früher an verantwortlicher Stelle tätig waren und – wenn das alles nicht reicht – dann sind Bund und Land schuld. Schließlich könnten die so viel zusätzliche Finanzmittel zur Verfügung stellen, dass sich der Haushalt ohne Fehlbedarf aufstellen lässt und gleichzeitig alle politischen Wünsche in Erfüllung gehen. Ein paar zusätzliche Allgemeinplätze lassen sich ergänzend gut einbauen. Also los: »Die Steuererträge sind ungerecht verteilt. Es gibt neue Gesetze, die nur Geld kosten und alle Probleme werden ohnehin nur den Kommunen aufgedrückt ...« Was soll man dagegen sagen?

**Falsche inhaltliche Gewichtung**

Kernstück des Haushaltskonsolidierungskonzepts sind die Maßnahmen und die Darstellung der daraus resultierenden finanziellen Auswirkungen. Schaut man auf das Konzept als Ganzes, entsteht immer eine Vorstellung davon, wie die einzelnen Maßnahmen anteilsmäßig repräsentiert sein sollten.

Diese Vorstellung hat auch der gebeutelte Kämmerer einer Kommune. Er braucht in jedem Fall 100 %. Und das ist sein Problem. Er verfügt nur über 10 % inhaltliche Substanz. Schlechterdings sind darunter auch einige »alte Hüte«, die genau genommen schon einmal verbraten wurden oder gar keine wirklichen Maßnahmen waren. Und genau hier erfolgt die falsche Weichenstellung: Anstatt mittels Kreativtechniken oder Einsatzes zusätzlicher Beratungen oder Arbeitsgruppen neue Substanz zu bilden, werden Nebelkerzen geworfen und mit allgemeinen Ausführungen versucht zu retten, was nicht da ist.

Wenn Ihnen das bekannt vorkommt, lesen Sie ein Haushaltskonsolidierungskonzept mal gezielt kritisch und schreiben Sie die Essenz daraus auf einen Notizzettel. Da verwundert dann nicht, wie wenig Substanz aus vielen Seiten Text bleibt, wenn einmal das Sieb angesetzt wird. 10 % konkrete Maßnahmen bei 90 % allgemeinem Geschwafel ist dann doch nicht die richtige Mischung.

**Fehlende Transparenz**
Um die richtigen Haushaltskonsolidierungsmaßnahmen zu finden, bedarf es einer vorherigen Durchleuchtung des Haushalts. Es gilt, die großen Einnahme- und Ausgabeblöcke freizulegen und zu analysieren. Diese Veranschaulichung geschieht mittels Tabellen und Grafiken, die das umfangreiche Zahlenmaterial dem Leser nachvollziehbar vor Augen führen sollen. Ohne diese Transparenz ist schlicht keine Entscheidungsgrundlage da.

Fehlen Tabellen und Grafiken, beschleicht einen zuweilen das Gefühl, dass die Analyse bewusst zu kurz kommen soll. Warum dann manches nicht aufgezeigt wurde, begründet sich frei nach dem früheren Bundesinnenminister: »Ein Teil meiner Antworten könnte die Bevölkerung verunsichern.« Es lebt sich eben leichter, wenn man nicht alles weiß. Konsequenterweise wird dann das Haushaltskonsolidierungskonzept eine Stufe tiefer gehängt. Vielleicht merkt es keiner.

**Fremde Erfolge werden zu eigenen**
»Wir sollten nicht immer alles nur negativ sehen. Die Lage ist zwar schlecht, aber wir haben enorme Erfolge erzielt. Und wenn es so weitergeht ...«

Wovon ist hier eigentlich die Rede?

Kennen Sie diese Durchhalteparolen?

Ein wenig Verständnis für die leitenden Beamten einer Kommune kann doch aufgebracht werden, oder?

Immerhin wird von ihnen erwartet, dass sie für alle Probleme eine Lösung haben – oder zumindest finden. Mit dieser Erwartungshaltung haben sie selbst zu kämpfen. Da werden dann schon mal glückliche, aber auch zuweilen zufallsbedingte Umstände zu eigenen Erfolgen umgedeutet.

Beispiele gefällig?

Nehmen Sie eine gute konjunkturelle Entwicklung und die Steuerquellen sprudeln.

Oder die Kreditzinsen fallen und plötzlich halbiert sich der Schuldendienst. Oder das Land zeigt sich den Kommunen zugeneigt und fördert deren Aufgaben ... Alles nicht selbst erarbeitet, aber wir würdigen jede gute Nachricht, egal wo sie herkommt. Und bei der Aufzählung weiterer Heldentaten der stets bemühten Mitarbeiter bleibt die positive Stimmung erhalten. Also sind das die Themen, über die wir in den Kommunalparlamenten reden sollten! Das sorgt für Zustimmung und lässt alle anderen Probleme plötzlich klein und nichtig erscheinen. Abschließend kommt das Selbstlob, weil man gut gearbeitet hat, und alle gehen zufrieden nach Hause. Haushaltskonsolidierung kann auch Freude bereiten.

**Kein Ausgleich in Sicht**

So ein Haushaltskonsolidierungskonzept hat doch tatsächlich einen Sinn. Es soll den Haushaltsausgleich innerhalb einer bestimmten Frist wiederherstellen. Gut, wenn daran ab und zu erinnert wird. Ohne Zweifel ist mancherorts die Finanzlage – und gern auch unverschuldet – derart dramatisch, dass kein Licht am Ende des Tunnels zu erkennen ist.

Aber auch dort, wo die Kommunen nicht derart klamm sind, drückt man sich gern um diese formelle Anforderung. Schließlich könnte man darauf festgelegt werden.

Ist das Konzept dann überhaupt eins?

Und was ist, wenn selbst der Bürgermeister nicht mehr weiß, wie es weitergehen soll?

An anderen Orten heißt es bisweilen: »Antworten Sie bitte nach bestem Wissen und Gewissen.«

Einen Haushaltsausgleich zu prognostizieren oder gar annähernd zu berechnen ist regelmäßig mit Unsicherheiten behaftet. Gleichwohl verlangt der Gesetzgeber dazu eine konzeptionelle Aussage. Was also tun? Kaffeesatz lesen? Nein!

Aber sicher dieses Buch.

**Keine Handschrift des Bürgermeisters**

Undenkbar, meinen Sie? Der führt doch die Verwaltung. Sicherlich. Aber es gibt diesen Typus Bürgermeister, der sich primär als guter Onkel der Gemeinde sieht und lieber Wohltaten verteilt. Sobald das Thema Haushaltskonsolidierung angesprochen wird, taucht er ab oder behauptet, er habe dazu bereits alles Notwendige getan.

Zugegeben – Haushaltskonsolidierung ist nicht zwangsläufig das Steckenpferd eines Bürgermeisters. Und doch erfordert diese Situation seine Führungsqualität und seine Leitlinien. Wohl dem, der welche hat.

Bei manchen Haushaltskonsolidierungskonzepten sind gewisse Zweifel angebracht. Zumindest merken Sie, ob die wesentlichen Leitlinien der Kommune sich darin wiederfinden, oder ob jemand das Konzept »nebenbei« erstellen ließ. Stadtpolitik aus einer Hand sollte auch in weniger guten Zeiten erkennbar bleiben und sich in das Fundament des Ortes einfügen. Und sei es, dass sich der Bürgermeister noch einmal bei den Großen der Politik bedient und das Wort »alternativlos« in die Runde wirft. Immerhin lässt er dadurch erkennbar werden, dass er Alternativen geprüft haben könnte. Oder besser noch: »ER« wird sichtbar.

**Falsche Prioritäten**

Der Haushaltsplan ist ein Buch mit sieben Siegeln – kaum einer versteht ihn. Und in der Tat ist die Bereitschaft bei den kommunalen Parlamentariern nur gering ausgeprägt, sich im Haushaltsplan auskennen zu wollen. Üblicherweise wird ein Fraktionsmitglied, das nicht schnell genug auf dem Baum war, zum haushaltspolitischen Sprecher bestimmt. Alle anderen lehnen sich bei Haushaltsberatungen in ihren Sessel zurück und heben nur noch an der verabredeten Stelle die Hand. Ach so ... und sie wissen natürlich, wo der Zuschuss des Vereins, in dem sie Mitglied sind, veranschlagt wurde.

So wird es ihnen wahrscheinlich auch nicht weiter auffallen, wenn das Haushaltskonsolidierungskonzept zwar vorhanden, aber doch wenig nützlich ist. Sind das schon falsche Prioritäten? Möglicherweise.

Falsche Prioritäten lassen sich auch im Haushaltskonsolidierungskonzept finden, wenn bei den Maßnahmen darin schlicht auf die falschen Pferde gesetzt wird.

Es ist ein ungeschriebenes Gesetz, bei der Haushaltskonsolidierung zunächst die Ausgabenseite auf Einsparpotenziale hin zu untersuchen. Haushaltskonsolidierung verletzt Interessen. Die Reduzierung liebgewonnener Ausgaben ist so eine Interessenverletzung. Da würde es doch passen, lieber stattdessen weitgehend geräuschlose Einnahmeerhöhungen als Maßnahmen vorzusehen.

Warum unnötigen Ärger einhandeln?

Dann schon lieber falsche Prioritäten setzen.

In eine ähnliche Stoßrichtung geht auch das nächste Beispiel:

Es gibt konsolidierungsverpflichtete Gemeinden mit ausreichend Konsolidierungsmöglichkeiten – aber sie tasten sie nicht an. Sie mauern lieber. Wie beim Skat.

Es gibt sie also immer noch – liebgewordene Steckenpferde und heilige Kühe. Ebenso auch Millionengräber, also Projekte, die viel Geld verschlingen, aber keinen wirklichen

Nutzen bringen und die lediglich aus unerklärlichen Prestigegründen verfolgt oder am Leben gehalten werden. Falsche Prioritätensetzung!

Haushaltskonsolidierung hat auch eine psychologische Ebene.

Sie hinterfragt den wirklichen Willen, der sich hinter dem kommunalen Handeln verbirgt. Ist er da, der Wille zur Haushaltskonsolidierung? Oder wird er nur vorgetäuscht? Und welche Motive verstecken sich hinter dem Handeln, wenn Opfer zu erbringen sind. Spannende Frage.

Werden jedenfalls falsche Prioritäten gesetzt, unterstelle ich vorsätzlich motiviertes Verhalten, um bestimmte Dinge bewusst zu tun oder bewusst zu unterlassen. Alles andere würde doch bedeuten, dass sich in der Kommunalverwaltung bei der Aufstellung des Haushaltskonsolidierungskonzepts nur einer auskennt und alle anderen ahnungslos sind – oder?

**Alternative Fakten bei der Haushaltsplanung**
Und wieder ein großes Zitat, diesmal aus Übersee.

Ein schlechtes Haushaltskonsolidierungskonzept liegt auch dann vor, wenn es fälschlicherweise gar keins gibt. Wie das?

Hier kommen die alternativen Fakten ins Spiel.

Haushaltsplanung ist zunächst einmal die Kunst, den Haushaltsausgleich auch dann herzustellen, wenn Sie ihn eigentlich gar nicht erreicht haben. Zu diesem Zweck wird an Schrauben – oder besser an Haushaltsansätzen – gedreht, die größere Posten darstellen und bei denen die Nachprüfbarkeit der Zahlen nur eingeschränkt möglich ist. Grundsätzlich sind die Haushaltsansätze zu errechnen. Ist das nicht möglich, sind sie sorgfältig zu schätzen. So schreibt es das Gesetz vor.

Der Grad der Sorgfalt bleibt dabei das Geheimnis des Zahlenverdrehers. Ungefähr so, wie die Hausfrau beim Wursteinkauf an der Schlachtertheke: »Darf es ein viertel Pfund mehr sein?«

Größere Haushaltsansätze wie etwa die Gewerbesteuer auf der Einnahmeseite oder die Personalausgaben oder die bauliche Unterhaltung auf der Ausgabeseite stellen dabei die notwendige Manövriermasse dar.

Sollte eine Kleinstadt dann etwa um sagen wir mal 500.000 Euro in die Haushaltskonsolidierung rutschen, während die genannten größeren Einnahme- oder Ausgabeansätze jeweils das 10-fache dessen ausmachen, kann durch eine kleine Verschiebung ein vielleicht nicht ganz realistischer, so doch auf dem Papier erreichter, Haushaltsausgleich dargestellt werden. Damit ist es nicht mehr notwendig, in die Untiefen der Haushaltskonsolidierung abzutauchen.

Okay – es wird Erklärungsbedarf geben, weil beim Jahresabschluss plötzlich größere Abweichungen zu den Planzahlen auftreten. Aber wäre das wirklich etwas Neues?

## 5.9 Markt der kuriosen Ideen oder alternative Strategien

Wer sich jahrelang an der Erstellung von Haushaltskonsolidierungskonzepten abgearbeitet hat, kommt erfahrungsgemäß irgendwann an den Punkt, wo es nicht mehr wirklich weitergeht. Alle Ideen sind schon ausprobiert und verbraucht, neue Strategien wollen nicht wirklich einfallen. Und trotzdem besteht angesichts fortgesetzt schwieriger Finanzlage weiterhin das Bedürfnis nach Konsolidierung. Die Haushaltskonsolidierungskonzepte enthalten spätestens dann zwischen den Zeilen mitunter den Ruf nach externer Hilfe und das Eingeständnis, man sei auskonsolidiert.

Natürlich geht das kommunale Leben auch dort weiter und etliche solcher Gebietskörperschaften haben sich mit der Defizitsituation ein Stück weit arrangiert. Letztlich ist das Land der Garant für den Fortbestand der kommunalen Selbstverwaltung – in welcher Form auch immer. Bevor es dabei aber zu übergreifenden Lösungen wie etwa kommunalen Zusammenschlüssen oder Gebietsreformen kommen muss, können bei der Haushaltskonsolidierung alternative Strategien ausprobiert werden.

Voraussetzung dafür ist lediglich die Bereitschaft, eingefahrene Pfade zu verlassen. Waren die bisherigen Konsolidierungsbemühungen nicht ausreichend oder ist tatsächlich nichts mehr zu holen, ohne dass schwerwiegende Nachteile für das kommunale Gemeinwesen drohen, ist die Hemmschwelle niedrig und es ist den Versuch wert, neue Wege zu beschreiten.

Die nachstehenden Beispiele zeigen Möglichkeiten auf, die in der Praxis schon einmal ausprobiert worden sind und bei denen es Erfolge zu verzeichnen gab. Selbstverständlich funktioniert niemals alles überall und es gibt sicher nachvollziehbare Gründe, weshalb einige dieser Vorschläge in bestimmten Kommunen von vornherein nicht infrage kommen. Aber vielleicht bekommen diese Kommunen hierdurch wiederum andere Ideen, die bei Ihnen funktionieren könnten. Also gehen Sie es doch einfach unvoreingenommen und wertneutral an und schauen sie mal drüber – über den Markt der kuriosen Ideen.

### Bürgerhaushalt einmal anders

Unter dem Begriff »Bürgerhaushalt« versteht der aufgeschlossene Kommunalpolitiker ein Mitspracherecht der Bevölkerung an den finanziellen und programmatischen Weichenstellungen innerhalb des Gemeinwesens. Der Bürger entscheidet mit, was gemacht wird. Unabhängig davon wie so etwas aufgezogen wird, bekommen solche Ideen üblicherweise eine Eigendynamik und entwickeln sich zu einem regelrechten Wunschkonzert. Das Ergebnis dieser unmittelbaren Demokratie führt nicht selten zu höheren Ausgaben als das bisherige und klassische Haushaltsaufstellungsverfahren. Damit wäre der konsolidierungspflichtigen Gemeinde nicht geholfen.

Warum aber nicht einmal den umgekehrten Weg versuchen und die Bürgerbeteiligung bei den Konsolidierungsbemühungen nutzen. Genauso wie es möglich ist, Ausgabenprogramme öffentlich zur Diskussion zu stellen, können Einsparmaßnahmen den Bürgern zur Entscheidung durch Abstimmung vorgelegt werden. Praktisch umsetzbar wäre das mit Hilfe einer Onlineplattform. Sie werden sich wundern, was Sie alles von den Bürgern und deren Haltung zu Einsparvorschlägen noch nicht wussten. Selbst einige »heilige Kühe« werden in den Augen der Bevölkerung nicht uneingeschränkt befürwortet. Dort wo sich beispielsweise ein Politiker nicht traut, über die Schließung eines Veranstaltungssaales oder Schulgebäudes öffentlich nachzudenken, kann der Bürger ungezwungen voten. Und hier zählen nicht nur die Stimmen der lautstarken Interessenvertreter, die bisher allein meinungsbildend durch die Gemeinde gezogen sind, sondern auch der Mensch von nebenan. Unmittelbare Demokratie, wie sie häufig verlangt wird. Und selbst wenn abschließend die Politik einige der Sparvorschläge wieder ein Stück weit aufweicht, so sollte unter dem Strich mit unmittelbarer Bürgerbeteiligung etwas übrigbleiben.

In der Praxis hat das einen zuvor überschuldeten Haushalt nachhaltig saniert.

In dem Maße, indem der Bürger Sensibilität für die Verschuldungsproblematik der Kommune entwickelt, ist er bereit, Einschnitte hinzunehmen. In meiner Gemeinde ist in ähnlicher Form der Bestand des Hallenbades gesichert worden, nachdem dafür die Grundsteuer B deutlich erhöht worden ist. Zuvor – also ohne Bürgerbeteiligung – glaubte kaum jemand, dass eine Mehrheit der Bevölkerung der Erhöhung der Grundsteuer zustimmen würde. Gerade die Diskussion über die »heiligen Kühe« ermöglicht oftmals eine offene Wertedebatte und mobilisiert besonders viele Bürger.

Und letztlich lässt es keinen Politiker unbeeindruckt, wenn sich eine Mehrheit der Bürger gegen teure Prestigeprojekte ausspricht.

## Betriebliches Vorschlagswesen

Wahrscheinlich werden Sie an dieser Stelle denken, das betriebliche Vorschlagswesen ist doch ein alter Hut. Mag sein. Trotzdem frage ich mich immer wieder, warum die Ressource eines jeden Mitarbeiters nicht erschöpfend genutzt wird und stattdessen Haushaltskonsolidierung nur unter den führenden Mitarbeitern einer Kommune verhandelt und bestimmt wird.

Der einzelne Mitarbeiter – und nur er – sieht auf seinem Arbeitsplatz alle Abläufe und kann oftmals besser als Außenstehende einschätzen, was konkret verbessert werden kann. Möglicherweise ist es die Pflicht zur Haushaltskonsolidierung, die dafür sorgt, dass diese Methode etwas vernachlässigt wird.

Um diese Ressource zu nutzen, gilt es Anreize zu schaffen. Ein Mitarbeiter muss so sensibilisiert werden, dass er bereit ist, eingefahrene Wege zugunsten der Haushaltskonsolidierung zu verlassen. Natürlich funktioniert das in erster Linie mit einem Belohnungsanreizsystem. Dafür gibt es keine speziellen Vorgaben. Jede Form des Motivationsanreizes, die wirkt und praktikabel ist, kann erwogen werden. Klassischerweise ist berufliches Fortkommen, also eine Beförderung, immer ein Anreiz. Aber auch kleinere Dinge, etwa eine gewünschte Fortbildung auf Kosten des Arbeitgebers oder eine Reinvestition eines Teils der eingesparten Mittel im betreffenden Arbeitsbereich, können Anreize sein.

## Treckermaut

Die Abnutzung einer Straße und die damit einhergehenden kostenträchtigen Sanierungsmaßnahmen hängen in starkem Maße vom Gewicht der sie nutzenden Fahrzeuge ab. Schwerere Fahrzeuge haben einen höheren Abnutzungseffekt als leichtere. Die verstärkte Nutzung einzelner Straßen durch schwere Fahrzeuge führen schneller zu notwendigen Sanierungs- oder Ausbauvorhaben. Folglich war es die Idee eines Landkreises, eine Art Sondersteuer für Trecker, Mähdrescher, Gülletransporter und Viehanhänger einzuführen. Mit dem Geld sollte dauerhaft für besser befahrbare öffentliche Straßen und Wege in ländlich strukturierten Regionen gesorgt werden. Natürlich verbessert das zusätzliche Geld auch grundsätzlich die Einnahmesituation.

Viele landwirtschaftliche Wege und Straßen wurden vor 50 oder mehr Jahren angelegt. Seinerzeit waren Landwirte noch mit Pferd und Wagen unterwegs, was weitaus weniger belastend für die Straßen gewesen ist. Insofern haben sich die Rahmenbedingungen zuungunsten der Kommunen als Straßenbaulastträger verändert.

Um diese Idee zu verwirklichen, ist natürlich zu überprüfen, inwieweit landwirtschaftliche Großfahrzeuge in Kommunen überhaupt unterwegs sind. Nur wenn es vom Aufkommen her lohnen würde, macht es Sinn. Weiterhin ist Überzeugungsarbeit notwendig, um eine gewisse Akzeptanz und politische Durchsetzbarkeit einer solchen Abgabe zu gewährleisten. Möglicherweise könnte erwogen werden, die Abgabe zunächst zeitlich befristet zu erheben. Zum Zeitpunkt, da ich diese Zeilen schreibe, ist die Landwirtschaft durch den Rekordsommer 2018 und die Trockenheit bereits stark benachteiligt und es sind Hilfsprogramme des Bundes für betroffene Landwirte im Gespräch. Aktuell passt daher eine solche Maßnahme nicht unbedingt in die Zeit. Der Landkreis, in dessen Gebiet diese Maut einmal vor Jahren eingeführt wurde, stieß jedoch bei den Landwirten auf Akzeptanz.

### Nachhaltigkeitssatzung

Unter diesem Stichwort haben einige Gemeinden eine Regelung zur Förderung der Generationengerechtigkeit, den sogenannten Generationenbeitrag, eingeführt. Das Generationengerechtigkeitsziel ist regelmäßig dann erreicht, wenn das ordentliche Ergebnis des Haushalts unter Berücksichtigung der erforderlichen Abschreibungen und Rückstellungen ausgeglichen ist. In diesem Fall erfüllt die Gemeinde ihre Aufgaben und verschiebt keine finanziellen Lasten in die Zukunft. Gleichzeitig bedeutet Generationengerechtigkeit eine politische Selbstverpflichtung der Vertretungskörperschaft, neue Aufgaben bzw. finanzielle Belastungen nur einzugehen, wenn dadurch der Ergebnisausgleich nicht gefährdet wird.

Prinzipiell wird von einem ausgeglichenen Ergebnishaushalt ausgegangen. Das überrascht nicht, handelt es sich dabei doch nur um die Wiedergabe des ohnehin in den Gemeindeordnungen und Kommunalverfassungen vorgeschriebenen Ausgleichsziels zwischen laufenden Einnahmen und Ausgaben. Daneben soll der Finanzmittelsaldo maximal so hoch sein, dass der Investitionshaushalt ohne Nettoneuverschuldung finanziert werden kann. Wird dieses Ziel erreicht, besteht kein Handlungsbedarf. Wird dieses Ziel hingegen verfehlt, greift der Generationenbeitrag, der mit der Haushaltssatzung jährlich neu anzupassen ist.

Die Anpassung des Generationenbeitrags wird über den Hebesatz der Grundsteuer B erhoben. Dabei gilt als Basisgröße z. B. 340 v. H. Anpassung bedeutet, dass der Hebesatz nur in der Höhe erhoben wird, die nötig ist, um die Lücke zum Haushaltsausgleich zu schließen.

Man spricht dabei von einer Umkehrung des politischen Anreizes: Konsolidierung wird attraktiv, weil die Grundsteuer B jeden/jedes Einwohner/Unternehmen direkt/indirekt belastet. Durch diese Drohkulisse des Generationenbeitrags entsteht der Anreiz, in anderen Bereichen verstärkt zu konsolidieren und kommunale Aufgaben auf den Prüfstand zu stellen. Lediglich bei extremen Haushaltsverschlechterungen soll auf die Erhebung des Generationenbeitrags verzichtet werden.

Einzelheiten sollten dabei entsprechend den örtlichen Erfordernissen bestimmt werden. Großer Wirkungseffekt – aber gleichzeitig eine hohe Selbstverpflichtung. Das setzt Einvernehmen mit der Politik voraus.

### Optimierung des Vollstreckungswesens

Ich vertrete die Auffassung, dass Haushaltskonsolidierung nicht zu kleinteilig geschehen sollte. Andererseits besagt ein geläufiges Sprichwort, dass auch Kleinvieh Mist macht. Bei der »Optimierung des Vollstreckungswesens« ist die Größenordnung des Konsolidierungspotenzials schwer einzuschätzen und naturgemäß Schwankungen unterworfen. In der Praxis ist mir aber aufgefallen, dass eine hauseigene Vollstreckung in Gemeinden örtlich effektiver sein kann als die übergeordnete Vollstreckung durch den Landkreis. Das liegt zum Teil in der besseren Ortskenntnis und Ortsverbundenheit des eingesetzten Personals aus eigenen Mitarbeitern, vielleicht auch am Engagement der jeweils Beteiligten. So konnte ich eine solche Umstellung beobachten, die zu einem deutlichen Rückgang fruchtloser Pfändungsprotokolle geführt hat und damit der Gemeinde höhere Einnahmen bescherte.

Zufall oder Einzelfall? Vielleicht. Vieles hängt bekanntlich mit den handelnden Personen zusammen. Jedoch stellt es eine überprüfenswerte Alternative dar. Und Außenstände hat nun wirklich jeder.

### Was noch?

Kreative Köpfe stellen Betrachtungen über noch gänzlich neue und unbekannte Einnahmequellen an.

Die Einführung neuer Steuern über die Kommunalabgabengesetze erscheint mir als Konsolidierungsinstrument nicht sonderlich effektiv, weil diese Einnahmequelle weitgehend ausgereizt oder unergiebig ist. Dazu kommen eine ganze Reihe gesetzlicher Voraussetzungen und warnende Beispiele aus der Vergangenheit, etwa bei einer seinerzeit erhobenen sogenannten Getränkesteuer.

Wen auch das nicht abschreckt, der möge über die Besteuerung bestimmter Freizeitbereiche der Bürger oder einzelner Unternehmen nachdenken, sich aber gleichzeitig auf heftigste Gegenwehr einzelner Lobbyverbände einstellen. Aber auch eine Kosten-

Nutzen-Analyse zeigt häufig bereits im Vorfeld, dass die Einführung neuer, bisher nicht erhobener Steuern zu wenig Haushaltsverbesserung abwirft, als dass sich der mühevolle Weg der Einführung lohnt. Weite Bereiche der Einkommens- und Vermögensbesteuerung sind nun einmal schon geregelt und der Kuchen verteilt.

Glück haben Kommunen wie Wacken in Schleswig-Holstein, die mit einem jährlichen Open-Air-Festival einen zweistelligen Millionenbetrag allein durch die Ticketverkäufe erlösen. Eine deutsche Zeitung betitelte das »Wirtschaftswunder Wacken«. Da bleibt auch einiges für die Kommune übrig – abgesehen davon, dass Tausende von Besuchern Geld in den Ort bringen. Ob ein Nachahmungseffekt an einem anderen Ort allerdings sofort gleiche positive Effekte auf die Gemeindefinanzen haben würde, bleibt fraglich.

Alle diese Ideen haben in meinen Augen eines gemeinsam: Auf den ersten Blick klingen sie unwahrscheinlich, nicht realisierbar oder ohne große Ertragserwartungen. Manches aber wurde zur Erfolgsstory. Not macht eben manchmal erfinderisch.

## 5.10 Konsolidierungsmaßnahmen nach Aufgabenbereichen

Bei der Durchsicht kommunaler Haushaltskonsolidierungskonzepte stößt man auf eine Vielzahl von Ideen. Sie zu sammeln und zu katalogisieren ist schon deshalb sinnvoll, weil sich damit eine Art Datenbank bzw. Ideenbörse aufbauen lässt. Eine Gliederung nach Aufgabenbereichen ist insofern vernünftig, als man im Bedarfsfall einen schnellen Überblick bekommt. In Kenntnis der vielerorts geltenden klassischen Aufgabengliederung habe ich dafür die folgende Struktur gewählt:

1. Bauwesen und Verkehr
2. Landschafts- und Umweltschutz
3. Feuerwehr, Zivil- und Katastrophenschutz
4. Garten- und Friedhofswesen
5. Allgemeines Grund- und Sondervermögen, öffentliche Einrichtungen
6. Gesundheit, Sport, Erholung
7. Wissenschaft und Kultur
8. Politik und Gremienarbeit
9. Schulwesen
10. Soziales
11. Stadtentwicklung, Wirtschaftsförderung, Tourismus
12. Zentrale Verwaltung und innere Dienste

Ich möchte betonen, dass ich keinen Anspruch auf Vollständigkeit bei der nachstehenden Auflistung erhebe. Auch eine Klassifizierung im Sinne von vorrangig zu treffenden Maßnahmen gegenüber nachrangigen erschien mir nicht sinnvoll. Immerhin können niemals alle »Spartipps« auf alle Städte, Gemeinden und Kreise angewandt werden. Zu gravierend sind örtliche Unterschiede und Besonderheiten. Dafür sind die jeweiligen kommunalen Strukturen zu unterschiedlich.

Worum geht es also?

Sie bekommen eine Sammlung von vorgefundenen Maßnahmeideen aus Haushaltskonsolidierungskonzepten und bewährten Konsolidierungsmaßnahmen aufgelistet und dort, wo ich es für angebracht hielt, habe ich sie auch kommentiert. Angesichts der Trennung in die erwähnten Aufgabenbereiche lassen sich mitunter Mehrfachnennungen von Vorschlägen nicht vermeiden. Ich habe das zugelassen, damit jeder einzelne Aufgabenbereich vollständig bleibt. Für die Verwendung als Nachschlagewerk ermöglicht nun jeder Bereich eine abgerundete Betrachtung in sich.

Ich habe dabei eine persönliche und auf eigenen Erfahrungen beruhende Wertung hinsichtlich der Geeignetheit einzelner Vorschläge vorgenommen. Kein einziger Vorschlag ist eine uneingeschränkte Empfehlung für alle Kommunen. Die örtlichen Umstände und Gegebenheiten sind dafür viel zu verschieden. So muss jede Kommune für sich im Einzelfall prüfen, welche Sparvorschläge oder Einnahmeverbesserungen oder Strukturveränderungen umgesetzt werden könnten. Sie muss anhand eigener Wege, eigener Ziele, eigener Strategien und Leitbilder sowie infrastruktureller Notwendigkeiten abwägen, was für sie infrage kommt.

## 1. Bauwesen und Verkehr

Vorab einige grundsätzliche Anmerkungen zu Haushaltskonsolidierungsmaßnahmen im Bereich des Bauwesens.

Haushaltskonsolidierung verletzt Interessen. Besonders in diesem Fachbereich kommunalen Wirkens wird das besonders deutlich.

Grundstücke und bauliche Anlagen zu unterhalten und zu bewirtschaften ist kostenintensiv, aber für die Daseinsvorsorge von großer Bedeutung. In diesem Arbeitsgebiet werden oft reichlich Haushaltsmittel konzentriert eingesetzt und verwendet. Bauen heißt gestalten und gestalten bedeutet investieren. Dabei ist den Mitarbeitern dieses Fachgebiets nichts ferner als Maßnahmen zur Haushaltskonsolidierung, und das meine ich ohne eine böse Absicht. Hier begegnen sich widerstreitende Interessen und sehr unterschiedliche Menschen. Ein Verwaltungsjurist und ein Bautechniker sprechen mitunter nicht dieselbe Sprache. Auch wenn sie unter einem Dach und für das Wohl einer Gemeinde arbeiten. Nicht selten bringen sie für angebliche Notwendigkeiten des jeweils anderen Fachgebiets nur wenig Verständnis auf. In der kommunalen Praxis führt das mitunter zu Konflikten.

Generell empfehle ich, dass Bauen vom Budget her bestimmt und nicht das Budget nach den Bauwünschen ausgerichtet wird.

**Straßenbaumaßnahmen**
Die Entscheidung, ob die Bau- und Erschließungsplanung durch eigene Leistungen oder private Ingenieurbüros erfolgen sollte, ist im Rahmen einer Wirtschaftlichkeitsrechnung zu überprüfen.

**Anliegerbeiträge**
Die Erhebung von Straßenausbaubeiträgen ist derzeit umstrittener denn je. Die in meinen Augen berechtigte Kritik an den bestehenden Regelungen ist inzwischen in vielen Bereichen bereits durchgedrungen. Etwa in Bayern, wo die Straßenausbaubeiträge passend vor der Landtagswahl 2018 landesweit abgeschafft worden sind. Mit der Entscheidung wird ein Systemwechsel eingeleitet, weil Kommunen künftig Pauschalen aus dem Staatshaushalt bekommen. Dabei ist gegenwärtig offen, ob nur diese Kommunen mit einer Pauschale rechnen können, die bislang schon Beiträge erhoben hatten, oder generell alle Gemeinden.

Anderswo sind diese Regelungen mitunter von Kommune zu Kommune unterschiedlich. Dort, wo die Beiträge noch uneingeschränkt erhoben werden, ist die konsolidierungsgeplagte Kommune gut beraten, sie in ihrer Gesamtheit auch auszuschöpfen.

**Bauhöfe und Fuhrparks**
Beides sind Hilfsbetriebe der Kommunalverwaltung. Die Notwendigkeit eines Fuhrparks sollte überprüft werden. Hier und auch im Bereich der Bauhöfe könnte im Wege der interkommunalen Zusammenarbeit mit Nachbarkommunen eine gemeinsame Nutzung oder Kooperation helfen, die Kosten zu senken. Erfahrungswerte darüber liegen bereits vor.

Beispielsweise könnte die gemeinsame Nutzung größerer Maschinen und Geräte helfen, die Anschaffungs- und Wartungskosten zu verringern.

Wegen des qualitativ und quantitativ sehr unterschiedlichen Aufgabenbestands der Bauhöfe ist ein Kosten- und Leistungsvergleich zwischen Bauhöfen unterschiedlicher Kommunen nicht uneingeschränkt möglich. Oftmals orientieren sich Aufgaben der Bauhöfe an den örtlichen Verhältnissen, die nun einmal von Gemeinde zu Gemeinde verschieden sind.

Zu den am häufigsten vorkommenden Bauhoftätigkeiten gehören u. a. die Grünflächenpflege, Spielplatzkontrolle und -reparaturen, die Straßenunterhaltung, der Rückschnitt von Gehölzen und Sträuchern sowie Winterdienstleistungen.

Hilfreich ist daher zunächst, die Aufgaben des Bauhofs in einem verbindlichen Aufgabenkatalog festzulegen.

**Bauhöfe – Eigenleistung oder Fremdvergabe**
Soweit die Qualifikation der im Bauhof eingesetzten Mitarbeiter ausreicht, werden abzuwickelnde Aufgaben in der Regel durch Eigenleistung bewältigt. Eine Fremdvergabe einer Bauhof-Aufgabe geschieht dagegen aus folgenden Gründen:

- Die im Bauhof eingesetzten Beschäftigten verfügen nicht über die erforderliche Qualifikation für die Aufgabe.
- Für die Ausführung der Aufgabe sind Maschinen oder Fahrzeuge erforderlich, die von der Kommune nicht vorgehalten werden.
- Der Umfang der auszuführenden Aufgabe geht über den normalen Rahmen hinaus, sodass sie nicht allein von den im Bauhof eingesetzten Beschäftigten erledigt werden können.

Vor Inanspruchnahme einer Fremdleistung durch ein gewerbliches Unternehmen bietet sich die Suche nach interkommunaler Zusammenarbeit an. Erst wenn auch damit keine Lösung erreicht werden kann, kommt eine Fremdleistung in Betracht. Die geeignete Lösung sollte durch einen Wirtschaftlichkeitsvergleich untermauert werden.

**Optimierung der Straßenbeleuchtung**
Der Stromverbrauch für die Straßenbeleuchtung beträgt oftmals mehr als ein Drittel des gesamten Stromverbrauchs der Kommune. Die Belastung für den Haushalt ist deshalb bei vielen Kommunen erheblich und liefert einen Grund für wirtschaftliche Überlegungen. Die Kosten für die Straßenbeleuchtung bestimmen sich maßgeblich durch die Wartungskosten, den Stromverbrauch und durch den Preis für den gelieferten Strom.

Um die Wirtschaftlichkeit der Straßenbeleuchtung zu erhöhen, lassen sich eine Reihe von Maßnahmen in Erwägung ziehen. Dazu gehört der Einsatz moderner Beleuchtungstechnik. Die zurzeit höchstmögliche Energieeinsparung versprechen LED-Leuchtmittel. Als weitere Maßnahme schalten Kommunen die Straßenbeleuchtung in der Nacht komplett ab. Bei Neuanlagen setzen sie energieeffiziente Vorschaltgeräte ein. Sie optimieren dann auch die Lichtpunktabstände. Auch das Beleuchtungsniveau lässt sich überprüfen und ggf. vermindern oder die Betriebsstunden verringern. Und natürlich stellt sich generell die Frage, ob die Beleuchtung bestimmter Straßen, Wege und Plätze überhaupt erforderlich ist.

Die vorhandene Straßenbeleuchtung einzuschränken, ist bereits eine länger bekannte und mancherorts praktizierte Maßnahme. Die Erfahrungen sind örtlich unterschiedlich. Zu denken ist dabei einmal an die Art der Straßenbeleuchtung. Hier lassen sich definitiv Kosten einsparen. Daneben geht es aber auch um den Betrieb. Die Straßenbeleuchtung teilweise abzuschalten, etwa nur jede zweite Laterne einzuschalten, hilft Stromkosten zu senken. Bedenken dagegen verursachen die Verkehrssicherheit bei schlecht ausgeleuchteten Straßen und auch allgemeine Sicherheitsaspekte, etwa in Bezug auf die Abschreckung gegenüber Einbrechern. Inwieweit diese Maßnahme zur Haushaltskonsolidierung beitragen kann, ist daher allgemeingültig nicht zu beziffern, sondern sollte vor Ort untersucht und entschieden werden.

**Überprüfung des (schwankenden) Auftragsaufkommens**
Das mittelfristige Auftragsaufkommen im Bereich der Hoch-, Tiefbau- und allgemeinen Bauverwaltung sollte die Personal- und Sachausstattung in diesem Bereich rechtfertigen. Sofern das nicht der Fall ist, sind Anpassungen vorzunehmen. Dieser Gedanke trägt dem Umstand Rechnung, dass die Bautätigkeit in den Kommunen mitunter ein schwankendes Geschäft ist. Sofern etwa die Ausweisung neuen Baulands mangels vorhandener Grundstücksflächen in naher Zukunft nicht weiter möglich erscheint, wirkt sich dies auf die künftige Auslastung der Mitarbeiter aus. Gegebenenfalls sind personelle Anpassungen angebracht.

**Privatisierung einzelner Geschäftsbereiche**
Die Erschließung von Baugebieten und auch die Vermessungsarbeiten rechtfertigen nicht unbedingt das Vorhalten eines eigenen Geschäftsbereichs. Durch die Inanspruchnahme privater Erschließungsträger und Vermessungsingenieure lassen sich diese Leistungen möglicherweise kostengünstiger einkaufen.

**Einbeziehung der Bürger in kommunale Bau- und Verkehrsprojekte**
Der Bürger ist in hohem Maße von kommunalen Bau- und Verkehrsprojekten betroffen – ob es neu zu planende Baugebiete sind, Landschafts- und Naturmaßnahmen, Straßenausbau sowie alle Infrastrukturmaßnahmen. Eine Bürgerbeteiligung hilft, den notwendigen Konsens zwischen Verwaltung und Bürger herzustellen. Im Rahmen von stadt- oder ortsteilbezogenen Einwohnerversammlungen lassen sich die Wünsche der Bürger herausarbeiten und kanalisieren. Dadurch werden nicht nur Auseinandersetzungen über künftige Maßnahmen im Vorfeld verhindert oder abgemildert. Es lässt sich auch herausfiltern, ob kostenaufwendige Baumaßnahmen unter finanzieller Beteiligung der Bürger, etwa beitragspflichtiger Straßenausbau, überhaupt auf Akzeptanz treffen.

Der Zusammenhang mit Haushaltskonsolidierung besteht in der Vermeidung unnötigen Verwaltungsaufwands bei der Durchsetzung von Vorhaben und auch in der Vermeidung nicht zwingend notwendiger Baumaßnahmen.

**Parkhäuser und Tiefgaragen an private Unternehmen übertragen**

**Realistische Straßenbewertung vornehmen**

Baut eine Kommune eine neue Straße, so tauchen die Bauausgaben während der Bauphase haushaltstechnisch auf der Ausgabenseite auf. Nach der Fertigstellung von Straßenbauarbeiten wird eine weiterführende Betrachtung des Wertverlustes und damit verbundener Abschreibungen als fortlaufender Aufwand in der Regel nicht überall vorgenommen. Für die kommunalen Haushaltsmittel nehmen die Investitionen im Straßenbau teils einen hohen Anteil ein. Daher sollten Erneuerungsarbeiten erst nach einer realistischen Einschätzung des Straßenzustands geplant werden.

**Unterhaltung und Bewirtschaftung der Grundstücke und baulichen Anlagen**

Haushaltskonsolidierungsmaßnahmen sollen in der Regel in allen Aufgabenbereichen kommunalen Wirkens geprüft und umgesetzt werden. Als wesentlicher Kostenfaktor im gemeindlichen Haushalt gilt die Unterhaltung und Bewirtschaftung der Grundstücke und baulichen Anlagen. Dieser Faktor verursacht mitunter rund 20-30 % der laufenden Ausgaben. Daher liegt es nahe, besonders hier nach Konsolidierungspotenzial zu suchen. Die Städte, Gemeinden und Kreise sind aber vor allem auch durch den Grundsatz der Wirtschaftlichkeit gehalten, nicht immer nur die sparsamste Überlegung als Maßstab ihres Handelns zu betrachten. Erweist sich eine Sparmaßnahme als unwirtschaftlich, muss sie unterbleiben. Besonders der Unterhaltungsaufwand dient dazu, die Grundstücke und baulichen Anlagen in einem ordnungsgemäßen Zustand zu erhalten. Die Folgen unterlassener Unterhaltung bzw. Instandhaltung können kontraproduktiv wirken, wenn sie frühere oder größere Neuinvestitionen hervorrufen, die letztlich die eingesparten Mittel deutlich übersteigen. Das ist zu vermeiden.

Häufen sich dadurch wiederum die Investitionen, kann schnell ein Investitionsstau entstehen, der unter dem Strich wesentlich teurer kommt, als die vermeintlich eingesparten Unterhaltungsaufwendungen, und den es ebenfalls zu vermeiden gilt. Unterlassene Straßenerhaltung ist daher kein geeignetes Mittel der Haushaltssicherung. Haushaltsmittel hierfür werden nicht eingespart, sondern in die Zukunft verschoben. Durch unterlassene Erhaltungsmaßnahmen verschlechtert sich die Straßensubstanz, sodass sich im Folgenden der Mitteleinsatz für Erhaltungs-/Instandsetzungsmaßnahmen deutlicher erhöhen kann als die kontinuierliche Substanzpflege kosten würde.

**Energiekostenmanagement**

Konsolidierungspotenzial ist häufig im Bereich der Grundstücksbewirtschaftung zu erkennen. Besonders die Energieaufwendungen für Strom, Gas, Wasser sollten im Sinne einer vernünftigen und umweltgerechten Handhabung regelmäßig auf Einsparungen überprüft werden. Für den Stromeinkauf empfiehlt sich die Bildung einer Einkaufsgemeinschaft mit anderen Kommunen. Damit ist die Möglichkeit geschaffen, günstigere Großabnehmertarife zu nutzen. Ältere Gebäudesubstanz ist im Hinblick auf energiesparende Maßnahmen generell zu überprüfen. Anhand einer Wirtschaftlichkeitsrechnung sollte festgestellt werden, inwieweit sich Investitionen in energetische Maßnahmen amortisieren.

**Baukostencontrolling**

Der Grundsatz der Sparsamkeit und Wirtschaftlichkeit gilt aufgrund der hohen Investitionssummen insbesondere für Bauprojekte. Planungs- und Überwachungsfehler können zu Kostenüberschreitungen führen und Finanzierungslücken verursachen. Die zur Schließung dieser Lücken aufzuwendenden Mittel stehen für andere notwendige Maßnahmen nicht mehr zur Verfügung. So führt mangelhaftes oder fehlendes Bauprojektmanagement zu möglichen Investitionsstaus in den Kommunen.

Erfahrungsgemäß liegen die Ursachen für eine spätere Kostenüberschreitung vornehmlich in der Initiierungs- und Planungsphase eines Bauinvestitionsvorhabens. Dem entgegen zu wirken, dafür dient das Baukostencontrolling. Unter dem Begriff Controlling ist gemeinhin ein unterstützendes Instrument für Führungs- und Entscheidungsträger zur Steuerung und Kontrolle der Wirtschaftsführung zu verstehen. Das Erreichen gesetzter Ziele durch die Bereitstellung und Auswertung geeigneter Informationen, insbesondere aus dem Rechnungswesen, soll dadurch gesichert werden.

Ziel des Einsatzes eines Bauinvestitionscontrollings ist es, Baumaßnahmen insgesamt wirtschaftlich und sparsam abzuwickeln. Das setzt kommunikative und datentechnische Schnittstellen zwischen Hochbau und interner Finanzverwaltung voraus, an denen es häufig mangelt.

Der Begriff »Investitionssteuerungsverfahren« bezeichnet eine frühere Form dieses Instruments.

Zusammen mit der notwendigen Ergänzung durch Wirtschaftlichkeitsvergleiche und Folgekostenberechnungen ist das Baukostencontrolling eine Art Versicherung gegen ungewollte und den Haushalt belastende Kostensprünge.

**Erhebung von Sondernutzungsgebühren**

Die Benutzung der Straße über den Gemeingebrauch hinaus ist Sondernutzung. Sie bedarf der Erlaubnis des Trägers der Straßenbaulast, bei Ortsdurchfahrten der Erlaubnis der Kommune.

Für Sondernutzungen können die Kommunen Gebühren erheben. Dort, wo das nicht geschieht, empfiehlt es sich, das Einnahmepotenzial und den dadurch entstehenden Verwaltungsaufwand zu ermitteln. Sollen Sondernutzungsgebühren erhoben werden, wird dies durch Satzung geregelt. Bei der Bemessung der Gebühren sind die Art und das Ausmaß der Einwirkung auf die Straßen und den Gemeingebrauch zu berücksichtigen. Sondernutzungsgebühren sollten in regelmäßigen Abständen überprüft und der allgemeinen Preissteigerung angepasst werden.

**Geschwindigkeitsüberwachungen**
Geschwindigkeitsüberwachungen sind aus Verkehrssicherheitsgründen unerlässlich. Geschwindigkeitsverstöße häufen sich und werden gesellschaftlich vielfach toleriert oder gelten als Kavaliersdelikt. In gleicher Weise wird die Verkehrsüberwachung der staatlichen Organe massiv kritisiert, wenn sie einfach nur ihre Arbeit macht und dabei Verstöße durch finanzielle Sanktionen ahndet. Von »Abzocken« ist die Rede und es gilt als verwerflich, dass Einnahmen aus Verwarnungs- und Bußgeldern eine Haushaltsgröße darstellen, mit der die Kommunen rechnen. Bei aller landläufigen Kritik bleibt das Ziel unstrittig die Gewährleistung der Verkehrssicherheit. Wenn sich durch intensivere oder zusätzliche Geschwindigkeitsüberwachungen neben dem Abschreckungsgesichtspunkt erhöhte Einnahmen erzielen lassen, so ist dies unter Konsolidierungsaspekten zu erwägen.

**Öffentlicher Personennahverkehr (ÖPNV)**
Es kommt eine Überprüfung der Fahrpreise und ggf. eine Erhöhung in Betracht.

Der Einnahmeverbesserung im ÖPNV dient es auch, die eingesetzten Fahrzeuge als Werbeflächen zu nutzen.

## 2. Landschafts- und Umweltschutz

**Organisation des Umweltschutzes**
Sogenannte Umweltämter werden als untere Verwaltungsbehörden bei den Landkreisen und kreisfreien Städten eingerichtet. Sie sind mit dem Vollzug des Umweltrechts betraut. Darunter fallen neben dem Naturschutz in der Regel auch Fragen der Reinhaltung des Wassers, Immissionsschutz, Abfall- und Bodenschutz. Sofern die Organisationshoheit in den Händen der Kommune liegt, können Umweltschutzbelange auch in verschiedenen anderen Fachbereichen wahrgenommen werden. In kleineren Städten und Gemeinden wird der Umweltschutz wegen der fachlichen Nähe und der gemeinsamen Berührungspunkte häufig auch dem Bauwesen angegliedert.

Ungeachtet dessen hat die Bedeutung des Umweltschutzes in den vergangenen Jahren deutlich zugenommen.

**Organisation der Abwasserbeseitigung**
Die Abwasserbeseitigung ist eine kommunale Pflichtaufgabe. Neben gesetzlichen Regelungen wird sie durch Umweltgesichtspunkte geprägt. Organisatorische Veränderungen ermöglichen es, sie aus der Kernverwaltung einer kommunalen Gebietskörperschaft herauszulösen. Damit ergibt sich die Chance, die mitunter schwerfälligen

Entscheidungsstrukturen einer Behörde in Richtung einer schlanken und stärker betriebswirtschaftlichen Organisation zu verlassen, ohne dabei notwendige gesetzliche und ökologische Aspekte zu vernachlässigen.

Besonders in schwach besiedelten Gebieten stehen die kommunalen Gebietskörperschaften vor der strategischen Frage, ob die Abwasserbeseitigung zentral oder dezentral organisiert werden soll. Damit verbunden sind Investitionen in Abwasserbeseitigungsanlagen, die einerseits eine sehr hohe Kapitalbindung über einen langen Zeitraum aufweisen und andererseits vorwiegend Investitionen in Spezialanlagen sind, die für andere Zwecke nicht oder nur beschränkt eingesetzt werden können. Durch das Kostendeckungsprinzip und die geringe Preiselastizität der Nachfrage bei der kommunalen Pflichtaufgabe der Abwasserbeseitigung leiden die Gebühren- und Beitragszahler unmittelbar unter möglichen Fehlentscheidungen. Deshalb sollte die Entscheidung zugunsten einer zentralen oder dezentralen Organisation besonders sorgfältig und mit geeigneten Methoden vorbereitet werden.

In der Praxis wird vornehmlich die Kostenvergleichsrechnung als statische Investitionsrechnungsmethode genutzt, um Entscheidungsgrundlagen zu finden (Quelle: »Wirtschaftlichkeitsanalyse alternativer Organisationsformen der Abwasserbeseitigung am Beispiel eines Zweckverbands« von Gerrit Brösel, Thomas Hering and Manfred Jürgen Matschke).

Man kann zwischen verschiedenen Organisationsformen wählen: Die Organisationsform »Eigenbetrieb« bedeutet für sich gesehen noch keine verbesserte Wirtschaftlichkeit. Besonders in dünn besiedelten ländlich strukturierten Gebieten empfiehlt sich die Zusammenarbeit mit anderen Kommunen. Das hilft, die Investitionskosten der Beteiligten zu senken, bringt aber auch weitere Vorteile, z. B. gemeinsamer Bereitschaftsdienst, zentrale Überwachung, gemeinsame Ausschreibungen.

**Kennzahlenvergleich in der Abfallwirtschaft**
Betriebskostenkennziffern der kommunalen Abfallwirtschaft ermitteln und mit privaten Entsorgungskonzepten und -angeboten sowie mit anderen kommunalen Betrieben vergleichen.

Privatwirtschaftliche Lösungen im Abfallbereich anstreben, wenn sie sich nach einem wettbewerblichen Verfahren als wirtschaftlichste und zweckmäßigste Organisationsform erweist.

**Anreize zur Abfallvermeidung**
In den Abfallgebührensatzungen der Abfallvermeidung und Eigenkompostierung durch entsprechende Gebührenstaffelungen bzw. durch die Größe der Müllgefäße entsprechende Anreize geben.

**Ausschöpfung des Gebührenpotenzials bei Abwasser- und Abfallbeseitigung**
Um bei den öffentlich-rechtlichen Entsorgungsträgern die vorhandenen Gebührenpotenziale vollständig auszuschöpfen, sind kalkulatorische Verzinsungen des aufgewandten Kapitals und kalkulatorische Abschreibungen nach Wiederbeschaffungszeitwerten bei der Gebührenkalkulation zugrunde zu legen.

## 3. Feuerwehr, Zivil- und Katastrophenschutz

Haushaltskonsolidierungsmaßnahmen im Bereich der Feuerwehr stoßen oftmals auf hartnäckigen Widerstand in der Kameradschaft. Das hängt zum einen mit der starken Stellung der Feuerwehr besonders in kreisangehörigen Gemeinden zusammen und darüber hinaus auch mit der Priorität, die der Brandschutz in Gemeinden, Städten und Kreisen genießt. Ich erinnere mich sehr gut an die verdutzten Gesichter, nachdem ich einmal die Feuerwehr um Vorschläge zu eigenen Konsolidierungsmaßnahmen gebeten hatte. Natürlich – hier geht nicht so viel wie in anderen rein disponiblen Aufgabenbereichen. Aus grundsätzlichen Erwägungen gilt jedoch die Haushaltskonsolidierung zunächst einmal für alle gleich und es gibt keine von vornherein ausgeklammerten Bereiche.

Dies vorausgeschickt, sollten Ausstattung und Ausrüstung der Feuerwehr nicht über das hinausgehen, was zur Erfüllung der gesetzlichen Aufgaben erforderlich ist. Hier hat sich eine Formel bewährt, die mit dem Begriff des »auskömmlichen Budgets« beschrieben werden kann. Es ist ein Abwägungsprozess, den besonders die in kleineren Landgemeinden vorhandene freiwillige Feuerwehr betrifft. Die Kameradinnen und Kameraden übernehmen diese ehrenamtliche Tätigkeit und opfern ihre Freizeit, weil sie der Allgemeinheit dienen. Diese Motivation gilt es zu erhalten. Andererseits ist die Feuerwehr und ihr Budget nicht von der allgemeinen Entwicklung der Kommune abgekoppelt zu betrachten. Sie teilt das Schicksal des Haushaltsplans ebenso wie alle anderen Aufgabenbereiche in der Gemeinde. Aus dieser Spannungslage heraus – insbesondere in finanziell schwierigen Zeiten – gilt es, die richtigen Entscheidungen zu treffen, um gleichermaßen den Brandschutz angemessen zu unterstützen und den notwendigen Aspekten der Haushaltskonsolidierung zu entsprechen.

**Überprüfung der Feuerwehrorganisation**
Die Feuerwehr ist so zu organisieren, dass die bestmögliche Erfüllung der gesetzlichen Aufgaben gewährleistet ist und im Rahmen der Aufgabenerfüllung dabei dem Grundsatz der Wirtschaftlichkeit entsprochen wird.

**Kostenerstattung für Feuerwehreinsätze**
Für die Feuerwehreinsätze ist Kostenerstattung im Rahmen der bestehenden Vorschriften zu verlangen.

**Beschaffung von Feuerwehrfahrzeugen und -geräten**
Neben notwendigen und für den Brandschutz geeigneten Ausrüstungsgegenständen ist auf mögliche Preisnachlässe zu achten. Sonderausstattungen oder Sonderausfertigungen, die sich preiserhöhend auswirken, sind zu vermeiden. Maßstab ist der unbedingt notwendige Bedarf.

**Interkommunaler Kennzahlenvergleich**
Die Möglichkeiten des interkommunalen Vergleichs mit geeigneten Vergleichskommunen sollte unbedingt genutzt werden. Hierzu genügt es, die laufenden Kosten des Brandschutzes je Einwohner und/oder der Flächengröße zu ermitteln und mit hierzu ähnlich großen Kommunen zu vergleichen.

Die so geschaffene Vergleichsmöglichkeit ist Grundlage und argumentative Unterstützung bei künftigen Haushaltsberatungen. Gleichzeitig wird hierdurch besser belegt, dass die geforderten Haushaltsmittel auch sachlich gerechtfertigt sind.

**Interkommunale Kooperation**
Generell empfiehlt sich eine interkommunale Kooperation mit benachbarten Gemeinden. Im Bedarfsfall beraten und unterstützen sich benachbarte Wehren bei Einsätzen und darüber hinaus.

**Feuerwehrgerätehäuser**
Gemeinden mit zahlreichen kleinen Ortschaften stehen vor der Frage, wieviel Feuerwehrgerätehäuser sie vorsehen müssen. Eine feste Größe mit Allgemeinverbindlichkeit lässt sich schwerlich festlegen. Klar sollte aber sein: Nicht jeder Ortsteil braucht ein eigenes Feuerwehrgerätehaus. Wenn die geografischen Umstände nicht dagegen sprechen und die Situation im Einsatzfall nicht generell etwas anderes erfordert, sollten kleine Ortschaften oder Ortsteile eine gemeinsame Nutzung eines Feuerwehrgerätehauses betreiben. Es ist darüber hinaus guter Brauch, dass bei Umbaumaßnahmen Eigenleistungen von den Mitgliedern der Feuerwehr erbracht werden.

## 4. Garten- und Friedhofswesen

**Kostendeckungsgrad Friedhöfe**
Unter dem Gesichtspunkt der Haushaltskonsolidierung ist besonders der Kostendeckungsgrad der Friedhöfe ein interessanter und prüfenswerter Aspekt.

Nach den Kommunalabgabengesetzen der Länder ist bei den Benutzungsgebühren öffentlicher Einrichtungen grundsätzlich Vollkostendeckung anzustreben. Die Entwicklung der Gebührengestaltung der Friedhöfe ist indes eine andere. Der betriebswirtschaftliche Gedanke der Kostendeckung ist erst mit den Jahren verstärkt in die

Kalkulationen der Friedhöfe eingezogen und wird häufig von den Kommunalaufsichtsbehörden bei der Genehmigung der Haushaltspläne gefordert.

Dagegen steht der in den Friedhofsgebührenordnungen verankerte Kostenabzug für »öffentliches Grün«. Es handelt sich dabei um die Fläche im Gemeingebrauch, die nicht zulasten der Gebührenzahler in Ansatz gebracht wird. Friedhöfe haben an dieser Stelle eine ähnliche Funktion wie öffentliche Park- und Gartenanlagen. Sie stehen allen Einwohnern gebührenfrei zur Verfügung.

Das erklärt sich so:

Die Belegungsdichte der Friedhöfe, d. h. der Anteil der Grabflächen am gesamten Friedhofsgelände, ist sehr unterschiedlich. Sie ist u. a. abhängig von der örtlichen Anschauung über eine würdige Gestaltung des Friedhofs, von seiner topografischen Lage (ebenes oder hügeliges Gelände, Hanglage) und von der zur Verfügung stehenden Fläche. Je geringer die Belegungsdichte ist, desto größer sind die Flächenanteile der Wege, Grünanlagen und Bauten. Bei großzügig angelegten Friedhöfen stellt sich die Frage, ob ein Teil der Gesamtkosten aus Sicht der Friedhofsaufgabe leistungsfremd und deshalb als öffentlicher Interessenanteil für sog. »öffentliches Grün« aus allgemeinen Haushaltsmitteln der Gemeinde zu finanzieren ist. Danach wäre der Kostendeckungsgrad nicht mehr bei 100 % zu verorten, sondern relativ darunter. Ein Kostendeckungsgrad von rund 85 % ist meines Erachtens mindestens erstrebenswert. Soweit Friedhofsgebührenordnungen mit geringeren Sätzen kalkulieren, sollte über eine Anpassung nachgedacht werden.

**Begrenzung des Pflegeaufwands auf Friedhöfen**

Obwohl Friedhöfe insbesondere in den Städten als Ort der Ruhe und Besinnung einen beachtlichen Erholungswert haben, sollte der Pflegeaufwand durch sog. »naturnahe Begrünung« begrenzt werden.

**Friedhofentwicklungskonzept**

Um die wirtschaftliche Entwicklung der Friedhöfe im Rahmen der Aufgabenerledigung zu fördern, empfiehlt sich ein Friedhofentwicklungskonzept. Es enthält unter anderem Aussagen über die Reduzierung von Friedhofsflächen aufgrund geänderten Bestattungsverhaltens, Umnutzung von Grabfeldern für stärker nachgefragte Bestattungsarten (Doppelgrabstätten, pflegefreie Grabstätten) sowie die Vereinfachung der Grünflächenpflege durch den Einsatz einer aufwandsarmen Bepflanzung im Friedhofsbereich.

**Privatisierung von Grünflächenpflege und Bestattungsaufgaben**

Durch Kostenvergleiche zwischen Eigenleistung und privaten Anbietern sollte die Grünflächenpflege auf ihre Wirtschaftlichkeit hin überprüft werden. Im Ergebnis könnten die Pflege von Flächen für eine begrenzte Laufzeit auf verschiedene konkurrierende private Gartenbaubetriebe übertragen werden. Der dabei entstehende Wettbewerb könnte sich kostensenkend auswirken. Grundsätzlich ist dabei auch eine Beteiligung der kommunalen Betriebe möglich. Auch die Grabpflegearbeiten und weitere mit der Bestattung zusammenhängende Tätigkeiten könnten in diese Überprüfung einbezogen werden.

**Wirtschaftlichkeit städtischer Gärtnereien**

Die öffentliche Hand soll sich in der Regel nur dort wirtschaftlich betätigen, wo ein privater Anbieter dazu nicht bereit oder in der Lage ist. Soweit es noch städtische Gärtnereien als Pflanzenlieferant für öffentliche Grünflächen gibt, unterliegen sie den Gesetzen von Angebot und Nachfrage. Das stellt die Notwendigkeit einer städtischen Gärtnerei infrage, insbesondere wenn es nicht gelingt, diesen Bereich kostendeckend zu betreiben. Daher sollten städtische Gärtnereien auf ihre Wirtschaftlichkeit hin überprüft werden.

**Pflegepatenschaften**

Landgemeinden verfügen häufig über eine Vielzahl kleiner und kleinster Flurstücke, die überwiegend aus Grünland bestehen. Flächen dieser Art entstehen aus Teilungen, wenn Restbestände von Flurstücken nicht zugeordnet oder verkauft werden können. Aber auch Einbuchungen von Grundstücksflächen zugunsten der Gemeinden erhöhen den Bestand der Liegenschaften. Jede Fläche in kommunaler Hand bedarf der mehr oder weniger regelmäßigen Pflege, was insbesondere im Frühling und Frühsommer zu Auftragsstaus bei Bauhöfen führt und die Arbeitsbelastung erhöht.

Die Pflege von kleineren Grünflächen (Straßengrün, Weideland, Grünflächen ohne nähere Bestimmung oder auch Pflanzkübel) könnten unter bestimmten Voraussetzungen auf Anlieger in Form von Patenschaften übertragen werden.

Häufig besteht zum Ankauf solcher Flächen kein privates Interesse, weil sie sich weder baulich noch anderweitig wirtschaftlich nutzen lassen. Um die Pflegearbeiten der kommunalen Mitarbeiter dennoch zu reduzieren, könnten diese Flächen entweder unentgeltlich auf die Anlieger übertragen werden, wenn diese daran interessiert sind. Anstelle einer Übertragung, die notarielle Kosten und einigen Aufwand verursacht, wäre eine rein vertraglich vereinbarte Pflegepatenschaft zwischen der Gemeinde und dem Anlieger eine Möglichkeit, um den Pflegeaufwand auf den angrenzenden Einwohner zu verlagern. Die Gemeinde bleibt in diesem Fall Eigentümer der Fläche, übergibt die wirtschaftliche Nutzung und Pflege unentgeltlich dem privaten Interessenten. Eine Entlastung des mit der Grünflächenpflege befassten Personals tritt ein.

## 5. Allgemeines Grund- und Sondervermögen, öffentliche Einrichtungen

**Erbbauzinsen, Mieten und Pachten**

Für die Kommunen stehen die sonstigen Finanzmittel an erster Stelle der Finanzmittelbeschaffung. Zu den sonstigen Finanzmitteln zählen auch die Erlöse aus Vermietung und Verpachtung.

Die Überprüfung der Mieten, Pachten und Erbbauzinsen aller kommunalen Liegenschaften sollte in regelmäßigen Zeitabständen erfolgen. Aufgrund der gesetzlichen Regelungen über die ortsübliche Vergleichsmiete sind in angemessenen Zeitabständen Anpassungen möglich. Bereits bei der Vertragsgestaltung kann eine Staffelung oder eine an die Inflationsentwicklung gekoppelte Erhöhungsregelung vorgesehen werden. Der gesamte Immobilienbestand, bestehend aus Wohngrundstücken, unbebauten Grundstücken, Kleingärten und sonstigen Pachtflächen ist einzubeziehen.

**Veräußerung nicht benötigten Grundvermögens**

Die Kommunalverfassungen und Gemeindeordnungen geben vor, dass die Kommunen Grundvermögen nur erwerben sollen, wenn es für ihre Aufgabenerfüllung benötigt wird. Anhand regelmäßiger Aufgabenüberprüfung ist festzustellen, welches Gemeindevermögen nicht oder nicht mehr benötigt wird und veräußert werden kann. Soweit Grundvermögen für die mittel- und langfristigen strategischen Zielsetzungen keine Bedeutung hat, kann eine Veräußerung verfolgt werden. Es empfiehlt sich Gebote zum Höchstpreis einzuholen. Zuvor sollte die Kommune über eine interne Kalkulation eine Preisvorstellung für sich fixieren. Diese könnte als Mindestpreis gelten.

**Baulandvermarktung**

Die Ausweisung von Baugebieten ist bei etlichen Kommunen inzwischen ein lukratives Geschäftsmodell geworden. Über eine Abschätzung der zusätzlichen Einnahmen und Ausgaben aus der Ausweisung von Baugebieten lässt sich eine Kalkulation erstellen. Neben den direkten Aufwendungen (z. B. Baulandbereitstellung, Erschließung usw.) ergeben sich für die Kommune weitere haushaltsrelevante Auswirkungen (z. B. zusätzliche Grundsteuereinnahmen, positive oder negative Veränderungen der Schlüsselzuweisung, mögliche Erweiterung der eigenen sozialen Infrastruktur usw.). Das von den Kommunen mitunter preiswert erworbene Ackerland kann bei entsprechender Nachfrage nach Baugrundstücken der ertragreichen Baulandvermarktung zugeführt werden.

Vor diesem Hintergrund sollten die Kommunen die Nachfrage nach Baugrundstücken vor der Ausweisung von neuen Baugebieten ermitteln. Die mit der Ausweisung verbundenen, über die Baulandbereitstellung und Erschließung hinausgehenden Folgekosten sollten sie dabei in die Entscheidung einbeziehen. Bei dieser Wirtschaftlichkeitsbetrachtung sollte es möglich sein, Baugebietvermarktung so zu betreiben, dass unter dem Strich ein »Gewinn« für den allgemeinen Haushalt abgeworfen wird.

**Vermietung Werbeflächen an ortsansässige Unternehmen**
Sport- oder Mehrzweckhallen, Dorfgemeinschaftshäuser bieten die Möglichkeit, Werbeflächen zu vermieten und damit zusätzliche Einnahmen zu erzielen. Die Anmietung von Werbeflächen ist besonders für am Ort ansässige Unternehmen von Interesse – eine Konsolidierungsmaßnahme, die auch der heimischen Wirtschaftsförderung dient.

**Kommunaler Wohnungsbestand**
Zum kommunalen Wohnungsbestand hat das Bundesinstitut für Bau-, Stadt- und Raumforschung beim Bundesamt für Bauwesen und Raumordnung (BBSR) 2015 eine Umfrage durchgeführt.

Danach wurden insgesamt rund 1,6 Mio. Wohnungen erfasst, die sich im Eigentum von 705 Städten, Gemeinden und Landkreisen befinden und innerhalb der jeweiligen Kommune liegen. Die meisten Wohnungen befanden sich im Eigentum von Städten und Gemeinden. Nur verhältnismäßig wenige Wohnungen waren in der Hand von Landkreisen. Landkreise verfügten fast ausschließlich über Wohnungsbestände in Form von direkten Beteiligungen.

Der größte Teil der kommunalen Wohnungsunternehmen (78,5 %) erzielte Gewinne (Quelle: Ergebnisse der BBSR-Kommunalbefragung 2015).

Inwieweit die dafür eingesetzte Verwaltungskraft in die Betrachtungen eingeflossen ist, kann ich nicht erkennen. Aus meiner Sicht ist das in jedem Fall zu bedenken. Die Verwaltung städtischen Wohneigentums erzeugt nicht unerheblichen Verwaltungsaufwand, der bei einer notwendigen Gesamtbetrachtung in Rechnung zu stellen ist. Daher ist es empfehlenswert, den vorhandenen Wohnungsbestand im Eigentum der Kommune aufzulisten und auf Veräußerungsmöglichkeiten zu überprüfen. Insbesondere bei einem älteren, sanierungsbedürftigen Gebäudebestand sollte mittels einer Wirtschaftlichkeitsrechnung alternativ die Veräußerung überprüft werden.

**Gebäudemanagement**
Die kommunalen Gebäude sind häufig im Gemeinde- oder Stadtgebiet weit gestreut. Verwaltungsstellen außerhalb des Rathauses, Kindertages- und Sportstätten, Schulen und diverse weitere Liegenschaften sind zu verwalten. Soweit hier die Zuständigkeiten über mehrere Fachbereiche verteilt sein sollten, ist ein zentrales Gebäudemanagement anzustreben. Verwaltung, Beschaffung, Bewirtschaftung, Unterhaltung und Instandhaltung lassen sich in einer Hand zusammengefasst wirtschaftlicher wahrnehmen als jede Form der Zuständigkeitenteilung.

**Hausmeisterdienste**
Die Hausmeisterdienste sind ein wesentlicher Baustein, um eine sach- und fachgerechte sowie reibungslose Bewirtschaftung und Organisation des Gebäude- und Liegenschaftsbestands sicherzustellen.

Mit der Einführung eines zentralen Gebäudemanagements lassen sich Aufgaben der Hausmeisterdienste aus verschiedenen Organisationseinheiten weitgehend an einer Stelle bündeln und so effektiv organisieren.

**Energiekostencontrolling**
Bei tendenziell steigenden Energiebezugskosten wird es den Kommunen nur gelingen, ihre Energiekosten zu senken bzw. zu stabilisieren, wenn sie ihre Energieverbräuche reduzieren.

Mit wirtschaftlichem und sachgerechtem Handeln können Kommunen – auch ohne Investitionen vorzunehmen – Verbrauchs- und Kostenreduzierungen erzielen. Ein systematisches Energiemanagement eröffnet Kommunen die Möglichkeit, ihre Aktivitäten zum Energiesparen oder zur Effizienzsteigerung gezielt vorzubereiten, zu bündeln und zu dokumentieren.

Parallel zum Gebäudemanagement sollten alle energierelevanten Zahlen erhoben und zentral verwaltet werden. Das Ziel ist die Senkung der Energiekosten bzw. die Ermittlung von Einsparpotenzialen. So könnten jährlich Energieberichte erstellt und den Kommunalparlamenten könnten ggf. Empfehlungen für haushaltsrelevante Energiesparmaßnahmen vorgelegt werden. Darin sind die Gebäude mit dem größten Sanierungsbedarf und dem größten Kosteneinsparpotenzial darzustellen. Entscheidend für die daraufhin zu treffenden Energiesparmaßnahmen ist das Verhältnis zwischen Mitteleinsatz und Einsparvolumen.

Energiesparendes Verhalten könnte durch finanzielle Anreize belohnt werden, indem ausgehend von einem vereinbarten Startwert die Hälfte der ersparten Energiekosten der kommunalen Einrichtung zur Verfügung gestellt wird.

**Vorteile einer öffentlichen Ausschreibung nutzen**
Die Veräußerung und Verpachtung von Grundstücken ist grundsätzlich öffentlich auszuschreiben. Im Gegensatz zu einer aufwendigen und kostenverursachenden formellen öffentlichen Ausschreibung nach den Vergabegrundsätzen kann die Veränderungsabsicht per ortsüblichem Verkündungsblatt oder mittels einfacher amtlicher Bekanntmachung geschehen.

**Gebäudereinigung**

Die Reinigungsintervalle, Reinigungsstandards und Reinigungstaktungen sollten auf Konsolidierungspotenzial überprüft werden.

Da die Gebäudereinigung keine hoheitliche Aufgabe darstellt und damit nicht zum Kerngeschäft einer Kommune gehört, stellt sich die Frage, ob eine Reinigung mit eigenem Personal oder fremdem Personal erfolgen sollte. Zur Frage der Eigen- oder Fremdreinigung gibt es entsprechende Wirtschaftlichkeitsuntersuchungen. Deren Inhalt bezieht sich neben den betriebswirtschaftlich zu kalkulierenden Kosten auch auf die Reinigungsqualität sowie sozialversicherungs- und personalwirtschaftliche Aspekte. Ich möchte an dieser Stelle lediglich auf die Kostenbetrachtung näher eingehen und beziehe mich dabei auf die »Studie zur Wirtschaftlichkeit der Fremdreinigung im Vergleich zur Eigenreinigung bei der Öffentlichen Hand am Beispiel der Kommunen« aus dem April 2014, die vom Bundesinnungsverband des Gebäudereiniger-Handwerks in Auftrag gegeben und von Dr. Heiko Schuh sowie Hendrik Ahrens vorgelegt wurde.

Die Studie kommt zu folgenden wesentlichen Aussagen:

- Höhere Lohnnebenkosten der Eigenreinigung, die unter anderem durch Umlagen zu Zusatzversorgungskassen (ZVK) von 6-9 % sowie durch Prämien für leistungsorientierte Bezahlung (LoB) bedingt sind, vergrößern den Personalkostennachteil der Eigenreinigung erheblich.
- Bei der Eigenreinigung liegt das Krankheits- und Ausfallrisiko auf Seiten der Kommune. Mit einer im Durchschnitt gegenüber der Fremdreinigung höheren Ausfallquote steigt der Unterschied bei den Lohnstückkosten gegenüber dem tariflichen Unterschied der reinen Lohnkosten weiter an.
- Die Eigenreinigung hat eine geringere Effizienz als die Fremdreinigung.

Der Verwaltungs- und Koordinierungsaufwand in der Eigenreinigung (Personalverwaltung, Einkauf, Lagerhaltung, Arbeitsschutz) ist in der Regel höher als der interne Transaktionsaufwand bei der Fremdreinigung.

- Die höhere Produktivität und die damit einhergehenden niedrigeren Lohnstückkosten der Fremdreinigung schlagen sich trotz deren Umsatzsteuerbelastung in deutlich geringeren Reinigungsaufwendungen gegenüber der Eigenreinigung nieder.
- Insgesamt führt die Vergabe von Gebäudereinigungsleistungen an externe Dienstleister bei gleicher Qualität und besseren Steuerungsmöglichkeiten zu signifikant niedrigeren Reinigungsaufwendungen als bei der Eigenreinigung und bietet damit die Möglichkeit, den kommunalen Haushalt zu entlasten.

Der Konsolidierungsvorteil ist damit dokumentiert. Sollte eine Kommune gleichwohl aus anderen als finanziellen Gründen an der Eigenreinigung (noch) festhalten wollen, so empfiehlt es sich, die Leistungsvorgaben für eigene Reinigungskräfte zu überprüfen. Der Einsatz leistungsfähiger Reinigungsmaschinen sollte ebenso wie die Reinigungsintervalle einer näheren Betrachtung unterzogen werden. Schul- und Bürogebäude könnten etwa höchstens alle zwei Tage, Glasflächen höchstens halbjährlich gereinigt werden. Parallel kann die Privatisierung der Gebäudereinigung in naher Zukunft vorbereitet und angestrebt werden, wenn damit wie dargestellt Haushaltsverbesserungen erzielt werden können.

**Wirtschaftliche Unternehmen der Kommune**

Die wirtschaftlichen Unternehmen der Kommune sollen in der Regel einen Ertrag für den Haushalt abwerfen. Die Entscheidung, inwieweit sich eine Kommune wirtschaftlich betätigt, kann auch von Konsolidierungsgesichtspunkten bestimmt sein. Soweit die Kernverwaltung in allen Bereichen konsolidieren muss, sollten auch die wirtschaftlichen Unternehmen ihren Beitrag dazu leisten.

Der Verkauf von Anteilen an wirtschaftlichen Unternehmen wäre ein solcher Beitrag.

**Abwasserbeseitigungsanlagen**

Viele Kommunen sind voraussichtlich von einem deutlichen Rückgang ihrer Bevölkerung bis zum Jahr 2030 betroffen. Die Abwasserbeseitigungsmengen werden nach der Prognose also sinken. Das wirft, wie in anderen kommunalen Aufgabenbereichen auch, die Frage nach einer notwendigen Anpassung der vorhandenen Infrastruktur auf.

Die Verbindung der Kanalnetze benachbarter Kommunen zur Nutzung gemeinsamer Kläreinrichtungen könnte ein denkbarer Weg sein, um den Veränderungen angemessen zu begegnen.

Die Stilllegung, der Rückbau, die Verwertung oder Umnutzung vorhandener Anlagen wären alternative Möglichkeiten. Auch ein Anschluss an ein benachbartes Kanalnetz ist technisch vorstellbar.

Daher sollte die interkommunale Zusammenarbeit bei der Abwasserbeseitigung geprüft werden. Sich verändernde Abwassermengen verlangen Antworten auf die Frage, wie flexibel, technisch möglich und wirtschaftlich vertretbar reagiert werden kann.

**Kalkulation der Straßenreinigung, Einbeziehung Winterdienstleistungen**

Führen die Gemeinden die Straßenreinigung durch, so gelten für die der Reinigung unterliegenden Straßen die Eigentümer der anliegenden Grundstücke auf der Grundlage der Landesstraßengesetze als Benutzer einer öffentlichen Einrichtung im Sinne des kommunalen Abgabenrechts. Für die Straßenreinigung erheben die Gemeinden daher Benutzungsgebühren gemäß der zugrunde liegenden Kommunalabgabengesetze. In die Gebührenkalkulation sind auch Winterdienstleistungen einzubeziehen.

**Kostendeckungsgrade öffentlicher Einrichtungen**

Die Kommunen stellen im Rahmen ihrer Leistungsfähigkeit die für ihre Einwohner erforderlichen sozialen, wirtschaftlichen und kulturellen öffentlichen Einrichtungen bereit. In den Einrichtungen, die einen Anschluss- und Benutzungszwang vorsehen, soll grundsätzlich Vollkostendeckung erreicht werden. Bei den darüber hinaus betriebenen vorwiegend sozialen und kulturellen öffentlichen Einrichtungen ist die Nutzung den Einwohnern freigestellt, nicht in jedermanns Interesse oder von Angebot und Nachfrage abhängig.

Bei der Überprüfung der Kostendeckungsgrade letztgenannter Einrichtungen ist eine sorgfältige Abwägung über die Entgelterhebung vorzunehmen, da die nicht von Entgelten gedeckten Kosten der Einrichtung vom Steuerzahler aufgebracht werden müssen und damit das Prinzip von Leistung und Gegenleistung teilweise außer Kraft gesetzt wird.

Erfahrungsgemäß ist bei den Kostendeckungsgraden »Luft nach oben«. Das kann aber auch bedeuten, dass anstelle oder zusätzlich zu einer Entgelterhöhung die Kosten gesenkt werden sollten.

**Vermietung von Parkflächen**

Öffentlicher Parkraum wird zunehmend zu einem knappen Gut. In öffentlichen Gebäuden wie dem Rathaus, den Schulen, Bädern und allen anderen externen Einrichtungen der Kommune wird den Mitarbeitern oftmals ein kostenloser verwaltungseigener Parkplatz zur Verfügung gestellt. Hierfür könnte ein Nutzungsentgelt erhoben werden.

## 6. Gesundheit, Sport, Erholung

**Gesundheitsämter/freiwillige Leistungen**

Freiwillige Leistungen der kommunalen Gesundheitsämter überprüfen. Leistungen einstellen, die nicht von Gesetzes wegen vorgeschrieben sind und die auch in gleicher Weise von Ärzten und Krankenhäusern erbracht werden können.

**Sportanlagen und Sportstätten/grundsätzliche Ausrichtung**

Die Existenz von Sportanlagen und Sportstätten als Anbieter von Bewegungsangeboten wird fast ausschließlich von Ehrenamtlichen garantiert. Für den Bau und die Unterhaltung der Sportstätten sind oft die Kommunen verantwortlich. Es gibt aber auch einige Vereine, die ihre Sportstätten aus der eigenen Kasse finanzieren. Sie sind die Vorbilder für Wege zur Zuschussbegrenzung.

Die Kommunen haben die Möglichkeit, unter bestimmten Voraussetzungen Fördermittel des Landes in Anspruch zu nehmen. Jedwede Zuweisungen und Zuschüsse von Dritten sind vorrangige Finanzierungsmittel und daher regelmäßig auszuschöpfen.

Sportanlagen und Sportstätten sind bedarfsgerecht vorzuhalten. Das setzt eine regelmäßige Überprüfung der jeweiligen Auslastung einzelner Einrichtungen voraus. Es beinhaltet die Möglichkeit, dass wenig frequentierte Einrichtungen aufgegeben werden.

**Ausstattung von Sportanlagen und Sportstätten**
Bedarf und Ausstattung von Sportstätten und Sportanlagen sowie dazugehörige Sportgeräte sollten kritisch überprüft werden.

Zur optimalen Ausnutzung kommunaler Sportstätten gehört auch ihre Nutzung durch die Schulen im Rahmen des Schulsports.

**Entgelte für Sporteinrichtungen und Sportanlagen**
Sofern Sporteinrichtungen und Sportanlagen über Entgelterhebung gesteuert werden, bedarf es einer regelmäßigen Kontrolle, inwieweit Entgelte zeitgemäß sind oder Erhöhungspotenzial gegeben ist. Dies gilt für alle Bäder, Sportplätze, Sporthallen und ähnliche Liegenschaften der Kommune. Dabei sollte zwischen Schulen, Vereinen, Einwohnern der Gemeinde und sonstigen externen Nutzern eine klare Differenzierung erfolgen.

**Sportförderung durch Zuschüsse**
Zuschüsse an Sportvereine werden häufig durch kommunale Zuschussrichtlinien geregelt.

Der Umfang dieser sog. freiwilligen kommunalen Sportförderung hängt davon ab,

- was in der Kommune unter einer notwendigen Förderung verstanden wird;
- wie hoch die Bedeutung des Sports aus kommunalpolitischer Sicht eingeschätzt wird;
- ob die Kommune für diese sog. freiwillige Leistung noch einen finanziellen Spielraum hat und welche Priorität dem Sport insgesamt eingeräumt werden soll.

Nach dem Prinzip von Leistung und Gegenleistung könnte die Zuschussgewährung mit der Regelung verbunden werden, dass sich die Sportvereine im Rahmen ihrer Möglichkeiten an den Unterhaltungsarbeiten beteiligen bzw. die Arbeiten vollständig übernehmen. So könnten kleinere Reparaturen und die Pflege der Anlage (Sportplatzgrün, Aschenbahnen) in die Obhut der sie nutzenden Vereine gegeben werden.

Bei Zuschussgewährung sind Verwendungsnachweise üblich und sollten kritisch geprüft werden.

**Einnahmen aus Sportstätten**
Soweit möglich und wirtschaftlich sinnvoll, könnten Sportstätten an Sportvereine verpachtet werden. Auch könnten für die Nutzung Entgelte erhoben und ggf. mit Sportförderungsmitteln verrechnet werden.

**Vermarktung von Sportanlagen**
Die Vermarktung von Sportanlagen sollte Einnahmen für den Kommunalhaushalt generieren. Neben den Zuschüssen von übergeordneten Organisationen (Kreis- oder Landessportbund) steht dabei die Suche nach Sponsoren und Werbepartnern aus der gewerblichen Wirtschaft im Fokus.

Daneben gilt es auch, andere in der Kommune ansässige Vereine für die Nutzung und gleichzeitige Förderung vorhandener oder neuer Sportanlagen zu gewinnen.

**Freibäder und Hallenbäder**
Das Betreiben von kommunalen Schwimmbädern verursacht erhebliche Kosten, die regelmäßig nicht durch Eintrittsgelder oder Erstattungen gedeckt werden können. Zahlreiche Prüfungen und Untersuchungen geben immer wieder einmal Hinweise zur wirtschaftlichen Optimierung.

Kommunale Schwimmbäder stellen eine (freiwillige) öffentliche Einrichtung dar. Daher kann es angesichts der Finanzsituation der jeweiligen Kommune im Einzelfall geboten sein, ein Schwimmbad zu schließen. Denn so wünschenswert die Aufrechterhaltung des derzeitigen Angebots an Schwimmbädern auch ist; zum unabdingbar erforderlichen Kern der kommunalen Aufgabenerfüllung zählen Schwimmbäder nicht. Betrachtet man die Schwimmbadinfrastruktur, lässt sich feststellen, dass ein Großteil der Hallen- bzw. kombinierten Bäder in den 1960er- und 1970er-Jahren erbaut worden ist. Allein diese Erkenntnis dürfte auf einen Sanierungs- bzw. Modernisierungsbedarf schließen lassen.

Bei der Ermittlung des Kosten- bzw. Zuschussbedarfs der kommunalen Frei- und Hallenbäder liegt der in verschiedenen Untersuchungen festgestellte Kostendeckungsgrad zwischen rund 30 und 40 % bei den Freibädern und rund 50 % bei den Hallenbädern. Zur Steigerung der Wirtschaftlichkeit kommen verschiedene Maßnahmen in Betracht. Grundsätzlich bietet sich der Einsatz von Kassenautomaten an, um so Personalausgaben einsparen zu können. Zur Bevorzugung von Fremdreinigung gegenüber Eigenreinigung sind oben bereits die Argumente ausgeführt worden.

Weitere Aspekte von finanzieller Bedeutung sind u. U. die Einschränkung von Öffnungszeiten, sofern dadurch die Kosten für Personal- und Sachmittel verringert werden können, sowie eine nachfragegerechte und optimierte Entgeltgestaltung.

Besonders die Reduzierung von Öffnungszeiten bei nur geringer Nutzung ermöglicht in der Regel Kosteneinsparungen bei Personal und Sachmitteln.

Interessant ist insoweit, dass die Preiselastizität bei einer angemessenen Entgelterhöhung nur gering ausfällt, d. h., die Besucherzahlen gehen nach einer Entgelterhöhung nicht signifikant zurück. Unter dem Strich ergibt sich ein höherer Erlös für den kommunalen Badbetreiber.

**Interkommunale Kooperation Freibäder**

Ergibt die Gesamtbetrachtung, dass ein Freibad von einer Kommune geschlossen werden soll, ist zuvor im Wege der interkommunalen Kooperation prüfenswert, ob benachbarte Kommunen gemeinsam den Fortbestand eines Freibades sichern können.

**Energieeinsparung in den Bädern**

Bei den Energiekosten von Bädern ergeben sich 3 Ansatzpunkte, die zu Einsparungen führen können:

- Einmal könnte die Wassertemperatur abgesenkt werden.
- Ferner ist auch eine Wasserdurchlaufbegrenzung der Duschen möglich.
- Und schließlich stellt sich die Frage, ob während der Sommersaison parallel zu den Freibädern auch Hallenbäder geöffnet sein sollten.

**Variable Öffnungszeiten**

Neben einer Einschränkung der Öffnungszeiten bei geringem Besucherstrom ist auch eine von den Außentemperaturen abhängige Öffnungszeitengestaltung möglich.

Mittels einer sogenannten Bäderampel bleibt das Freibad teilweise auch in den Sommermonaten geschlossen.

Bei eher angenehmen Temperaturen steht sie auf Grün und signalisiert geöffnete Bäder. Droht aber laut Wetterbericht schlechtes Wetter, zeigt sie Rot. Dies bedeutet: Die Bäder bleiben dann ganztags geschlossen. Damit sollen sich bei einem angenommenen Betrieb dreier Freibäder in einer Großstadt Einsparungen von schätzungsweise rund 45.000 Euro je Freibadsaison erzielen lassen.

**Hallenbäder im Sommer schließen**
Soweit Kommunen mindestens ein Freibad betreiben, können Hallenbäder in den Sommermonaten zeitweise für den Badebetrieb geschlossen werden.

**Übertragung von Bädern an Fördervereine**
Die Übertragung von Bädern an Fördervereine dient dazu, einer drohenden Schließung insbesondere von Freibädern zu begegnen.

Die häufig angesichts einer anstehenden größeren Modernisierungs- bzw. Sanierungsmaßnahme in der Regel aufkommende Diskussion über eine Schließung eines Freibads hat in einzelnen Kommunen bereits dazu geführt, dass es zu Kooperationen mit den Nutzern gekommen ist, etwa mit Sportvereinen bzw. Fördervereinen, die ausdrücklich mit dem Ziel des Erhalts des örtlichen Freibads gegründet wurden.

Eine solche Kooperation wird folgendermaßen geregelt:

Mittels eines Vertragsmodells werden die Nutzung und der Betrieb eines Freibads vollständig einem Verein übertragen. Der Verein betreibt das Freibad und führt es wirtschaftlich und organisatorisch eigenständig. Die Kommune befreit ihren Haushalt dadurch vom bestehenden Zuschussbetrag und beteiligt sich an den Kosten des Vereins durch einen gegenüber dem bisherigen Haushaltsdefizit geringeren Zuschuss. Diese »Win-win-Situation« erhält den Einwohnern der Gemeinde das Freibad und trägt gleichzeitig zur Haushaltskonsolidierung der Kommune bei.

Nötig ist dazu ein Kreis von Freiwilligen, der in Form eines Zusammenschlusses zu einem Verein alle Rechte und Pflichten übernimmt.

Vorstellbar sind auch Fördervereine, wenn sie das Freibad nicht in der beschriebenen Form übernehmen. Stattdessen helfen sie den Kommunen vor allem bei der Bewirtschaftung der Freianlagen und bei kleineren Maßnahmen der baulichen Unterhaltung (z. B. Malerarbeiten). Diese Hilfeleistungen führen auch zu einer Verringerung des kommunalen Zuschusses und verbessern die haushaltswirtschaftliche Situation.

**Nutzung der Freibäder während der Winterzeit und Attraktivitätssteigerung**
Um die wirtschaftliche Situation der Freibäder zu verbessern, wurden Überlegungen zur Attraktivitätssteigerung im Sinne einer zusätzlichen Nutzungsmöglichkeit während des eigentlich ertragslosen Winterhalbjahres angestellt. Die Vorschläge wurden auch getestet. Freibäder, die über die räumlichen Voraussetzungen verfügen, können Veranstaltungsgelände für Flohmärkte, Musikkonzerte und Theateraufführungen sein. Ein Teil der Veranstaltungen lässt sich auch in die badefreie Sommerzeit, also außerhalb der dortigen Öffnungszeiten verlegen. Die Veranstaltungen sollten einen »Gewinn« für die öffentliche Einrichtung abwerfen. Unabhängig von der finanziellen

Betrachtung haben solche Veranstaltungen noch einen Nutzen: Sie haben einen Werbeeffekt für die Einrichtung, da sie interessierten anderen Veranstaltern zeigen, dass es außerhalb des Schwimmbadbetriebes weitere Nutzungsmöglichkeiten gibt.

## 7. Wissenschaft und Kultur

### Grundsätzliches zur Kulturförderung in kommunaler Trägerschaft

Die Kommunen stellen in den Grenzen ihrer finanziellen Leistungsfähigkeit ein Kulturangebot auf. Art und Umfang ist stark von der allgemeinen Haushaltssituation der Kommune abhängig. Als rein freiwillige Aufgabe unterliegt die Kulturförderung vor allem in einer Haushaltskonsolidierungsphase starken Einschränkungen. Besonders gemeindliche Trägerschaften im Bereich des Kulturwesens werden in finanziell schwierigen Zeiten grundsätzlich auf den Prüfstand gestellt. Die Kommune kann aber auch als »Moderator« oder Ideengeber für kulturelle Leistungsangebote Dritter eine kulturelle Aufgabenwahrnehmung anstreben. Privatinitiativen und private Trägerschaften von kulturellen Angeboten können auf diese Weise nach Möglichkeit gefördert werden. Die Rolle der Städte, Gemeinden und Kreise kann auch die eines »nur begrenzten« Zuschussgebers sein.

### Interkommunale Kooperation

Ähnlich allen sonstigen freiwilligen Leistungsbereichen gilt es auch bei der Kultur, möglichst Kooperationen mit anderen Gemeinden sowie eine öffentlich-private Zusammenarbeit (»Private-Public-Partnership«) anzustreben.

### Öffentliche Büchereien

Öffentliche Büchereien bilden in der vergleichenden Betrachtung der Kostendeckungsgrade bei öffentlichen Einrichtungen mit teilweise unter 10 % das Schlusslicht. Es ist generell schwierig, den Kostendeckungsgrad der öffentlichen Büchereien mit Mitteln der klassischen Aufgabenerfüllung dieses Verwaltungsbereichs zu erreichen. Öffentliche Büchereien haben den Auftrag, zum Lesen zu animieren, der Volksbildung zu dienen und allen Bevölkerungsschichten einen Zugang zu Literatur zu ermöglichen. Besonders Kinder und Jugendliche sollen als Nutzer der Bücherei gewonnen werden. Sich in der Bücherei mit Medien zu umgeben, hat auch einen Freizeitwert. Ich erinnere mich gern an meine eigene Jugend und die Zeit in unserer Ortsbücherei, in der es damals »nur« Bücher gab.

Das Medienangebot heute übersteigt das um ein Vielfaches. Sie können inzwischen wählen zwischen digitaler Nutzung von E-Books, DVDs, Blue-Ray-Discs, CDs, Zeitschriften, Zeitungen und Hörbüchern. Und Bücher gibt es auch noch. Das Angebot ist maximal vielfältig. Und das alles zu einem geringen Nutzungsentgelt mit sozialer Staffelung.

Wirtschaftliche Gesichtspunkte stehen dahinter zurück. Es verwundert daher nicht, dass die originäre Aufgabenerfüllung nicht ertragsorientiert betrieben werden kann. Um hier zu Konsolidierungserfolgen zu kommen, bieten sich nur wenige Möglichkeiten an.

**Auslastung von Bücherei-Zweigstellen bzw. Stadtteilbibliotheken überprüfen**
Besonders in Städten ab einer bestimmten Größe sind neben der Hauptstelle auch Zweigstellen der öffentlichen Bücherei vorhanden. Deren Auslastung sollte das Vorhandensein der Zweigstelle rechtfertigen. Andererseits ist eine Schließung zu prüfen. Soweit eine Fahrbücherei daneben besteht, könnte der von der Schließung betroffene Ortsteil dadurch weiter versorgt werden.

**Einsparungen von sächlichen und personellen Ausgaben bei tageweiser Schließung von Büchereien ermitteln.**

**Zusammenarbeit mit anderen am Ort bestehenden Büchereien (z. B. Kirchen, Schulen) suchen.**

**Anpassung der Gebühren von Büchereien prüfen**
Gebührenanpassungen sind ein obligatorischer Gesichtspunkt bei öffentlichen Einrichtungen. Erkenntnisse zur Höhe und Angemessenheit der Gebühren für öffentliche Büchereien ergeben sich insbesondere aus interkommunalen Vergleichswerten. Dabei können über zielgruppenspezifische Gesichtspunkte geringere Gebühren für Schüler und Auszubildende, ggf. auch Rentner und Studenten, sowie höhere Gebühren für alle übrigen Nutzer vorgesehen werden.

Zur Vereinfachung der Gebührenerhebung dient eine jährliche Pauschalgebühr (z. B. Leserausweis). Der Verwaltungsaufwand dafür ist relativ gering und kann mit der Ausleihe verknüpft werden. Mahn- und Säumnisgebühren sollten konsequent erhoben werden. Hier könnte eine Anhebung in stärkerem Maße und ohne soziale Staffelung vorgenommen werden.

**EDV und Automatisierung in Büchereien**
Auf dem Weg zur digitalen und multimedialen Welt verändern sich die Geschäftsabläufe in den Büchereien. Moderne EDV ermöglicht auch hier die Einsparung von Personalkosten. Die Ausleihe über bereitgestellte Servicecomputer ohne Personal ist inzwischen genauso möglich wie die Verlängerung von Ausleihzeiten über das eigene Konto im Internet. Selbstverständlich von zu Hause aus oder über das Handy und zu jeder Zeit. Die oben angesprochenen Fahrbüchereien durch Spezialbusse werden in diesen Zeiten erheblich infrage gestellt bzw. sind bereits mancherorts eingestellt worden. Das durch das Internet und die multimedialen Möglichkeiten veränderte Nutzungsverhalten besonders bei Kindern und Jugendlichen bleibt nicht ohne Auswirkungen auf die Büchereien. Das Buch hat multimediale Konkurrenz bekommen.

**Öffnungszeiten der Museen**
Die Öffnungszeiten der Museen sollten an die Besucherintensität angepasst werden.

**Ehrenamtliche Mitarbeiter für die Aufsicht in den Museen gewinnen**

**Ausstellungen in Museen oder öffentlichen Gebäuden**
Die zusätzliche Frequentierung der Museen sollte bei Ausstellungen durch Eigeninitiative der Künstler geprägt sein. Idealerweise ergibt sich die Möglichkeit eines Sponsorings durch Gewerbebetriebe und deren Vereinigungen sowie Banken. Als Beitrag der Kommune könnte die Bereitstellung von Räumlichkeiten (Rathaus-Foyer, Foyer einer Schule oder ähnliches) dienen.

**Veräußerung von Kunstgegenständen**
Die im kommunalen Besitz befindlichen Kunstgegenstände könnten auf Veräußerungsmöglichkeiten hin überprüft werden.

**Kurse in Volkshochschulen**
Kurse der Volkshochschulen sollten eine Mindestteilnehmerzahl erreichen. Hierzu ist mittels einer Wirtschaftlichkeitsberechnung zu prüfen, welche Teilnehmerzahl die Kosten der Veranstaltung deckt und darüber hinaus einen Deckungsbeitrag für die fixen Kosten der Einrichtung abwirft. Soweit es möglich ist, sollten Kurse zusammengelegt werden, um die Wirtschaftlichkeit zu erhöhen.

Die Möglichkeit der Entgelterhebung sollte unter Wirtschaftlichkeitsgesichtspunkten maximiert werden. Entgeltreduzierte und entgeltfreie Veranstaltungen sind kritisch zu hinterfragen.

Einen weiteren Ansatzpunkt stellt das Lehrpersonal in Volkshochschulen dar. Ähnlich den Schulungen in den kommunalen Studieninstituten stellt sich die Frage nach hauptamtlichem oder freiberuflichem Personal. Erfahrungsgemäß ist das freiberufliche Personal unter Kostengesichtspunkten häufig wirtschaftlicher für die Einrichtung.

**Benchmarking**
Der Vergleich mit anderen Volkshochschulen ermöglicht es, etwaige Produktdefizite zu erkennen und abzustellen.

**Entgeltüberprüfung**
In regelmäßigen Zeitabständen sollte eine Überprüfung der Entgelte erfolgen. Dabei ist insbesondere der Frage nachzugehen, ob Erhöhungen auf dem Markt der Kursangebote durchzusetzen sind. Auch die Eintrittsgelder der kommunalen Kultureinrichtungen sollten einbezogen werden.

### Musikschulen

In der Regel ist der Landkreis oder die größere selbstständige oder kreisfreie Stadt Trägerin der Musikschulen. Da es sich um eine freiwillige Aufgabe der kommunalen Gebietskörperschaften handelt, hängt es auch von der Haushaltslage ab, ob eine Musikschule vorgehalten wird. Eine Vollkostendeckung lässt sich im Allgemeinen auch unter Berücksichtigung zusätzlicher Einnahmen aus staatlichen Zuschüssen nicht erzielen. Darüber hinaus stehen kommunale Musikschulen in Konkurrenz zu privaten Musikschulen. Letztere können sich zwar lediglich aus Nutzungsentgelten finanzieren, haben aber durch den Verzicht auf pädagogisches Fachpersonal deutlich geringere Personalkosten zu berücksichtigen. Das soll selbstverständlich keine Empfehlung zum Verzicht auf musikpädagogisches Fachpersonal sein. Haushaltskonsolidierung auf Kosten der Qualität zu betreiben, ist fragwürdig. Über den Vergleich mit anderen Musikschulen lassen sich regelmäßig Erkenntnisse über Personaleinsatz und Entgeltstrukturen gewinnen.

Als weiterer Gesichtspunkt, unter dem die wirtschaftliche Situation einer Musikschule verbessert werden könnte, ist die Kundenorientierung und Kundennachfrage zu nennen. Genauso wie der allgemeine Trend auf dem kommerziellen Musikmarkt dem Wandel der Zeiten unterworfen ist, können Musikschulen ihr Produktangebot stärker auf den Trend und die Kundenwünsche einstellen. Ein stärker bedarfsgerechtes und am Musikmarkt orientiertes Kursangebot lässt die Nachfrage und damit den Kostendeckungsgrad ansteigen.

### Privatisierung von Musikschulen

Die Trägerschaft von Musikschulen muss nicht zwangsläufig eine kommunale sein. Auch wenn gewisse Bedenken hinsichtlich der pädagogischen Qualität und auch der Lehrinhalte nicht wegzudiskutieren sind, könnte das Modell einer Übertragung auf einen Privatanbieter ggf. mithilfe kommunaler Zuschussgewährung zu einer Haushaltsverbesserung führen. Durch die Zuschüsse könnte der Kommune dabei ein Mitspracherecht über Lehrinhalte eingeräumt werden.

### Einzel- oder Gruppenunterricht in Musikschulen

Die Nutzungsentgelte für Einzel- oder Gruppenunterricht sollten unterschiedliche Entgeltsätze vorsehen. Über den Gruppenunterricht lässt sich die Kostendeckung verbessern.

### Sachausstattung Instrumente, Lehr- und Lernmittel

Die Ausstattung mit Instrumenten, Lehr- und Lernmitteln ist in regelmäßigen Zeitabständen zu überprüfen und dem aktuellen Nachfrageverhalten der Kursteilnehmer anzupassen.

**Weitgehende Digitalisierung des Archivbestandes**
Durch die Digitalisierung des Archivs werden Raum- und Lagerflächen freigesetzt.

## 8. Politik und Gremienarbeit

In der klassischen Rollenverteilung beschließt die Politik über das Haushaltskonsolidierungskonzept, nachdem die Verwaltung die Vorschläge zusammengestellt hat. Die Haushaltsverbesserungen betreffen alle zugehörigen Verwaltungsbereiche, nur die Politik und Gremienarbeit bleibt außen vor. Warum eigentlich?

Einerseits mag es daran liegen, dass es bei »Eingriffen« in die Politik gewisse Berührungsängste gibt. Immerhin sind es die Politiker, die über die finanziellen Rahmenbedingungen in der Kommune zu entscheiden haben. Die Kommunalpolitiker sind aber auch Teil der Verwaltung. Wenn sich Haushaltskonsolidierung in allen Verwaltungsebenen abbilden soll, gehört dazu auch der Blick auf die Politik und Gremienarbeit. Ein gewisses Fingerspitzengefühl ist dabei unbedingt angezeigt. Auch sollte der Konsens gesucht werden, um das Arbeitsverhältnis zwischen Politik und Verwaltung nicht wegen der Konsolidierungsmaßnahmen zu belasten.

Dies alles vorausgeschickt, gibt es eine ganze Reihe denkbarer Veränderungsmöglichkeiten liebgewonnener Standards.

**Sitzungsintervalle**
Die Personal- und Sachkosten des Sitzungsdienstes sind immens. Im Einzelnen fallen an: Sitzungsvor- und Nachbereitung, Protokolldienst, Vorlagenerstellung und Versand, Präsenz leitender Verwaltungsmitarbeiter in Sitzungen, Aufwandsentschädigungen an die Sitzungsteilnehmer.

Da somit jede Sitzung Kosten verursacht, sind die Sitzungen auf das notwendige Maß zu beschränken.

**Zahl der Ausschüsse**
Wenn es Ausschüsse gibt, werden sie tagen. Die Ausschussbildung gehört zur Organisationshoheit der Kommune. Zur oben angeführten Begrenzung der Sitzungen gehört auch, die vorhandenen Ausschüsse so klein wie möglich zu halten und fachlich verwandte Aufgabenbereiche zu bündeln. Über die maximal notwendige Anzahl an Ausschüssen lassen sich auch im Wege des Vergleichs mit ähnlich großen bzw. strukturierten Kommunen sinnvolle Erkenntnisse gewinnen.

**Redezeitbegrenzung in Sitzungen der Gremien**

Neben den bereits genannten Konsolidierungsvorschlägen bei den Gremien der Kommunen ist man geneigt, auch die Sitzungsdauer zu limitieren. Als erfahrener Praktiker rate ich davon ab, weil es nicht funktioniert und besonders bei wichtigen Themen mit erhöhtem Beratungsbedarf kontraproduktiv wirkt. Jedoch ist es möglich, über die Geschäftsordnung der Sitzungen zu einem bestimmten Thema nur eine begrenzte Anzahl von Wortmeldungen einzelner Gremiummitglieder zuzulassen. Das wiederum halte ich für sinnvoll. Andernfalls geschieht das, was in Karikaturen und ironischen Beiträgen öfter einmal zu hören ist: »Es ist zwar schon alles gesagt, aber noch nicht **von allen**!« Manche Politiker drücken sich auch dann ins Wort, wenn sie außer einer Bestätigung des Vorredners keine wirklich neuen Erkenntnisse oder Beiträge zum gerade behandelten Thema mitzuteilen haben. Gern reden sie auch, um nur noch einmal die Diskussion schlicht für sich Revue passieren zu lassen.

Das lässt sich über den oben angegebenen Vorschlag zumindest etwas eingrenzen. Immerhin geht es um das wichtige Gut der Debattenkultur als Teil gelebter Demokratie.

**Aufstellung der Tagesordnung zu den Sitzungen**

Liest man Tagesordnungen quer, wird häufig eine Missachtung der Vorgaben in den Kommunalverfassungen und Gemeindeordnungen festgestellt. Die ursprünglich strikte Trennung in strategische Entscheidungsrechte des Kommunalparlaments und ausführende Maßnahmen der Verwaltung wird mitunter aufgegeben. Vor allem »schwache« Bürgermeister ohne eine »Hausmacht« im Kommunalparlament neigen dazu, aus Unsicherheit ihr gesamtes Verwaltungshandeln durch Beschlüsse des Parlaments absegnen zu lassen. Auch diese Form des Gebarens bläht Sitzungen unnötig auf, da neben den originären Entscheidungsrechten der Politiker diese noch Verwaltungsabläufe mit zu verhandeln haben. Um das zu vermeiden, sollten nur die gesetzlich vorgesehenen Entscheidungs- und Anhörungsrechte auf die Tagesordnungen kommen.

**Qualität der Sitzungsvorlagen**

Die Sitzungsdauer bestimmt sich auch nach der Qualität der Sitzungsvorlagen. Verständliche und klar formulierte Verwaltungsvorlagen und Drucksachen helfen dabei, wiederholte Sitzungen zum gleichen Tagungsordnungspunkt zu vermeiden. Um eine Entscheidung der Politiker zu erreichen, sind alle realistischen Alternativen mit Vor- und Nachteilen, Nutzen und Kosten so präzise und objektiv wie möglich zur besseren Entscheidungsfindung der politischen Gremien darzulegen. Dazu gehören bei Entscheidungsvorlagen von finanziell erheblicher Bedeutung auch Folgekostenberechnungen.

**Aufwandsentschädigungen**
Die jährliche Anzahl der entschädigungspflichtigen Fraktionssitzungen sollte begrenzt werden. Gleiches gilt für Verdienstausfallsätze für ehrenamtliche Kommunalpolitiker hinsichtlich der Stundensätze und der Zeitdauer. Der Aufwand für Ehrungen und Repräsentationen sollte auf das unumgänglich Notwendige beschränkt werden.

## 9. Schulwesen

**Demografische Entwicklung**
Schulische Einrichtungen sind an die Entwicklung der Schülerzahlen anzupassen. Dabei stellt sich die Frage, ob und wie die Kommunen Strategien entwickeln, um auf sinkende Schülerzahlen zu reagieren. Als geeignete Maßnahmen kommen dafür die Zusammenlegung oder die Schließung von Schulen infrage.

Alle an der kommunalen Schulentwicklung Beteiligten (Verwaltung, Ortspolitiker, Lehrer, Eltern) haben in der Regel unterschiedliche Interessen. Es ist daher zweckdienlich, einen breiten Konsens über Maßnahmen der Schließung oder Zusammenlegung von Schulen zwischen den Beteiligten herzustellen.

**Personalbedarfsbemessung**
Auslastung der Schulsekretärinnen überprüfen, ggf. Sekretariate im Nahbereich zusammenlegen.

**Energiekostencontrolling**
Der Energieverbrauch in Schulen ist nicht unerheblich und sollte daher regelmäßig überprüft werden. Aus meinen Erfahrungen, die ich in eigenen Lehrveranstaltungen gemacht habe, kenne ich einen teilweise unaufmerksamen Umgang mit dem Verbrauch von Strom, Gas, Wasser – frei nach der Formel, es kostet ja nicht mein Geld. Über die Ermittlung von Kennzahlen, etwa die Energiekosten je Quadratmeter Schulgebäude, können Vergleiche mit anderen Kommunen angestellt werden.

**Reinigungskosten**
Hierzu verweise ich auf meine Ausführungen unter »Allgemeines Grund- und Sondervermögen«. Das dort Gesagte gilt sinngemäß auch für Schulgebäude. Neben der Frage, ob eine Eigen- oder Fremdreinigung zu bevorzugen ist, bietet sich auch hier der interkommunale Vergleich an, um anhand von Kennzahlen die Reinigungskosten zu minimieren.

**Schülerbeförderung**
Die Organisation, Durchführung und Kostenerstattung der Schülerbeförderung sollte überprüft werden. Gegebenenfalls ist die erstattungsfreie und zumutbare Entfernung

zwischen Wohnort und Schule anzuheben (Standardreduzierung). In diesem Zusammenhang lassen sich auch die Anteile der Eltern an den Kosten der Schülerbeförderung überprüfen. Eine mögliche Erhöhung kann dabei auf der Basis des Elterneinkommens sozial gestaffelt vorgenommen werden.

**Schulbibliotheken**
Schulbibliotheken sind kein Gegenstand einer strengen Wirtschaftlichkeitsüberprüfung. Und doch könnten Kosten und Nutzung, Medienvielfalt, Ausleihtätigkeit, Fixkosten und vor allem eine mögliche Konkurrenzsituation zu öffentlichen Bibliotheken überprüft werden. Ein Zusammenschluss mit der öffentlichen Bibliothek würde deutliche Kosteneinsparungen mit sich bringen.

**Schulsekretariate**
Das Arbeitsumfeld der Schulsekretariate, insbesondere der Umfang ihrer Verwaltungstätigkeiten und die Möglichkeit ihrer Zusammenlegung, könnte mit dem Ziel, Einsparungen zu erreichen, überprüft werden.

**Fördervereine**
Fördervereine für Schulen leisten einen aktiven Beitrag zur Haushaltskonsolidierung, indem sie per Eigeninitiative der Eltern Schulbelange verbessern helfen.

Kaum eine Schule in Deutschland besitzt keinen Förderverein. Denn nur über solche Körperschaften kommt durch Beiträge und Spenden zusätzlich Geld in die Kassen. Aber auch Kleinreparaturen und die Pflege von Schulanlagen decken diese Vereine ab und entlasten damit den Kommunalhaushalt.

**Entgeltpflicht für außerschulische Nutzung**
Eine Einführung bzw. Erhöhung von Entgelten für die Schulraumnutzung durch außerschulische Gruppen, Vereine oder einzelne Personen kann sinnvoll sein.

In einzelnen Untersuchungen unterschiedlicher Städte wurde deutlich, dass diese Dritten geeignete Schulanlagen, wie Unterrichts-, Veranstaltungsräume und Sportstätten, für eine außerschulische Nutzung überließen. Diese freiwillige Überlassung der Schulanlagen außerhalb des Schulbetriebs erfolgte vielfach unentgeltlich. Zudem ist der Kostenaufwand der außerschulischen Nutzung nicht verlässlich ermittelt und dokumentiert worden. Soweit Pauschalen erhoben werden, sollten diese kostendeckend sein.

**Schullandheime auf private Träger übertragen**

**Lehr- und Unterrichtsmittel**
Bei der Beschaffung von Lehr- und Unterrichtsmitteln mögliche Kostenbeteiligungen prüfen.

**Schulhausmeister**
Die Erledigung kleinerer Reparaturen sowie die Planung des Reinigungs- und Ordnungsdienstes in der Schule den Hausmeistern übertragen. Gegenseitige Vertretungsregelung der Hausmeister im Falle von Urlaub oder Krankheit einführen.

**Gastschulbeiträge für auswärtige Schüler**
Ein Teil der Schüler allgemeinbildender Schulen stammt nicht aus dem Hoheitsgebiet der Gemeinde. Für diese Schüler bestehen Ansprüche auf Gastschulbeiträge gegenüber den eigentlich zuständigen Schulträgern. Kommunen besitzen grundsätzlich nur einen gesetzlichen Anspruch auf Gastschulbeiträge, wenn sie Einzugsbereiche für ihre Schulen über ihr Gebiet hinaus festlegen. Der Anspruch auf kostendeckende Gastschulbeiträge sollte überprüft und konsequent durchgesetzt werden.

## 10. Soziales

**Kennzahlenvergleich**
Sozialhilfeausgaben pro Hilfeempfänger mit größengleichen Gemeinden vergleichen. Hierzu gehört auch die Optimierung von Verwaltungsabläufen im Bereich der Sozial- und Jugendhilfe. Weiterhin könnten Fallzahlen im Bereich der Sozial- bzw. Jugendhilfe je Sachbearbeiter ermittelt und mit Werten aus anderen Gemeinden verglichen werden.

**Freiwillige Sozialleistungen**
In allen Aufgabenbereichen gilt, dass freiwillige Leistungen nur im Rahmen der finanziellen Leistungsfähigkeit gewährt werden können. Mit dem angemessenen Fingerspitzengefühl kann auch im Bereich sozialer Leistungen dort eingespart werden, wo Hilfegewährung und Unterstützung nicht auf gesetzlichen Verpflichtungen beruht, sondern eine freiwillige (Zusatz-)Leistung darstellt. Bestimmte Vergünstigungen wie z. B. Familienpässe, Familien- oder Ferienfreizeiten, müssen nicht gänzlich aus dem Leistungskatalog verbannt werden, sondern könnten mit einer angemessenen Eigenbeteiligung der Leistungsempfänger auch weiterhin angeboten werden.

**Leistungskürzungen bei Arbeitsunwilligkeit**
Heranziehung von Sozialhilfeempfängern zu Arbeitsleistungen und Leistungskürzungen bei Arbeitsunwilligkeit prüfen.

**Einsatz von Sozialinspektoren**
In der Schweiz werden Sozialinspektoren zur Bekämpfung des Missbrauchs in der Sozialhilfe bereits seit längerer Zeit eingesetzt. Nach einer veröffentlichten Statistik klären sie rund einhundert Fälle pro Jahr. In drei Vierteln dieser Fälle bestätigte sich der Verdacht auf Missbrauch. Der Einsatz der Sozialinspektoren ist jedoch umstritten und wurde zeitweilig wieder ausgesetzt. Art, Umfang und Kompetenzen des Einsatzes

bedürfen dabei einer klaren und rechtlich abgesicherten Grenzziehung. Anzunehmen ist, dass durch Aufklärung von Missbrauchsfällen Mittel der Sozialhilfe auch hierzulande eingespart und für die wirklich bedürftigen Fälle eingesetzt werden kann.

**Kostenstattungen**
Möglichkeiten der Kostenerstattung durch Dritte und Heranziehung Unterhaltspflichtiger konsequent ausschöpfen.

**Kostendeckungsgrad Alten- und Pflegeheime**
Bei den Pflegesätzen in Alten- und Pflegeheimen Kostendeckung anstreben. Bedingt durch den demografischen Wandel hin zu einer zunehmenden Überalterung der Gesellschaft entstanden in der Vergangenheit zahlreiche Alten- und Pflegeheime privater Betreiber bzw. der Wohlfahrtsverbände. Auch für die Zukunft ist von einem Anwachsen dieses Aufgabenbereichs auszugehen.

Durch Kostenvergleiche sollte die für die Kommune wirtschaftlichste Lösung in der kommunalen Altenpflege gesucht werden. Dazu gehören auch Einrichtungen des »Betreuten Wohnens«.

**Kostendeckungsgrade kommunaler Kindertagesstätten**
Verbesserungen des Kostendeckungsgrades bei kommunalen Kindertagesstätten sind kein primärer Faktor dieser sozialen Einrichtung. Gleichwohl ist bei der Aufgabenerfüllung – nachrangig – auch der finanzielle Aspekt zu beleuchten. Über Kennzahlenvergleiche mit freien Trägern der Kinderbetreuung und mit anderen kommunalen Trägern lassen sich für die wirtschaftliche Gestaltung der Kindertagesstätten Erkenntnisse gewinnen. Beispielhaft seien Vergleiche der Sozialstaffeln und der Gruppenstärke in den Kindertagesstätten genannt. In diesem Zusammenhang ist auch der Versorgungsgrad und die Auslastung der Kindertagesstätten regelmäßig zu überprüfen.

**Fördervereine und Eigeninitiativen bei den Kitas**
Ähnlich wie bei den Schulen könnten über Eigeninitiative der Eltern und ggf. Fördervereine Leistungen zur Verbesserung des Zustands und der Ausstattung der Kindertagesstätten gewonnen werden. Das gilt auch für die Gestaltung und Betreuung der Außenanlagen.

**Bau- und Ausstattungsstandards bei Sozial- und Jugendeinrichtungen überprüfen**
Individuelle, der kommunalen Finanzkraft angepasste Lösungen wählen, so weit gesetzliche Freiräume hierfür bestehen.

**Jugendfreizeiteinrichtungen**
Angebot und Nachfrage des Jugendfreizeitangebots sollten laufend überprüft und ggf. angepasst werden. Über die Öffnungszeiten lässt sich der Einsatz des pädagogi-

schen Fachpersonals steuern. Hier können Anpassungen vorgenommen werden. Auch der Umfang der Sachmittelausstattung sollte dabei bedacht werden.

Die Betriebskosten der Einrichtungen sind zu überprüfen.

## 11. Stadtentwicklung, Wirtschaftsförderung, Tourismus

**Ausrichtung der Wirtschaftsförderung**

Die Wirtschaftsförderung ist eine Querschnittsaufgabe zur Sicherung des kommunalen Standorts. Durch Kooperation werden Innovationen am Standort geschaffen und Unternehmen vor Ort gebunden. Das alles trägt dazu bei, die Infrastruktur der Kommune nicht nur zu erhalten, sondern zu erweitern, um die Nahversorgung sicherzustellen und die Gemeinden und Städte lebenswert zu machen. Idealerweise verbinden sich Ökologie und Ökonomie miteinander und leisten einen Beitrag gegen die Arbeitslosigkeit.

Die Kommune kann mit verschiedenen politischen und verwaltungspraktischen Entscheidungen zur Wirtschaftsförderung beitragen. Moderate Steuerpolitik, insbesondere bei der Gewerbesteuer, sowie maßvolle Gebührensätze bei der Ver- und Entsorgung tragen aktiv dazu bei. Die Ausgangsbedingungen in den Kommunen können sehr unterschiedlich sein. Allgemeinverbindliche Empfehlungen gibt es daher nicht. Die Ansiedlung neuer Unternehmen auf diejenigen Bereiche zu konzentrieren, in denen die Erfolgsaussichten entsprechend den Ausgangsbedingungen in der Kommune und der Region am größten sind, ist ein notwendiger Schritt. Ein weiterer ist eine vorausschauende Liegenschaftspolitik (An- und Verkauf von Flächen, Erschließung).

**Unterstützung von Initiativen örtlicher Gewerbebetriebe**

Initiativen zur Gewerbe- und Wirtschaftsförderung können auch von Zusammenschlüssen der örtlichen Gewerbebetriebe zu Werbegemeinschaften oder Gewerbevereinen ausgehen. Sie tragen einen Teil zum Gesamtpaket der Wirtschaftsförderung bei. Mit gegenseitiger Unterstützung lassen sich verschiedene Maßnahmen umsetzen, z. B. Weihnachtsbeleuchtung, Märkte, gewerbliche Ausstellungen.

**Fremdenverkehrsförderung**

Kooperation mit anderen Fremdenverkehrsgemeinden fördern. Durch gemeinsame Werbestrategien den Fremdenverkehr in der Region aktiv unterstützen.

**Sponsoring**

Der Sponsoringgedanke passt sowohl zu den freiwilligen Leistungen als auch zu den Aufgabenbereichen, die über Wirtschaftskontakte verfügen. Aktiv Finanzierungsmöglichkeiten über Sponsoring zu suchen, hilft Haushaltsmittel der Kommune zu sparen.

**Die Stadt als Werbeträger**
Städtische Fahrzeuge könnten als Werbeflächen genutzt werden.

**Beteiligungsmanagement**
Über Beteiligungen sichern die Kommunen ihre Rolle als Aufgabenträger und Gesellschafter öffentlicher Unternehmen.

Das Beteiligungsmanagement aktiv zu gestalten bedeutet eine regelmäßige Überprüfung des Portfolios. Dabei sind die Zuschüsse und Finanzbeteiligungen auf ihre Übereinstimmung mit den strategischen Zielen der Kommune abzugleichen. Verlustzuführungen sollten nach Möglichkeit reduziert werden, indem Beteiligungen, die zu Verlusten führen, generell hinterfragt werden. Beteiligungen, die für die Zielsetzung der Kommune keine Rolle mehr spielen, sind zu veräußern.

## 12. Zentrale Verwaltung und innere Dienste

**Zusammenfassung von Organisationseinheiten (Ämter und Dienststellen, Fachbereiche, Abteilungen, Stellen, Sachgebiete) prüfen.**
Die Personalaufwendungen sind regelmäßig die umfangreichste Position auf der Aufwandseite der Kommunen. Deshalb lohnt es sich, hier nach finanziellem Optimierungspotenzial zu suchen. Durch den Wegfall von Leitungsfunktionen bei Zusammenlegung einzelner Organisationseinheiten ergibt sich automatisch mindestens eine Einsparung bei den Personalkosten, möglicherweise auch bei den Sachkosten. Die hierbei vorgetragenen Bedenken müssen zweifelsohne sorgfältig gewürdigt werden.

**Stimmt das Verhältnis der Personalausstattung sogenannter Querschnittsämter des Haupt-, Personal- und Finanzbereichs in Relation zu den Arbeitsplätzen mit Serviceleistungen für den Bürger?**
Im Zuge der Outputorientierung der Kommunalverwaltungen können reine Querschnittsämter auf ein Minimum reduziert werden. Einsparungen ergeben sich bei der dezentralen Ressourcennutzung und höherer Eigenverantwortlichkeit der Fachbereiche.

**Standardreduzierung/Überprüfung der Öffnungszeiten**
Über die Öffnungszeiten steuern die Kommunen den notwendigen Bürgerkontakt und stellen ihre Dienstleistungen im maximalen Umfang ihren Einwohnern zur Verfügung. Um den veränderten Rahmenbedingungen in der Arbeitswelt ausreichend zu entsprechen, wurde in der Vergangenheit häufig nur in die Richtung einer Erweiterung der Öffnungszeiten gedacht, um etwa auch Besucherkontakt an Samstagen anzubieten. Grundsätzlich ist das nicht in Frage zu stellen. Standardreduzierung kann aber auch

über Öffnungszeiten ein Gesichtspunkt der Haushaltskonsolidierung sein. Soweit außerhalb der üblichen Dienstzeiten Serviceleistungen auch weiterhin angeboten werden sollen, könnte über die Erhöhung des Kostendeckungsgrades nachgedacht werden.

**Übertragung einzelner Personaldienstleistungen auf Dritte**
Untersuchungen ergaben, dass bei Kommunen der Größenordnung bis zu 20.000 Einwohnern die Übertragung von Personaldienstleistungen auf Dritte vorteilhaft sein kann. Selbstverständlich sind die Verhältnisse im Einzelfall genau zu prüfen. Zu den übertragungsfähigen Personaldienstleistungen gehören etwa die Bezügeabrechnung oder Versorgungs- und Beihilfeleistungen.

Die dabei entstehenden Vorteile sind unter Umständen nicht nur finanzieller Natur. Kommunen dieser kleineren Größenordnung erhalten bei Übertragung einzelner Leistungen auch qualitative Vorteile und können ihren Personalservice auf ein größeres Fachwissen stützen.

**Personalkostenerstattung durch Dritte**
In vielen Bereichen nehmen die Kommunen Aufgaben für Dritte wahr. Sofern die Erstattungen nicht gesetzlich geregelt sind, wie beispielsweise bei Kindertagesstätten oder bei der SGB-II-Bearbeitung, besteht für die Kommune grundsätzlich die Verpflichtung, sich Personal- und Sachkosten erstatten zu lassen. Wenn sie im Rahmen freiwillig übernommener Aufgaben Personalleistungen erbringen, sind sie daher gehalten, sich ihre Leistungen vergüten zu lassen.

In diesem Rahmen können alle Aufgabenbereiche dahingehend überprüft werden, ob Leistungen auch nur teilweise für Dritte erbracht werden.

**Verfügungs- und Repräsentationsmittel kritisch überprüfen und ggf. absenken.**
Die haushaltsrechtlichen Vorschriften sehen absolut berechtigt sogenannte Verfügungsmittel für den Bürgermeister vor. Damit sollen dienstliche Ausgaben geleistet werden können, für die nicht an anderer Stelle im Haushalt Mittel vorgesehen sind. Üblicherweise handelt es sich um Geschenke bei besonderen Anlässen. Die Möglichkeiten, hier etwas einzuschränken, sind gering, da die Bürgermeister in der Regel aus Verantwortungsbewusstsein an dieser Stelle ohnehin nicht überziehen.

Anders verhält es sich mit den Repräsentationsmitteln, etwa für Bezirks- oder Ortsräte, Bezirks- oder Ortsbürgermeister. Hier kann in einer größeren Stadt mit ihren zahlreichen Bezirken oder Ortschaften in der Summe schon eher einiges zusammen kommen.

**Feierlichkeiten im Dienst**
Anlässe für Feierlichkeiten im Dienst gibt es zahlreich: Mitarbeitergeburtstage, Beförderungen und Jubiläen, Betriebsausflüge und Betriebsfeiern aller Art. Einweihungen und

Auszeichnungen. Hier einschränkende Regelungen zu treffen, mag im Einzelfall überhaupt keinen Zusammenhang mit Haushaltskonsolidierung erkennen lassen. Bei der Vielzahl der in diesem Zusammenhang denkbaren Ereignisse summiert sich die ausfallende Arbeitszeit auf ein möglicherweise beachtliches Maß. Grundsätzlich ist es ohnehin empfehlenswert, zu diesem Thema Regelungen zu treffen, um den Mitarbeitern die Vorrangigkeit ihrer Dienstgeschäfte vor Augen zu führen und Auswüchsen entgegen zu treten.

**Kostenerstattung für private Elektrogeräte**

Der Betrieb privater elektrischer Geräte in Diensträumen erscheint auf den ersten Blick als ein zu vernachlässigender Faktor. In der Summe aller Büros und der auf das Jahr hochgerechneten entstehenden zusätzlichen Kosten könnte eine Kostenerstattung von den Mitarbeitern gefordert werden. Die Einführung einer solchen Erstattung verhindert gleichzeitig ein Anwachsen privater Elektrogeräte.

**Einschränkung freiwilliger Arbeitgeberleistungen**

Ein Arbeitgeberdarlehen ist nicht nur im öffentlichen Dienst bekannt. Auch zahlreiche private Unternehmen helfen ihren Mitarbeitern durch zinslose oder zinsvergünstige Arbeitgeberdarlehen bei der Existenzgründung oder beim Immobilienerwerb. Zweifellos eine sinnvolle Leistung, um die Verbundenheit zu fördern und die soziale Absicherung des Arbeitnehmers zu unterstützen. Sofern sich die Kommune in der Haushaltskonsolidierung befindet, gehören alle freiwilligen Leistungen auf den Prüfstand, und damit auch diese (vgl. auch »Darlehnsgewährung seitens der Kommune«).

**Dienstreisen**

Dienstreisen stellen einen nicht unerheblichen Kostenfaktor dar. Dabei sind es weniger die angewandten Regelungen etwa des Bundesreisekostengesetzes bei dienstlich notwendiger Reisetätigkeit. Vielmehr sind Art, Dauer und Umfang der Dienstreisen überprüfenswert. Die Regeln über Dienstreisen sollten über einen allgemeinen Kriterienkatalog vereinheitlicht und im Einzelfall genau geprüft werden.

**Fortbildungscontrolling**

Es besteht vielfach Einigkeit darüber, dass der Fortbildungsetat möglichst keinen Kürzungen unterworfen werden sollte. Fortbildung zahlt sich regelmäßig für den fortgebildeten Mitarbeiter und den kommunalen Arbeitgeber aus. Es macht aber einen Unterschied, ob eine bestimmte Anzahl Fortbildungen ungesteuert gewährt wird oder ob über ein Fortbildungscontrolling bedarfsgerecht und in Übereinstimmung mit den Zielen der Verwaltung Fortbildungen ermöglicht werden.

**Personalwirtschaftliche Aspekte**

Freiwerdende Stellen bieten regelmäßig die Möglichkeit der Überprüfung, inwieweit überhaupt oder in welchem Umfang eine Nachbesetzung erfolgen muss oder unterbleiben kann.

Arbeitsplätze, deren Wegfall Vorteile für die Kommune bringen kann, könnten durch Umorganisation oder mittels eines Ausstiegsangebots für den Stelleninhaber verringert werden.

**Verteiler für Zeitungen und Zeitschriftenabos überprüfen**
In Zeiten einer immer stärker werdenden digitalen Arbeitswelt werden die Printmedien deutlich zurückgedrängt. Und doch gibt es sie noch. Jede Organisationseinheit braucht Literatur zur Unterstützung bei ihren Fachthemen. Dabei einmal abonnierte Zeitschriften laufen unbegrenzt weiter, da sich in den Fachbereichen relativ selten die Frage der Abo-Kündigung stellt. Zeitschriften, an denen kein Interesse besteht, werden üblicherweise nicht gelesen und einfach weitergegeben. Die Zentralen Dienste bleiben in Unkenntnis, inwieweit eine Fachzeitschrift notwendig ist oder nicht.

Nahezu alle Fachzeitschriften landen (automatisch?) bei den Stellen-, Abteilungs- oder Fachbereichsleitern. Immerhin sollen die auch erfahren, was gelesen wird. Diese bekommen daneben noch eigene, nur für sie bestimmte Zeitschriften und Zeitungen. Ahnen Sie etwas?

Das kann enorme Ausmaße annehmen. Während meiner Zeit in der Geschäftsführung einer Aus- und Fortbildungseinrichtung erhielt ich wöchentlich ca. 15-20 Zeitungen und Zeitschriften per Umlauf. Abgesehen davon, dass nur ein verschwindend geringer Bruchteil für mich wirklich relevant war, stelle ich mir heute vor, wie ich meine Arbeitszeit verbracht hätte, wenn ich die Zeitungen und Zeitschriften alle gelesen hätte; und was aus meiner eigentlichen Tagesbeschäftigung geworden wäre ... Weitere Ausführungen dazu sind sicher entbehrlich.

**Mitgliedschaften in Vereinen und Verbänden**
Erforscht man die Mitgliedschaften einer Kommune in Vereinen und Verbänden, gibt es kaum jemanden, der alle Verzweigungen kennt oder überall sicher zu sagen in der Lage ist, warum eine Mitgliedschaft besteht und welchen Nutzen die Kommune daraus zieht. Mitgliedschaftsstrukturen sind teilweise überkommener Art und nachfolgende Mitarbeitergenerationen übernehmen diese, ohne sie grundsätzlich zu hinterfragen.

Selbstverständlich bestand zum Zeitpunkt, da diese Mitgliedschaft eingegangen wurde, ein Grund dafür. Ob der allerdings dauerhaft fortbesteht oder sich die Ausrichtung der Kommune geändert hat, wird häufig zu selten geprüft.

Sicherlich sind Mitgliedsbeiträge nicht der größte Haushaltsposten, jedoch können sich Jahresbeiträge über einen längeren Zeitraum schon in nennenswerter Höhe bewegen. Darüber hinaus wird Personal mit der Betreuung von Mitgliedschaften gebunden. Der Auftrag lautet daher: Überprüfung und Kündigung für die Aufgabenerfüllung nicht benötigter Mitgliedschaften.

**Beschaffungswesen optimieren**

Die Vorteile eines zentralen Beschaffungswesens bestehen in der Qualifikation und Spezialisierung der Mitarbeiter, die sich ganzheitlich mit diesen Fragen auseinandersetzen, eine Marktübersicht mitbringen und bei Verhandlungen mit Anbietern durch Großbestellungen gute Konditionen und Rabattnachlässe einfordern können.

Frei nach Loriot's »Papa ante Portas«:

»Was kostet ein Radiergummi? ... Wie viel Rabatt bekomme ich bei Abnahme von 1.000 Stück? Aha ...« Dann der Einwand: »Aber wozu brauchen wir denn 1.000 Radiergummis?« Und die Replik: »Frau ..., Sie haben da nicht so den Gesamtüberblick ...!«

In diesem Zusammenhang ist auch eine Überprüfung der Büroartikel und ggf. deren Reduzierung sinnvoll. Nicht selten häufen sich die Artikel in ihrer Vielfalt, weil immer neue Erzeugnisse hinzukommen.

Letztlich ist auch das Gesamtsortiment und die dafür erforderliche Lagerhaltung ein Kostenfaktor.

**Automatisierte Zeiterfassungssysteme installieren**

Das ist ein etwas heikler Punkt, dessen Nutzen für die Haushaltskonsolidierung nicht in jedem Fall belegbar ist. Die Arbeitszeit der öffentlich Bediensteten ist überwiegend als Gleitzeit geregelt. Hier steht die Vertrauensarbeitszeit bei manueller Zeiterfassung durch den jeweiligen Mitarbeiter gegen das heutzutage vielfach eingeführte automatisierte Zeiterfassungssystem. Es gibt nicht wenige, die jede Form manueller Zeiterfassung aus Gründen der Manipulation und Mogelei strikt ablehnen. Angenommene Ungenauigkeiten summieren sich in Modellrechnungen bei der Jahresarbeitszeit zu erheblichen Abweichungen. Nicht zuletzt deshalb ist die Einführung einer automatisierten Zeiterfassung zu überlegen, sofern sie noch nicht zum Standard gehört.

**Telefonkosten überprüfen und senken**

Kaum ein Markt hat sich so schnell entwickelt und verändert wie der der Telekommunikation. Anbieter gibt es zuhauf und nicht in jedem Fall muss es der bisherige Monopolist sein, dessen Dienste in Anspruch genommen werden.

Neben der Frage, ob sich ein Anbieterwechsel lohnt, sollte auch auf die privatveranlassten Telefonate der Mitarbeiter geschaut und sie separat abgerechnet werden. Die technischen Voraussetzungen dafür sind überall gegeben.

**Wirtschaftlichkeit eigener Kantinen und anderer Sozialeinrichtungen überprüfen**

Es gibt sie noch in größeren Rathäusern – die Kantinen mit eigener Speisenzubereitung zu reduzierten Preisen für die eigene Belegschaft. Während viele seit langem bestehende Kantinen noch subventioniert werden, stellt sich zunehmend die Frage nach deren Wirtschaftlichkeit. Ein Kantinenbetrieb mit eigenen Mitarbeitern steht in Konkurrenz zu einem möglichen Pachtvertrag mit einem externen Anbieter.

In jedem Fall sollten die Preisgestaltung mit oder ohne Subventionierung einander gegenüber gestellt und darüber eine Entscheidung getroffen werden.

**Städte- und Gemeindepartnerschaften überprüfen**
Städte- und Gemeindepartnerschaften sind eine sehr sinnvolle Einrichtung. Wie so viele freiwillige Leistungen hängt aber auch hier Art und Umfang von den finanziellen Rahmenbedingungen ab. Für die Kommune ist eine Übertragung der Partnerschaften auf Privatinitiativen prüfenswert. Auch könnten Vereine und interessierte Bürgergruppen eine finanzielle Beteiligung aufbringen. Letztlich ist der Nutzen für die Bürger mit der Partnerschaft zu bewerten und es erscheint sinnvoll, eine maximale finanzielle Beteiligung festzulegen.

**Überprüfung der Dienstkraftfahrzeuge**
Für Dienstwege werden Verkehrsmittel benötigt. Bei der Investitionsentscheidung über ein Dienstkraftfahrzeug ist zunächst die Alternative »Öffentliche Verkehrsmittel« grundsätzlich vorrangig. Daneben kann der privateigene Pkw gegen Kostenerstattung für Dienstfahrten eingesetzt werden. Ist gleichwohl die Beschaffung eines Dienstkraftfahrzeugs unumgänglich, sind preiswerte Fahrzeuge zu bevorzugen.

Eine Wirtschaftlichkeitsrechnung verschafft genaue Erkenntnisse.

**Bürokommunikationsgeräte, Computer, Fax- und Kopiergeräte**
sollten auch einer Wirtschaftlichkeitsbetrachtung unterzogen werden. Dabei lassen sich unterschiedliche Vertragsmodelle wie Kauf, Miete oder Leasing alternativ vereinbaren.

**Überprüfung vorhandener Wartungsverträge**

**Überprüfung bestehender Versicherungsverträge**
Versicherungsprämien variieren bei unterschiedlicher Vertragsgestaltung durchaus erheblich. Eine genaue Risikoabschätzung hilft bei der Einschätzung, welche Versicherungen notwendig sind und in welcher Höhe sie abgeschlossen werden sollten.

**Nebentätigkeiten der Bediensteten überprüfen**
Das Nebentätigkeitsrecht sieht unterschiedliche Möglichkeiten der Ausgestaltung vor. Grundsätzlich sollten die genehmigungspflichtigen Nebentätigkeiten auf Ausnahmefälle beschränkt bleiben und nur außerhalb der Dienstzeit ausgeübt werden dürfen. Für die in der Dienstzeit ausgeübten Nebentätigkeiten sollte die versäumte Zeit nach-

gearbeitet werden müssen. Diensträume und Sachmittel werden nicht zur Verfügung gestellt.

**Bürgerbüros**

Die Forderung nach bürgernaher und bürgerfreundlicher Verwaltung hat bereits vor längerer Zeit zur Einrichtung zahlreicher Bürgerbüros geführt. Auch wenn sich Bürgerbüros nicht ausschließlich unter Kostengesichtspunkten beurteilen lassen und ihre Einrichtung nachweislich zu höherer Leistungsfähigkeit und Zufriedenheit des Bürgers geführt haben – Sie stellen eine Konkurrenz zur Fachabteilung dar, bei der die Gefahr doppelter Aufgabenwahrnehmung besteht. Der Aufgabenzuschnitt für ein Bürgerbüro sollte Kosteneinsparungen an anderer Stelle in der Verwaltung ermöglichen.

**Kreditaufnahmen**

Vor jeder Kreditaufnahme (auch überörtliche) Angebote von mehreren Kreditinstituten oder Finanzdienstleistern einholen.

Keine Bevorzugung von ortsansässigen Anbietern.

Erfahrungsgemäß unterscheiden sich Kreditkonditionen zwar häufig lediglich bei der dritten Stelle hinter dem Komma. Jedoch wirkt sich das bei einer 6-, 7- oder 8-stelligen Kreditsumme bereits spürbar aus.

**Liquiditätsplanung und Geldanlage**

Für die zu unterschiedlichen Jahreszeiten, insbesondere den Steuerterminen, eingehenden und ausgehenden Zahlungen bedarf es einer angepassten Liquiditätsplanung der Kommune. In diesem Rahmen sind für nicht benötigte Zahlungsmittel sichere kurz- bis mittelfristige Geldanlagen zu prüfen. Die gegenwärtige und schon lange andauernde Niedrigzinsphase auf dem Kapitalmarkt lässt allerdings zurzeit nur wenig Rendite für Tages- oder Festgeldanlagen erwarten. Umso mehr gilt es, auf dem Kreditmarkt nach Vergleichsangeboten zu suchen.

Aus Gründen der Sicherheit verbieten sich dabei zweifelhafte und spekulative Anlagen.

Trotz der zurzeit niedrigen Zinsen empfiehlt es sich, regelmäßig Marktvergleiche durchzuführen, um das wirtschaftlichste Zinsangebot zu bestimmen.

**Forderungsmanagement/Mahn- und Vollstreckungswesen**

Mit der Optimierung des Mahn- und Vollstreckungswesens sind auch Haushaltskonsolidierungserfolge verbunden, wenngleich die Verhältnisse örtlich unterschiedlich sind und dieser Punkt somit möglicherweise auch nur relativ geringe Erträge verspricht. Jedoch kann selbst in kleineren Gemeinden in der Größenklasse zwischen 10.000 – 20.000 Einwohnern das Potenzial erheblich sein.

Zunächst sind Fristen der Forderungen sorgfältig zu überwachen und Mahnungen fristgerecht zu versenden.

Nicht immer verspricht ein kreisweit organisiertes Vollstreckungswesen größeren Erfolg als ein gemeindlicher Vollstreckungsdienst. Oft ist der in der Gemeinde ortskundige Mitarbeiter im Vorteil, wenn es um die Beitreibung offener Forderungen geht. Er kennt schlicht mehrere Wege, um den Schuldner zu erreichen.

**Darlehensgewährung seitens der Kommune**
Einige Kommunen gewähren ihren Mitarbeitern sogenannte Arbeitgeberdarlehen. In der Regel handelt es sich dabei um zinsvergünstigte oder sogar zinslose Darlehen die zumeist an bestimmte Anlässe wie etwa Ehelichung oder Gründung eines eigenen Hausstands geknüpft sind. Die Darlehensgewährung an sich, aber auch die Angemessenheit der Verzinsung ist während einer bestehenden Haushaltskonsolidierungsphase kritisch zu hinterfragen (vgl. auch »Arbeitgeberdarlehen«).

**Haushaltsmittelbewirtschaftung**
Über Erleichterung bei der Haushaltsmittelbewirtschaftung kann die Forderung nach Sparsamkeit und Wirtschaftlichkeit umgesetzt werden. Eine Möglichkeit besteht darin, die zeitliche Übertragung von Haushaltsmitteln in das kommende Jahr einfacher zu handhaben. Die ursprünglich sehr strenge Regelung, wonach nicht verbrauchte Ausgabemittel »verfallen« sind, förderte das sogenannte Dezemberfieber. Durch die haushaltsrechtlichen Reformen der letzten Jahrzehnte sind hier bereits stärkere Öffnungen möglich geworden. Der Ursachenzusammenhang zwischen Verbot der Übertragung und Neigung zum Dezemberfieber ist gleichwohl noch gegenwärtig und nicht zu leugnen.

**Vertragsgestaltung bei Zinsberechnungsmethoden**
Unterschiedliche Zinsberechnungsmethoden führen bei gleichem Zinssatz zu unterschiedlich hohem Zinsaufwand. Unterschiede bestehen bei der Berechnung der Anzahl der Tage. Als gängige Methoden werden in Kreditverträgen die Zinsmethoden »act/360 – Eurozinsmethode« und die »30/360 – deutsche (kaufmännische) Zinsmethode« verwandt.

Bei der »act/360 – Eurozinsmethode« werden die Zinstage kalendergenau bestimmt. Das Zinsjahr hat demzufolge 365 bzw. 366 Tage. Dagegen umfasst der Zinsmonat der »30/360 – Zinsmethode« 30 Tage, das Zinsjahr also 360 Tage.

Bei einem üblichen 7-stelligen Kreditbetrag können je nach Laufzeit beträchtliche Unterschiede beim Zinsaufwand entstehen, wenn die eine oder die andere Berechnungsmethode zum Einsatz kommt.

**Controlling und Berichtswesen**

Über ein Finanzcontrolling sowie ein unterjähriges Berichtswesen ergeben sich Steuerungsmöglichkeiten bei von der Planung abweichendem Haushaltsvollzug. Regelmäßige Berichte zu festgelegten Zeiten sollten daher zum Standard gehören.

Das Berichtswesen hat in den Kommunalverwaltungen zwischenzeitlich Eingang in alle Fachbereiche gefunden. Obwohl dessen Wichtigkeit für eine sinnvolle Steuerung von mir nicht bestritten wird, besteht auch die Gefahr, dass ein ausuferndes Berichtswesen in starkem Maße Verwaltungskräfte bindet und ein Stück weit zum Selbstzweck mutiert. Es gilt daher, Art und Umfang der Berichte genau zu bestimmen.

**Wirtschaftlichkeitsrechnungen**

Über die Bedeutung von Wirtschaftlichkeitsrechnungen schreibe ich auch an anderer Stelle in diesem Buch. Die kommunalen Haushaltsverordnungen geben eindeutig vor, dass insbesondere bei Investitionen von erheblicher finanzieller Bedeutung eine eingehende Wirtschaftlichkeitsbetrachtung einschließlich einer Folgekostenberechnung vorzunehmen ist. Dabei sind neben den Personal- und Sachkosten vor allem auch kalkulatorische Kosten (Abschreibung und kalkulatorische Verzinsung) in die Betrachtung einzubeziehen.

**Überprüfung der Notwendigkeit von Nebeneinrichtungen der Kasse, insbesondere der Zahlstellen**

**Botendienste**

Die fortschreitende Digitalisierung und der damit einhergehende Verzicht auf Papier in den Büros verändert das Bild der Kommunalverwaltung nachhaltig. Zum Opfer fallen dabei möglicherweise noch immer bestehende Botendienste. Sie sind nicht nur Konkurrenz zu privaten Postzustellungsangeboten, sondern besonders durch den immer stärker prägenden Hang zur Digitalisierung betroffen. Sofern hier noch Arbeitsplätze in Voll- oder Teilzeit bestehen, sollten sie überprüft werden.

**Einführung eines Mitarbeiter-Vorschlagwesens**

Die Einführung eines Mitarbeiter-Vorschlagwesens ist eine »Win-win-Situation« für Kommunalverwaltung und Mitarbeiter.

Notwendig ist dabei ein finanzieller Anreiz für den Mitarbeiter. Sofern dessen Verbesserungsvorschläge zu einer Kosteneinsparung bzw. besseren Aufgabenwahrnehmung führen, sollten sie prämiert werden. Der Gedanke, Optimierungsvorschläge von den Mitarbeitern einzufordern und zu prämieren, ist nicht neu. Prüfenswert könnte sein, ob durch die Erhöhung der Prämien der Umfang und die Qualität der Verbesserungsvorschläge steigen.

**Sitzungsvorlagen, Einladungen, Druckstücke aller Art**

Auf dem Weg zum papierlosen Büro spielt das Internet eine immer stärkere Rolle. Die Möglichkeiten, durch E-Mail Sitzungsvorlagen, Protokolle und Einladungen digital zu versenden, sollte konsequent genutzt werden, soweit das möglich ist.

**Digitalisierung und Dokument-Management-System**

Aus dem Bericht der KGSt »B 8/2018 Die Digitale Kommune gestalten. Teil 1: Orientierungsrahmen und KGSt-Rollenmodell«:

»Längst ist die Digitalisierung zu einem Thema geworden, das die Kommune in ihren Kernaufgaben berührt. Die digitale Transformation verändert nicht nur kommunale Prozesse. Kommunen können und müssen mit ihrer Hilfe auch neu gedacht werden. Es liegt also in der Organisationshoheit des Hauptverwaltungsbeamten, die damit verbundenen Chancen zu nutzen. Darunter fällt auch die Zusammenarbeit mit anderen Kommunen. Mit der Digitalisierung verbunden ist darüber hinaus die Verantwortung der Kommunen, die unter dem Stichwort »digitale Daseinsvorsorge« diskutiert wird. Ganz gleich also, ob in ihrer Wirkung nach außen, in den Konzern Kommune und in die örtliche Gemeinschaft hinein oder in ihrer Wirkung in die Verwaltung: Digitalisierung ist Chefsache.«

Die Digitalisierung erstreckt sich flächendeckend über alle Aufgabenbereiche der Kommunen. Der Prozess ist vielerorts mitten im Gange und die Auswirkungen noch nicht endgültig absehbar. Nicht nur bei der Haushaltskonsolidierung, auch bei der Digitalisierung liegt die führende Rolle beim Hauptverwaltungsbeamten. Die Digitalisierung für die Haushaltskonsolidierung zu nutzen, praktisch beide Prozesse miteinander zu verknüpfen, bietet sich unmittelbar an. Mittels Einführung eines Dokument-Management-Systems findet ein wichtiger Schritt statt.

Das Dokumentenvolumen in den Kommunalverwaltungen wächst jährlich stetig an. Daher wird es immer schwieriger, einen Überblick über alle verfügbaren Dateien zu erhalten.

Ein DMS (Dokumenten Management System) ist ein EDV-System zum Aufzeichnen, Abrufen, Verwalten, Speichern sowie zum Schutz und zur Wiedergabe aller relevanten Dateien innerhalb Ihrer Organisation. Dazu gehören Dokumente wie E-Mails, Webseiten, Word-Dokumente, Videos, PDFs und mehr.

Im Zeitalter der Digitalisierung gehören das papierlose Büro und die elektronische Akte bereits zu den kommenden Standards. Die Einführung dieses Systems verursacht Kosten, die sich jedoch in der späteren Anwendung amortisieren. Über die Wirtschaftlichkeit und Anwendbarkeit in kleineren Verwaltungen liegen zum gegenwärtigen Zeitpunkt noch keine Erkenntnisse vor.

**Steuerpotenziale prüfen**

Die Anhebung der Steuersätze sowohl bei den Hauptsteuereinnahmen Grundsteuer und Gewerbesteuer als auch bei den sonstigen Steuern sollte in regelmäßigen Zeitabständen überprüft werden. Die Überprüfung kann durch statistischen Vergleich über die Landesstatistikbehörden vorgenommen werden. Daneben führt eine regionale Würdigung anhand der Nachbarkommunen vergleichbarer Größe zu weiteren Erkenntnissen über das Steuererhöhungspotenzial.

Besonders die kleineren/sonstigen Steuerarten werden häufig vernachlässigt. Zugegeben – sie sind nicht aufkommenserheblich und daher gilt in besonderem Maße zu prüfen, inwieweit eine Einführung von Bagatellsteuern überhaupt zu Erträgen oberhalb des einzubringenden Verwaltungs- und Erhebungsaufwands führen kann. Zu nennen sind dabei die Jagdsteuer, Zweitwohnungssteuer und Vergnügungssteuer oder Kurtaxen. Ihre Einführung ist von den gegebenen örtlichen Verhältnissen abhängig.

Als weitere Bagatellsteuer ist die Hundesteuer inzwischen annähernd überall anzutreffen. Ihr Potenzial wird allerdings nicht immer konsequent ausgeschöpft. Als klassische Ordnungssteuer, die die Hundepopulation verringern soll, kommt ihr zwar nur eine »Nebenbei-Einnahme-Funktion« zu. Gleichwohl ist sie in ihrer Bedeutung für den kommunalen Haushalt nicht zu unterschätzen. Das Einnahmeerhöhungspotenzial lässt sich über interkommunale Vergleiche ermitteln. Ein Augenmerk ist auch auf die Frage zu richten, ob alle Hunde von der Steuer erfasst sind oder inwieweit Vollzugsdefizite bestehen.

**Bürgerhaushalte**

Über Bürgerhaushalte steuern die Kommunen Wünsche und Anregungen ihrer Bürger zur Gestaltung des Gemeinwesens. Die Kommunen vermitteln eine Form von unmittelbarer Demokratie, indem sie ihre Bürger über Aufgabenbereiche und damit verbundene Verwendung von Haushaltsmitteln mitentscheiden lassen. Die für die Haushaltskonsolidierung praktikable Idee zu den Bürgerhaushalten besteht darin, das Gestaltungselement zu einem Konsolidierungsinstrument umzupolen, indem die Bürger über Sparvorschläge abstimmen bzw. diese selbst über ein Forum einbringen. Dort, wo dieser Schritt geschafft wird, erwächst zusätzliches Konsolidierungspotenzial. Dass der Bürger nur Projekte vorschlägt, die Geld kosten, ist eine Mär. Auch an sinnvollem Umgang mit Steuergeldern ist der Bürger interessiert. Allein der Gedanke daran, dass sich viele tausend Bürger beteiligen und dadurch ein enormes Potenzial zusammenkommen kann, lässt diesen Vorschlag reizvoll erscheinen. Auch dem Gesichtspunkt einer unmittelbaren demokratischen Beteiligung an kommunalen Entscheidungen wird dabei Rechnung getragen.

## 5.11 Checkliste – Alle relevanten Faktoren auf einen Blick

In der nachfolgenden Tabelle sind alle relevanten Fragen zur Haushaltskonsolidierung in einer Checkliste zusammengefasst. Die Punkte können bei Überprüfung des eigenen Haushaltskonsolidierungskonzepts einzeln abgehakt oder zur vergleichenden Betrachtung mehrerer Konzepte verwendet werden. In diesem Zusammenhang wird eine Reihe formeller und materieller Kriterien untersucht und nach einem Ziffernsystem bewertet. Die Bewertung stellt lediglich einen Vorschlag dar.

| **Umsetzung des Haushaltskonsolidierungsprozesses** | | | |
|---|---|---|---|
| **Anforderungen an das Haushaltskonsolidierungskonzept** | | **Erfüllungsgrad**<br>z. B. von 1 = sehr gut bis 6 = ungenügend | **Bemerkungen**<br>z. B. Gründe für Nichtberücksichtigung |
| **A** | **Formelle Anforderungen** | | |
| 1. | • Beschreibung der Ausgangslage und der Ursachen für die entstandene Fehlentwicklung<br>• Beschreibung der vorgesehenen Maßnahmen zur Beseitigung<br>• Beschreibung, wie das Entstehen neuer Fehlbeträge in künftigen Jahren vermieden werden kann<br>• Aussage, wann Haushaltsausgleich wieder erreicht wird<br>• Zeitpunkt des künftigen Haushaltsausgleichs liegt innerhalb des Zeitraums der mittelfristigen Finanzplanung | | |
| 2. | • Konkrete und verbindliche Beschreibung der Maßnahmen. | | |
| 3. | • Umsetzungszeitpunkt, Umsetzungsmethode, innerbehördliche Zuständigkeit und beziffertes Einsparvolumen jeder Einzelmaßnahme werden aufgeführt | | |
| 4. | • Darstellung der finanziellen Auswirkungen der einzelnen Umsetzungsschritte in möglichst tabellarischer Form<br>– im Haushaltsplanjahr<br>– in den Folgejahren<br>– in der mittelfristigen Ergebnis- und Finanzplanung | | |

| **Umsetzung des Haushaltskonsolidierungsprozesses** | | | |
|---|---|---|---|
| 5. | • Vergleichende Gegenüberstellung mit und ohne die beschriebenen Haushaltskonsolidierungsmaßnahmen | | |
| 6. | • Einbeziehung aller Aufgabenbereiche bei der Überprüfung auf Ausgabekürzungen und Einnahmesteigerungen | | |
| 7. | • Auflistung aller freiwilligen Leistungen vorhanden | | |
| 8. | • Überprüfung aller freiwilligen Leistungen auf Erforderlichkeit ist erfolgt, ggf. mit welchem Ergebnis | | |
| **B** | **Bewertung des Konzepts** | | |
| 9. | • Schlüssigkeit des Konzepts | | |
| 10. | • Nachhaltigkeit der Haushaltskonsolidierung | | |
| | **Zwischensumme** | | |
| | **Steuerung der Haushaltskonsolidierung** | | |
| 11. | • Organisation des Haushaltskonsolidierungsprozesses effektiv und als Führungsaufgabe vorgesehen | | |
| 12. | • Einbeziehung aller ausgegliederten Bereiche in die Haushaltskonsolidierung (z. B. Regiebetriebe, Beteiligungen) | | |
| 13. | • Steuerung durch Zielvereinbarungen mit der Politik (soweit zutreffend) | | |
| 14. | • Steuerung durch Zielvereinbarungen innerhalb der Verwaltung (soweit zutreffend) | | |
| 15. | • Begleitung der Haushaltskonsolidierungsmaßnahmen durch konstruktive Aufgabenkritik | | |
| | **Gesamtsumme** | | |
| | **Erfüllungsgrad Insgesamt** | | |

## Hinweise für eine interkommunale Vergleichsbetrachtung

Bei der Verwendung einer solchen Tabelle mit einer möglichen Punktbewertung kann in Form eines interkommunalen Vergleichs eine Schwächenanalyse der eigenen Verwaltung vorgenommen werden.

Ferner dienen solche Vergleiche dazu, von anderen Kommunen bessere Praxisergebnisse für sich zu übernehmen und somit eigene Schwächen auszumerzen. Vergleiche dieser Art sind mit einigen Vorbehalten zu betrachten, gibt es doch kaum zwei Kommunen mit exakt den gleichen **Ausgangsbedingungen**.

Im Ergebnis stehen sich möglicherweise Kommunen mit und ohne Verpflichtung zur Haushaltskonsolidierung gegenüber und unterliegen der gemeinsamen Betrachtung durch diese Matrix.

Logischerweise führt dies insoweit zu verzerrten Ergebnissen, als nicht zur Haushaltskonsolidierung verpflichtete Kommunen in der Regel die formellen und zum Teil auch materiellen Kriterien nicht vollständig erfüllen – sie müssen es ja auch nicht.

Betrachtet man die Punktzahlbewertung, erreichen diese Kommunen eine schlechtere Punktzahl als die zur Haushaltskonsolidierung verpflichteten Kommunen, auch wenn letztere niemals alles richtig machen.

Besser ist daher in jedem Fall, zwei oder mehrere **konsolidierungspflichtige** Kommunen für eine solche Betrachtung zu nehmen.

Folgt man dieser Vorgabe, ist gleichwohl nicht von einer einheitlichen **Datenbasis** auszugehen. Nehmen wir einen Vergleich zwischen zwei Kommunen, von denen die eine seit 10 Jahren haushaltskonsolidierungspflichtig ist, die andere dagegen nur ein oder zwei Jahre. Letztere hat auch lediglich in den konsolidierungspflichtigen Jahren ein Haushaltskonsolidierungskonzept erstellt.

Beide Konsolidierungsverläufe entwickelten sich deutlich unterschiedlich. Die Kommune mit der seit zehn Jahren bestehenden Konsolidierungspflicht hat bereits etliche Maßnahmen beschlossen und umgesetzt. Mehr oder weniger erfolgreiche Ideen sind entwickelt und durchgeführt worden. Mögliche Einmaleffekte wie z. B. die Veräußerung entbehrlichen Anlagevermögens oder der Abbau von Personalkapazitäten sind ausgereizt und nicht wiederholbar und daher ist diese Gebietskörperschaft ein Stück weit »auskonsolidiert«. Die andere Kommune dagegen war erstmalig oder nach längerer Zeit wieder einmal kurzzeitig in der Situation der Haushaltskonsolidierung und konnten daher in ihren Bemühungen um Haushaltssicherung »aus dem Vollen schöpfen«.

Sind diese beiden Kommunen miteinander vergleichbar? Allenfalls bedingt.

Einen Vergleich zu schaffen, der z. B. Gemeinden oder Städte umfasst, die absolut gleiche Ausgangsbedingungen hinsichtlich ihrer Rahmendaten, Infrastruktur, Verpflichtung zur Haushaltskonsolidierung und der Anzahl an Jahren praktizierter Haushaltskonsolidierung aufweisen, ist sehr unwahrscheinlich.

Eine annähernd ähnliche Kommune zu finden, ist aber möglich.

Einen weiteren Gesichtspunkt zu den Vergleichsproblemen möchte ich nennen:

Es liegt in der Natur eines Vergleichs, dass die Rangposition, die man hierbei bekleidet, von der Stärke und Schwäche der an diesem Vergleich beteiligten Kommunen abhängt. Ein »starker« **Vergleichskreis**, bestehend aus Kommunen mit überdurchschnittlichen Rahmendaten (z. B. der Steuerkraft) lässt »gute« Kommunen schwach aussehen, während ein »schwacher« Vergleichskreis nur »mäßige« Kommunen relativ betrachtet als »gut« darstellt.

Schließlich gilt es, »**Kennzahlenverfälschungen**« zu nivellieren.

Ich habe bei den Fehlerquellen in der Haushaltskonsolidierung darauf hingewiesen. Die Umsetzungsquote der Maßnahmen ist kritisch zu betrachten. Kommunen, die eine nur geringe Anzahl an Haushaltskonsolidierungsmaßnahmen festlegen, deren Aufkommen nicht ausreicht, um das vorrangige Ziel – die Wiederherstellung des Haushaltsausgleichs – zu erreichen, von diesen wenigen Maßnahmen aber viel umsetzen, erhalten eine hohe Umsetzungsquote, während die wichtige Frage, ob denn die Summe der finanziell bewerteten Maßnahmen überhaupt zur Haushaltssicherung ausreicht, in den Hintergrund tritt.

Abschließend ist zu beachten, dass die in der Haushaltskonsolidierungsmatrix formulierten Fragen einige **unbestimmte Rechtsbegriffe** beinhalten.

Hier bedarf es einer Auslegung dieser unbestimmten Rechtsbegriffe – beispielsweise bei Fragen danach, inwieweit das Konzept »konkret« und »verbindlich« oder »schlüssig« und »erforderlich« ist. Aber auch Fragen nach der »Einbeziehung aller Aufgabenbereiche in den Haushaltskonsolidierungsprozess« oder nach »Zielvereinbarungen mit der Politik oder der Verwaltung« beinhalten subjektive Beurteilungsspielräume des jeweiligen Betrachters. Die Verwendung unbestimmter Rechtsbegriffe in der Gesetzessprache ermöglicht nicht nur eine dem Wandel der Anschauungen entsprechende Auslegung, sondern erweist sich auch im Rahmen der Umsetzung durch die Verwaltung als sinnvoll und notwendig. Da eine einheitliche Auslegungshilfe hierzu nicht zur Verfügung steht, dürften die Beurteilungen der Haushaltskonsolidierung eine teilweise subjektive Färbung durch den jeweiligen Betrachter erhalten.

Das muss nicht zwangsläufig eine Schwäche in der Beurteilung der Haushaltskonsolidierungskonzepte bedeuten, kann aber wie erläutert zu unterschiedlichen Ergebnissen führen. Um dem zu begegnen, könnten die unbestimmten Rechtsbegriffe mit untereinander abgestimmten Auslegungen/Definitionen der Beteiligten versehen werden.

Last but not least könnte von den Gemeinden ein **Kontroll- und Informationssystem** eingerichtet werden, um bei Gefährdung der Zielerreichung mit einer Ursachenanalyse anzusetzen, auf der aufbauend unmittelbar gegensteuernde Maßnahmen geplant und eingeleitet werden.

Haushaltskonsolidierung bleibt nun einmal ein permanenter, dynamischer Prozess. Da sind Veränderungen systemimmanent.

## 5.12 Reformansätze zur Haushaltskonsolidierung

Je länger ich mich mit Haushaltskonsolidierung beschäftige, desto mehr komme ich zu der Erkenntnis, dass einiges zu ändern wäre.

Bevor es zu gesetzlichen Regelungen kommt, ist immer eine bestimmte Situation vorherrschend, die von gesellschaftlich relevanten Gruppen als nicht zufriedenstellend oder als verbesserungsbedürftig empfunden wird. Andernfalls müsste ein bestehender Zustand nicht geändert werden. Ich frage mich also, ob es gewollt ist, dass sich tausende Kommunen in der Bundesrepublik Deutschland finanziell auf dünnem Eis bewegen und ihre laufenden Ausgaben nicht durch entsprechende Einnahmen decken können. Zweifellos kann das nicht als gewünscht oder normal angesehen werden.

Dabei soll im Übrigen die Haushaltskonsolidierung regelmäßig nur für einen vorübergehenden Zeitraum gelten, der angesichts der Regelungen zu seiner Überwindung spätestens in einigen wenigen Jahren behoben sein sollte. Aber ist das so? Mitnichten. Eine nicht unerhebliche Anzahl von Kommunen befindet sich im Dauerzustand der Haushaltskonsolidierung und findet mit eigener Kraft keinen Weg aus dieser Lage. Mangels konsequenter und tieferer Eingriffe der übergeordneten staatlichen Behörden bleiben sie in dieser Situation sich selbst überlassen und ohne nachhaltige und wirksame Hilfe.

Ich räume ein, dass diese Lesart ein Stück weit als provokant empfunden werden kann. Schließlich wird man mir entgegenhalten, dass doch alles geregelt sei und dem pflichtgemäßen Ermessen zuständiger Aufsichtsbehörden unter Anwendung des vielbeschworenen Opportunitätsprinzips unterstehen würde.

Und die Ist-Situation der Kommunen in Deutschland wird in einer der zahllosen Statistiken sicherlich irgendwie als »noch nie so gut« dargestellt sein. Die Steuerquellen sprudeln und die wirtschaftliche Situation ist so lange wie noch nie in einer Hochphase. Die Kommunen haben nicht unerhebliche Vermögensbestände – wenngleich viele Vermögenswerte als nicht »realisierbar« angesehen werden müssen.

Es ist also eine Gewissensfrage, welcher Argumentation man folgen möchte. Für Diskussionsstoff ist sicherlich ohnehin schon gesorgt. Gleichwohl möchte ich auf einige Punkte hinweisen, die aus meiner Sicht kommunalverfassungsrechtlich zu überdenken sind. Im Kapitel 1.4 »Fehlentwicklungen im Gemeindefinanzierungssystem« habe ich bereits auf zwei Gesichtspunkte hingewiesen. Dabei geht es um die Frage, ob die Kommunalaufsichtsbehörden **zusätzliche Eingriffsmöglichkeiten** benötigen oder ob sie die vorhandenen einfach nur konsequenter anwenden sollten. Das ist angesichts des hohen Gutes der kommunalen Selbstverwaltung ein sorgfältig zu bedenkender Aspekt. Verstöße gegen das Haushaltsausgleichsgebot sind dabei nur eine »Baustelle«. Auch die elementar wichtigen Regelungen über Sparsamkeit und Wirtschaftlichkeit oder die Grundsätze der Finanzmittelbeschaffung werden in der kommunalen Praxis vielfältig missachtet.

**Haushaltskonsolidierung** könnte künftig »auf Zeit« erfolgen. Ist die Zeit abgelaufen und der gewünschte oder vorgegebene Konsolidierungseffekt nicht eingetreten, sind weitergehende Maßnahmen möglich. Diese Idee bedarf allerdings einer Regelung dessen, was nach dem Zeitablauf geschehen sollte.

Zwar geben die haushaltsrechtlichen Regelungen bereits teilweise diesen Zeitraum vor, doch bleiben Verstöße überwiegend ungeahndet. Rechtstechnisch ist das unzureichend. Die bisherigen Regelungen und deren Handhabung begünstigen Gemeinden, deren politische Entscheidungsträger auf der Grundlage der Selbstverwaltungsgarantie jegliche Konsolidierungsvorgaben ignorieren oder unterlaufen.

Ich möchte ausdrücklich klarstellen, dass die Selbstverwaltungsgarantie unangetastet bleiben muss. Konsolidierungsvorgaben müssen auf der anderen Seite Erfolge zeitigen, andernfalls stellt sich die Frage nach ihrem Sinn oder danach, warum sie nicht staatlich durchgesetzt werden können. Schließlich finanziert letztlich alles der Steuerzahler. Vor allem die Schuldzinsen seiner Gemeinde hat er zu tragen.

Ein weiterer Punkt ergibt sich unmittelbar auch aus den Ausführungen in Kapitel 1.4 »Fehlentwicklungen im Gemeindefinanzierungssystem«. Der Schritt dahin ist allerdings ein relativ großer. Würde man es endlich schaffen, den Gemeinden eine konjunkturunabhängige und dauerhaft **verlässliche Steuereinnahmequelle** zu verschaffen, so reduzierte dies sehr wahrscheinlich die Zahl der konsolidierungspflichtigen Gemeinden.

Aber auch anderswo gibt es Ansatzpunkte. Die Regelungen über die Pflicht, ein Haushaltskonsolidierungskonzept zu erstellen, sind bundesweit ähnlich. Wie ein solches

Konzept auszusehen hat, ist zwar umschrieben, aber im Detail nicht vorgegeben. Es besteht Formfreiheit. Wie wäre es, wenn es zu einer **Vereinheitlichung der Haushaltskonsolidierungskonzepte** käme? Wird die Formfreiheit abgeschafft und stattdessen eine Standardisierung gefunden, so könnte über einheitliche Beurteilungsmaßstäbe eine bessere Haushaltsanalyse und in jedem Fall eine gerechtere Bewertung Einzug halten. Das alles ergäbe eine sinnvollere Steuerung. Abgesehen davon könnte eine Vergleichbarkeit aus unterschiedlichen Bundesländern zu interessanten Erkenntnissen führen. Inwieweit sind Kommunen aus unterschiedlichen Bundesländern überhaupt miteinander vergleichbar und welche speziellen landestypischen Probleme ihrer Finanzierung tragen sie mit sich herum?

Schließlich könnte der Gesetzgeber nähere **Vorgaben zu Art und Umfang der Haushaltskonsolidierung** machen. Etwa inwieweit in der Konsolidierungsphase freiwillige Leistungen oder nicht auf gesetzlichen Bestimmungen beruhende Transfers uneingeschränkt fortgesetzt werden dürfen.

Über das Instrument der sogenannten **haushaltswirtschaftlichen Sperre** kann der Bürgermeister die Inanspruchnahme von Ausgabeansätzen von seiner Zustimmung abhängig machen. Überwiegend kommt ihm dabei ein weiter Beurteilungsspielraum zu. Wann genau eine Situation vorliegt, die sein Einschreiten erfordert, ließe sich strenger regeln.

Ebenso wäre es möglich, eine Art **»vorläufige Haushaltsführung«** mit eingeschränkten Bewirtschaftungsbestimmungen und vor allem mit eingeschränkter Investitionstätigkeit zu schaffen, wenn der Konsolidierungsfall eingetreten ist. Ist das nicht vorstellbar?

Formaljuristisch steht über allem die nicht antastbare Wesensgehaltsgarantie der kommunalen Selbstverwaltung und jede gesetzliche Einschränkung unterliegt der Überprüfung im Rahmen eines Abwägungsprozesses.

Und wie ist es mit den **kommunalpolitischen Entscheidungsträgern**, den Ratsherren, Kreistagsmitgliedern, Beigeordneten in den Kommunalparlamenten? Benötigen sie eine Fortbildung, um in ihren kommunalpolitischen Entscheidungen in stärkerer Weise wirtschaftliche Aspekte und eine geordnete Finanzwirtschaft berücksichtigen zu können? Oder ist ihnen gar eine diesbezügliche Mindestqualifikation abzufordern? Vordergründig könnte man diese Gedanken für notwendig erachten. Betrachten wir den Kommunalpolitiker allerdings aus der Perspektive dessen, was er eigentlich tun soll, nämlich Entscheidungen zum Wohle der Gemeinde zu treffen, die überdies noch von Fachleuten der Kommunalverwaltung bis zum Beschlusstext dezidiert vorbereitet werden, so besteht darin keine zwingende Notwendigkeit. Wünschenswert wäre es allemal, wenn Kommunalpolitiker über stärkeres Fachwissen in kommunalrelevanten

Themen verfügen würden. Es in welcher Form auch immer vorzuschreiben, stößt jedoch auf gewisse praktische Probleme und wirft die Frage auf, ob es erforderlich ist. Verwaltung und Politik sitzen in der Kommune in einem Boot. Ihr gemeinsames »Know-how« sollte ausreichen, um die bestehenden Probleme zu lösen.

Die Entwicklung der Haushaltskonsolidierung wird wohl auch künftig von den Regelungen des kommunalen Verfassungsrechts und des kommunalen Haushaltsrechts maßgeblich geprägt werden.

Die kommunale Selbstverwaltung befindet sich in einem ständigen Erneuerungsprozess. Erfahrungsgemäß wird es daher auch künftig wieder Veränderungen der haushaltsrechtlichen Rahmenbedingungen geben, von denen alle Fragen der Haushaltskonsolidierung betroffen sein werden. Neue Entwicklungsprozesse in den Rathäusern werden neue Konsolidierungsideen mit sich bringen. Aktuell bestimmt die fortschreitende Digitalisierung das Geschehen. Der Weg geht hin zum papierlosen Büro.

Wenn auf der einen Seite durch die Digitalisierung Personal abgebaut werden kann, führt dies zu Konsolidierungserfolgen. Im Gegenzug steigen dafür die Anforderungen an moderne Bürokommunikationsmittel und an die Menschen, die sie bedienen müssen. Das wiederum erfordert Fortbildungsmaßnahmen. Langfristig mag sich das rechnen. Wie sich das Lebensumfeld in den Gemeinden, Städten und Landkreisen verändert und inwieweit die Änderungen Antworten von einer bürgerfreundlichen und bürgernahen Kommunalverwaltung erfordern, bleibt die spannende Frage.

# Stichwortverzeichnis